礼仪文化概说

LIYI WENHUA GAISHUO

主　编：尹　雯
副主编：敬　蓉
　　　　余　玫

云南大学出版社

图书在版编目（CIP）数据

礼仪文化概说／尹雯主编.—昆明：云南大学出版社，
2004（2012 重印）
ISBN 978 - 7 - 81068 - 731 - 7

Ⅰ. 礼… Ⅱ. 尹… Ⅲ. 礼仪 - 基本知识 - 教材 Ⅳ. K891. 26

中国版本图书馆 CIP 数据核字（2004）第 012532 号

书　　名：**礼仪文化概说**
主　　编：尹　雯
副主编：敬　蓉　余　玫

策划编辑：柴　伟
责任编辑：冯　峨
插　　画：吴　侠
出版发行：云南大学出版社
印　　装：昆明佳迪兴隆印刷有限公司
开　　本：850mm×1168mm　1/32
印　　张：10. 25
字　　数：257 千
版　　次：2004 年 3 月第 1 版
印　　次：2012 年 3 月第 5 次印刷
书　　号：ISBN 978 - 7 - 81068 - 731 - 7
定　　价：26. 00 元

社　　址：云南省昆明市翠湖北路 2 号云南大学英华园内（邮编：650091）
发行电话：0871 - 5033244　5031071
E - mail：market@ ynup. com

序

在我们强调进行德育教育的今天，考虑新增一门"礼仪文化"课程是十分必要的，而且这门课程应该在各种类型的学校中长期设置，对广大师生进行素质教育，也大有裨益。

礼教，是我国古已有之的传统教育科目之一。孔子是我国最早的教育家，他的教育分科有礼、乐、射、御、书、数等门类，而礼教居其首位，可见其重要性。所以他说："不学礼，无以立。"也就是说不接受礼的教育，就不能立身处世；不进行礼的教育，就不能维持正常而健康的社会秩序。我国素称礼仪之邦，以礼乐治国，无疑这也是以德治国的重要举措。礼教，是一种道德实践教育，也是一种行为实践教育，非礼勿言，非礼勿视，非礼勿听，这固然是近乎强制的教育，但是，修身必须以礼去规范自己的言行，这个道理应该说是正确的。我国先秦典籍中就有一部《礼记》，是一部系统的礼教教科书；还有《周礼》和《仪礼》，也是两部相关的教材。这些书在长期的封建社会中，影响十分深远。毫无疑问，封建社会里的礼教，是以封建道德为标准的，如果说在孔子那个时代所提倡的礼教，对后来新兴的封建社会秩序的建立还有积极的意义，那么，到封建社会后期的礼教如"三纲五常"之类，就已成为统治人民的精神枷锁，所以鲁迅先生才把它称之为"吃人"的礼教，这是针对旧礼教而言的。而我们今天说的礼，属社会主义道德的范畴，有其崭新的内涵，是个性的全面发展与社会公德和集体主义精神的统一。《公民道德纲要》中，对包括礼在内的公民道德（也就是社会主义道德）作了明确的界定。社会主义道德，也是在我国古代传统美德的基础上形成的，在传统的礼教中虽有糟粕，但也有精华，所以中国人有自己的优秀的道德传统，体现于日常生活的礼仪之中。可惜在我们今天的现实生活中，道德意识淡漠，不讲文明礼貌的现象还较为普遍。特别是在青少年中，进行道德教育，进行文明礼貌的教育尤为迫切。当然，这也是全民教育。从这个意义上说，《礼仪文化概说》一书的出版，不仅具有理论的价值，也有非常现实的积极意义。

作为一本教材，所谈的礼仪自然侧重于行为规范和实践方面。但我认为在教学中、在日常教育中，我们更应强调遵守礼仪的自觉性。也就是说，我们不仅要教人学会怎样做，还要懂得为什么要这样做。要使每个人都懂得，礼仪是一个国家、一个民族的文明程度的标志之一，也是一个人的思想品质和文化素养的具体表现。所以，礼仪教育，归根到底是人的素质教育，礼仪不能成为仅只是外表的装饰，搞形式主义，而应该是人们的自觉要求，是道德品质的自觉行为。我国古代儒家的教育就是强调要内省、慎独，正心诚意，一言以蔽之就是要自觉。否则，把礼仪变成一种表演、一种伪装，口是心非，所谓满口仁义道德，一肚子男盗女娼，那就是伪君子。封建社会的礼教下，有真正的"君子"，但也有许多伪君子，走向礼教精神的反面。最近，在大学校园内，看到有许多提倡"诚信"的宣传品，这决非无的放矢，我们进行礼仪教育，也要强调"诚信"二字，才不至流于形式、流于空谈。

遵本书作者之嘱作序，藉以略抒己见，以供读者参考。本书的编写也还属于草创，疏漏和不妥之处在所难免，望今后在教学实践中，不断修订提高。

张文勋

二〇〇四年元月十日于云南大学

目　　录

第一章 追寻礼仪

夫礼之初，始诸饮食，其燔黍捭豚，污尊而抔饮，蒉桴而土鼓，犹若可以致其敬于鬼神。

礼仪是一种文化现象，以物质为基础，以美誉为目标，伴随着社会物质生产方式的进步而不断发展。

从礼仪产生和发展的历史看，它不是某种外部力量强加给人的规范，而是人类在交际交往和对自身的探究中集体创造的，对人的行为乃至思想有约束作用的行为方式。是人类为了表达自己的感情而细心揣度和总结出来的程式。它具有独特的含义和特征。

2003年年末，中国某城市。一位美籍华人在匆忙结束了对故乡两天的探访后，准备乘下午6：40的飞机经上海返回美国。行前他花了6千元买了一幅能代表家乡风景的重彩画，还觉得不够。于是又到花鸟市场买了几幅摹仿丁绍光先生画作的重彩画，在朋友的陪同下赶往机场。

告别了朋友，这位先生拿出银行卡到提款机前取钱。

令人不安的事发生了：提款机里居然没有钱！这位先生一手提着刚买的画，一手拿着在这里无用的金卡呆住了，因为他为了买画已用完了现金，本想到机场取钱的，现在机场建设费买不了，登机也不可能了。

万般无奈之下，只好打电话给已经离开的朋友，让她送一点钱来。当朋友拿了几百元钱给这位先生时。这位先生坚持只借100元。他说50元用来买机场建设费，50元用作到上海后的打的费。

可是，当这位朋友已经快看完《晚间新闻》时，她又接到了这位先生的电话，告知他还在机场，飞机晚点！

"可是你身上没有钱啦，怎么吃晚饭呢?"

"机场给每个人发了一盒饭，我看着不对，所以没吃。"这位先生又说他已经嚼了朋友给他买的小食品兰花根。

听到这儿朋友后悔极了，当初怎么也要多拿一点钱给他……

一位美籍华人，竟然碰到这样的尴尬。我们的服务行业应该怎样讲究礼仪呢？

对这一事件你是如何认识的？

_____

_____

_____

_____

_____

第一节　礼仪的含义与特征

礼起源于原始社会，与原始宗教祭祀活动密切相关。人类发展的各个阶段，都有与之相适应的礼仪。

礼仪具有从属性，是一种道德规范和行为准则。

礼仪是一种文化，具有传承性、融合性、相对稳定性和排他性的特征。

一、礼仪的含义

礼仪是伴随人类的活动产生和发展的。礼仪有狭义和广义之分。礼仪具有多种特点。

1. 礼仪

礼仪有狭义和广义之分。

狭义的礼仪是指表示尊重和敬意而隆重举行的礼宾仪式。在社会活动、外交活动、学术活动等方面，都有各种仪式的举行。如各种工程的奠基仪式，博览会、展览会的开幕仪式，公路、铁路、通车剪彩仪式，商场的开张庆典仪式，建筑物的竣工仪式，为获奖者而举行的颁奖仪式，院校合作取得成果而举行的庆祝仪式等，都是狭义的礼仪。

广义的礼仪是指在某种特定的场合，为表示礼貌、礼节而采取的合乎社会公共道德的行为规范。如过路、乘电梯时请老人、妇女先行，在公共汽车上主动为老人、病人、残疾人让座，在公共场所爱护环境、公物，不骚扰他人，不当众吸烟等，都是广义的礼仪。

礼是指礼节和礼貌。仪是指仪表、仪态、仪式和仪容。礼仪则是指通过外在的形式表现出内在的气质、风度、修养、精神。

我国素有"礼仪之邦"的美称。《周礼·天官冢宰第一》中认为当时的修立治政六典中的第三典即礼典的作用是："以和邦国，以统百官，以谐万民。"由此可见，在古代，礼和礼仪是通用的。礼不仅用来"谐万民"，而且还是治国安邦、统领百官、和谐百姓的根本。

2. 礼的起源

礼仪的产生很早，人类发展的各个阶段，都有与之适应的礼仪。

礼的起源可上溯到原始社会时期，它与原始宗教祭祀活动密切相关。《礼记》中曾有这样的描述："夫礼之初，始诸饮食，其燔黍捭豚，污尊而抔饮，蒉桴而土鼓，犹若可以致其敬于鬼神。"这是对礼的起源的一个概述。

《说文解字》这样解释礼："履也，所以事神致福也。从示从丰。"可见，对鬼神的祭祀是最早的礼的起源。尽管那时的礼还很零散、盲目。

进入阶级社会后，由于统治阶级的重视，礼被加以总结，并被提到了理论的高度。如《礼记》中的《礼运》《礼器》《曾子问》《大学》《中庸》等，包括了有关政治、教育、哲学等方面的论述。

在《礼记》篇中，孔子说："夫礼，先王以承天之道，以治人之情，故失之者死，得之者生……是故夫礼必本于天，殽于地，列于鬼神，达于丧、祭、射、御、冠、昏、朝、聘。故圣人以礼示之，故天下国家可得而正也。"由此可知，礼对治理国家已有了非常重要的作用。

孔子以礼作为教育弟子的重要内容："不知礼，无以立"。（《论语·季氏》）大量论述礼仪的典籍，如《周礼》《仪礼》《礼记》等显示出中国自古以来对礼的重视和发展。在统治者的强化、文人学士的提倡下，礼成了维系社会发展必须遵循的规则，成为人际交往中的规范。礼仪由此成为人们判断是非、衡量个人品质、修养的标准和尺度。

二、礼仪的特性

随着社会的不断发展，礼仪也具有了多种属性和特点。

1. 礼仪具有从属性

礼仪是一种精神风尚，受制于主流文化，具有明显的从属性。

有这样一件真实的事：

一对来昆明旅游的老年夫妇，兴致勃勃地上了公共汽车，发现有一个空位，他们正想坐下却发现位子上有一滩水。两位老人没有带纸巾，只好站在摇晃的车厢里。正好有一家三口站在两位老人身旁，那位父亲掏出一张纸巾，弯腰把椅子上的水擦干，热情地请两位老人坐下。老人回到四川后，特意写了一封感谢信寄到昆明的《春城晚报》，表达他们对昆明和那家人的感激……

在这一事件中，你悟出了什么？

施礼者使人感受到尊敬与关爱 使这对老夫妇备感欣慰的是这一家三口对老人的尊敬，他们的行为使这对来自他乡的老夫妇真切地感受到了温暖，所以他们才会感动，并将这种感动扩展到对整个昆明的怀念。这一家三口人的行为不仅昭示了我们这个时代尊老爱幼、扬善惩恶的主流文化意识，也反映了人们渴望得到礼遇的心情。

施礼者受到人们的肯定和赞扬 我们这个时代提倡人与人之间要互相帮助，这是应有的美德。这种美德是人们渴望得到的。而要具备这种美德就必须加强修养，具备了这种内在修养的人，会时时处处表现出符合这个时代要求的行为习惯，就像那一家人在关爱别人时受到人们的肯定和赞扬。

2．礼仪是一种道德规范

礼仪是一种道德规范，受制于统治阶级。

17世纪前后，西方法庭在审理案件时允许有人旁听，但进入法庭必须持有通行证。持通行证进入法庭，必须严格遵守法庭的所有规定，否则将被视为藐视法庭。这一形式逐渐演变成人们所应该遵守的一套规范的、符合社会普通审美的礼仪。因此，礼仪在西方有通行证之称。

2500 年前，少年的孔子曾因不懂礼而被当时处于统治阶级地位的季氏的家臣阳虎羞辱。这迫使孔子四处拜师，广学礼乐，终成一位伟大的教育家，并通过教育、传播推动了中国礼仪文化的发展。

2500 年后的今天，一切无礼的行为都会受到道德的谴责，每一个人只有遵循礼仪规范，时时刻刻讲究礼节、礼貌，从而表现出自己良好的气质、修养、精神，以道德规范自己的行为，才能使自己成为这个新时代所倡导的高尚、文明的人。

3．礼仪是一种行为准则

礼仪是一种行为准则，受制于环境。

有一学会的领导到各学会所在地了解情况，推进工作。他与某高校领导的会晤选择在一环境优雅的饭店。席间，学会领导的同行和作陪的来宾向东道主——高校领导双手递上名片，这位领导一手拿着筷子，一手拿过名片，随便看了一眼就放在桌子上。饭后，高校领导和其同事有事先走，留下来宾和被丢弃在杯盘之间的名片。

你怎么看这一行为？

_____

_____

_____

_____

_____

21 世纪的今天，社会生活越来越丰富，人们在道德生活领域的选择越来越多样化，同一件事，同一个行为，得到的评价也往往不同。这是不是说，在任何环境下都没有统一的行为规范了呢？显然不是。对上述行为给予肯定的恐怕没有，这种行为不仅暴露了自身缺乏修养，使客人不悦，而且会因此失去合作机会。

在各社会组织、企事业单位的公务往来接待中，有一条不成文的对等接待原则，只有遵循了这条原则，才能表示应有的礼遇。国家领导人之间的来访也同样如此，否则将被认为是无礼，严重失礼甚至可能引发国际争端。

由此可见，行为准则虽然不成法，没有条款强制执行，但在社会生活中它已被约定俗成，任何社会成员，只要不遵循一定的行为规范，则会受到轻视或唾弃，尤其是在特定的民族地区，特定的环境之中。所谓入乡随俗，说的就是这个道理。

4. 礼仪是一种程序和行为

礼仪是一种程序和行为，受制于群体意志。

所谓程序，指的是一种格式，或一种套路。每一种礼仪活动几乎都要遵循一定的格式。而且这些格式受制于活动的组织者或某一群体的意志。如：各种大型开业庆典活动，一般的程序是迎宾，主持人宣布庆典开始，领导讲话，来宾讲话，剪彩，表演，欢送客人。这一套程序是人们在多年的公务活动中逐渐总结出来的，是群体智慧的结晶。

礼仪一旦成为一种格式，自然要受制于群体意志。有时礼仪又表现为一种行为，如见面时的握手、点头，分别时的挥手、吻别，带路时的侧身用手掌示意等等，这种行为，同样受制于群体意志。正因为如此，才会通行，才会为大家所接受。

在任何时代，人们都崇尚知书达礼的言行。

据《汉书·郦食其传》载，当已六十多岁的穷书生郦食其初次去见刘邦时，刘邦正靠在床上叫两个女子为他洗脚。郦食其上前作揖而不下跪，他对刘邦说："您打算助秦还是灭秦呢？"刘邦生气地说："书呆子，天下吃足了秦的苦头，当然要去灭秦啦！"

郦食其问："既然如此，您为什么对长者如此傲慢呢?"刘邦一听，脚也来不及擦，急忙整理衣服请郦食其上坐，并请郦食其指教。

从这一例子中，我们可以看出，礼仪是人们精神中非常渴望的东西，也是可以在某种特定情形下使人平等相待的砝码。礼仪在多年的发展过程中受制于主流文化，统治阶级的提倡起到决定性的作用。礼仪文化是主流文化的一种派生物，它受统治阶级思想意识所制约。

礼仪文化受制于主流文化，还表现在它一旦生成，就被作为一种工具、一种手段，服务于统治阶级、群体意志。总之，它可以被不同时代的人们随着时代主流文化的不同而选择，它可以用于提高自身的修养，提升企业的形象，包装推销自己。

三、礼仪文化的特征

礼仪在长期的发展中已成为一种文化，表现出多方面的特征。

1. 礼仪具有传承性

礼仪是一种文化，具有明显的传承性。

中国传统文化是由儒家文化、道家文化及佛教文化所构成的，具有多元结构的特点。然而，在长期的发展中，儒家文化一直占有重要的主导地位。而儒家文化的继承发展，除统治者提倡、利用教育等手段传播外，还有一个重要的渠道，就是来自民间的各种风俗、生活方式以及礼仪程式。这些风俗、生活方式、礼仪成了传统文化的一个组成部分，具有明显的传承性，而且根深蒂固地融入了人们的日常生活，具有无形的道义力量。

如从古至今，婚礼、丧礼都有不同的礼仪。周代的婚礼，要经过六道程序：（1）纳采；（2）问名；（3）纳吉；（4）纳征；（5）请期；（6）亲迎。虽然中间经过时间洗礼，但细究今天许多人的婚礼，尤其是农村或民族地区的婚礼，大多仍是按照这六道程序进行的。尽管青年男女可以在婚前自由恋爱，但涉及到婚嫁时，其仪式与传统婚礼相差并不太大。

这种文化的传承性中外几乎相同。纵观历史，没有任何国家或民族的文化传统可以推翻重建，无论是西方的文艺复兴，还是中国的五四运动，对传统文化只能是在原基础上的继承、发展。

西方的文艺复兴带来的是对西方文化的一种改良，这种改良从繁复冗沉走向简朴自然，使西方文化走向辉煌。而对中国礼仪来说，从古代的无礼到有礼，到礼仪烦琐，经春秋战国时的条理化，实用性逐渐增强。直至封建社会末期，由于程朱理学的泛滥，使人们对过分铺陈与张扬的礼仪产生了反感……经过五四运动的大扬弃，剔除了糟粕，继承了传统优秀文化。

礼是儒家文化的核心内容之一。儒家三大经典《周礼》《仪礼》《礼记》对传统文化中礼、礼节、礼仪的政治化、规范化、制度化，使得礼仪得以代代相传。其中，《周礼》偏重于政治制度；《仪礼》偏重行为规范，可以认为是礼仪学的开山之作；《礼记》偏重对礼的行为作出解释。它们都被看作是中国礼仪规范的渊源。儒家礼仪经过由西汉董仲舒"罢黜百家，独尊儒术"，南宋朱熹的天理人欲论的发展，已逐渐形成完整的文化体系，成为规范社会成员的礼仪行为准则。南北朝时期，颜之推的《颜氏家训》、明末朱用纯的《朱子家训》以及近代的《曾国藩家书》，无不沿传统文化之线，扬民族礼仪之光。

今天，人们更加认识到礼仪对形象塑造、对素质提高、对企业效益的增加有重大的作用。如山木培训中心就要求员工从基本礼仪做起，礼仪使山木有了品牌前进的动力。

在深圳平安保险公司的大堂上写着这样一个标语："鞠躬礼

所产生的价值将达 100 亿！"

2. 礼仪文化具有相对稳定性

礼仪文化一旦形成，就具有相对的稳定性。

一对新人正在举行婚礼。已经是深秋了，迎宾的新娘身着单薄的白色婚纱，在秋风中微微有些颤抖。好容易等客人来齐了，新人才逃也似地进入大厅。客人们观看了有司仪主持的婚礼，等待下一个节目：新郎新娘向来宾敬酒。只见这时的新娘已换了一身红色的旗袍，笑吟吟地走来向客人敬酒，同时接受客人们的祝福……

为什么接受了西方婚礼中必不可少的白色婚纱后，新娘还要换上一身红色的旗袍呢？

文化是人们在长期的实践中总结出来的，是人类理性思考的结果。有些礼仪是在社会文化生活中逐渐演变而来的。因此，礼仪文化不能摆脱民族传统的影响，因为，民族文化深刻影响着人们的礼仪观念和礼仪活动。礼仪在不断丰富、不断完善的过程中微观会有些变化，但民族文化的稳定性、习俗的保守性必然会制约礼仪文化，因此礼仪文化具有相对的稳定性。

礼仪文化不仅是程序，在很多情形下，还会让人们形成相对稳定的审美观念，如走路的姿势、站立的姿势乃至于吃饭时的样子。还比如对色彩的选择，不同国家、不同民族会有自己固定的标准。

上述婚礼的例子，虽然融入了西方文化的元素，但中国人传统中喜好红色，认为红色是一种喜庆的颜色，这已是不成文的规定，一直延续到今天。

礼仪文化受传统文化制约，不能摆脱民族的个性。

3．礼仪文化具有融合性

礼仪文化具有突出的融合性。

许多大学毕业生，尤其是男生，往往在赴招聘会或面试时都会换下平时较为随意的T恤、运动装，选穿一套笔挺合身的西服，认真打好领带，擦亮皮鞋，昂首挺胸地前去面试。实践也证明，得体的西服往往使小伙子们显得干练、利落，给主考官留下良好的第一印象。

西服是外来服饰，你如何看待中国人穿西服呢？

_____

_____

_____

_____

_____

_____

传统的中华民族文化以其惊人的韧性和包容精神哺育了礼仪文化。其韧性体现在它五千多年源远流长，不曾中断；其包容精神体现在它对于各民族的礼仪、各国的礼仪的吸收和兼容，并在实践中不断补充、发展、完善。

元明时，婚礼主要是如《朱子家训》中所述的仪式举行，分别为纳采、纳成和亲迎三项。清代已扩展为相看、插戴、过礼、婚礼、回门等几个程序，这主要是因为融入了满族婚俗的内容。

这只是对民族礼仪吸收的一个方面。你还知道哪些民族礼仪与传统的华夏民族礼仪相互吸收的呢？

_____

_____

_____

_____

_____

_____

在中西文化不断的交流与融合中，一些国家的礼仪也被中华礼仪所吸收。如握手这一西方礼节，原来的意思是表示见面的双方手中没有拿武器，现在这种礼节已变为表示欢迎之意，几乎通行于全世界。庆典仪式上给各位来宾佩戴胸花也是从西方引进的。

礼仪还随着时代、社会的发展而不断发展。今天人们更强调礼仪的 TPO 原则（这本是国际交往中的服饰原则，笔者认为它照样可以适用于我们所讲的各类礼仪中），即在特定的时间、特定的地点，根据特定的目的，使用特定的礼仪。

现在人与人之间，企业与企业之间，国家与国家之间的交往更加频繁，文化的互补，生活习俗互补、吸收、融合的情形日益明显。如分餐制，是西方饮食礼仪中的一种形式，因其卫生很快被中国的中青年一代所接受。盛行于西方上流社会的鸡尾酒会也渐渐被中国的各企事业单位的公关活动乃至国事活动所采纳。因为它满足了人们渴望自由交流，获取更多信息的愿望。

由此可知，礼仪文化迎合社会需求不断的扬弃，不断的吸收。呈现出动态发展的特点。

4. 礼仪文化具有相对的排他性

礼仪文化具有相对的排他性。

上面谈到的分餐制，在大部分中老年人中间还难于被接受。在他们心里，只有团坐在一起，互相敬酒、夹菜、交谈才能体现传统文化中的礼仪。坚守传统，必会排斥其他。我们接受了西方人的握手礼，却难于接受西方人拥抱礼，尤其在大庭广众之下。中国人崇尚含蓄地表达情感。因此，对这种外向、热烈的拥抱礼不适应。如果有人在大庭广众之下，尤其是男女之间的拥抱，多半会遭到人们的白眼和不屑，尽管今天的社会已经较为宽容了。

礼仪作为一种行为规范，对于人们的行为、思想有着一定的制约作用，这种制约作用在日常生活中表现为对于相悖行为的不容。

长期的封建社会所延续下来的等级制度，在普通家庭中不仅表现为"父父子子"，在婆媳关系中，一句"多年媳妇熬成婆"诉说了多少儿媳的辛酸。如今越来越多的小家庭的出现，使婆媳关系已变得松散，但儿媳应该尊重婆婆却是我们的传统礼仪文化所提倡的。如果儿媳对婆婆不孝顺，必将受到人们指责。

尊老爱幼、惩恶劝善的主流文化意识反映的是人们的一种道德观念、标准，礼仪是为了表现道德的外在规范。你的答案呢？

_____

_____

_____

_____

_____

_____

第二节 礼仪的产生

礼仪产生于原始社会，是特定历史条件的产物，其发展受到社会政治、经济、文化的制约。中国传统文化是礼仪形成和发展的基础。

一、礼仪产生的社会基础

礼仪是特定社会条件和历史条件的产物。

中国礼仪的产生可上溯到原始社会，经过漫长的演变，到周朝形成系统，其中有多种因素共同起过作用。最初的礼表现为以习俗为基础的行为规范，与习俗混为一体，不分形式和内容。

到了春秋，人们把礼分为礼之仪和礼之质。所谓仪指的是外在行为规范，又可称为形式，而质则指的是内容和精神。在礼之仪和礼之质的形式中，我们可看到义务性和规范性的存在，行为主体对规范的认同及对规范的自觉服从。正因为如此，促使了礼仪文化的产生和发展。具体可从下面几个方面来看：

政治基础 西周时期，虽然有小的纷乱，但政治基本稳定，由此为人们带来安定的生活，结婚生子、衣冠服饰、生日祝寿、节庆、祭祀……都渐渐演化出一套完整的礼仪习俗。百姓乐用，而统治者也为了在繁荣稳定的生活中炫耀自己的势力，不断强化这些礼仪风俗的一些形式。统治阶级靠一整套的仪式显出威严、仁慈、尊贵。

经济基础 您看到过哪个乞丐讲礼仪吗？所谓"仓廪实而知礼节，衣食足而知荣辱"。（《管子》）在社会发展的各个阶段，越是国泰民安的时候，越是讲究礼节的时候，如周朝、汉朝、唐朝，没有一定的经济基础，如何去完成诸如祭祀、婚礼、丧礼的仪式?

文化基础 从礼仪产生之时起，中国统治者出于对治理国家、维护统治的需要，对礼制不断进行强化，以孔子为代表的文人学士对礼仪积极倡导，平民百姓也各自遵循礼仪规则，二千多年以来，中国被称为"礼仪之邦"。温文尔雅、知书达礼，是对人的好评；彬彬有礼，学而优，优而雅是对人的美誉。可见礼仪的产生要有文化做基础，因为知书才能达礼，"腹有诗书气自华"。从整个国家来看，要有一种文化氛围，才能形成对礼仪的认同。

心理基础 这是从个人的角度讲。每一个人生存在这个世界上，除了满足生存需求外，还有很多心理需求。

被认同感 在社会生活中，我们不可能独立于群体之外，人类以群居方式生存的特点，决定了人们必须与他人发生这样或那样的联系，与他人进行这样或那样的沟通和交流，其目的是获得群体的认同。独立于群体之外的孤独、闭塞，必使人产生被整个世界抛弃的绝望。因此，要融入群体，就必须接受群体文化，遵循通行于群体文化中的礼仪规范。

怎样获得群体认同?

_____

_____

_____

_____

_____

_____

归宿感 人类与生俱来的一种心理，就是渴望安全。哪怕当人类不再害怕野兽、灾祸、疾病的时候，对自然界，现在也还有许多现在科学无法解释的东西，还有许多人类无法克服的障碍。尤其当面临自然灾害、战争、疾病的时候，被群体的接受与否就注定了有无安全感、有无归宿感。

当人们的社会地位、经济地位、文化修养达到一定高度时，被认同感和归宿感需要会特别强烈。这时，人们也特别渴望有一种章法来维持现有的平衡，尤其是人际关系的平衡。

小武和几个朋友原来都在工厂上班，1977 年恢复高考后，小武考上大学。几年后社会地位、经济地位都有了很大的变化，对朋友的态度也傲慢了起来，说话大着嗓门，见了面也不主动与朋友打招呼。还常常表现出一副居高临下的样子。朋友们尽管从心里希望过去的友谊能得以延续，也希望自己的感情能得到尊重。但时间一长，小武的无礼终于使朋友们离他而去。像小武这样的人，将会被群体拒绝。更有甚者，无论何时、何地都无礼貌，无视他人的心理、情感需要，夸夸其谈，或随地吐痰，或举止轻浮，自己不知失礼，但群体会产生对这种行为、这种人的反感，自动会与这样的人疏远，距离感由此产生。

在生活中我们应如何做？

二、礼仪形成的历史背景

1. 礼仪的历史发展

礼仪成为统治者治国安邦所需的一整套程序，这套程序一旦被打乱，必会影响社会的安定、政治的稳定，损害统治者的威严，进而动摇其统治地位。孔子深为春秋时的"礼崩乐坏"而痛心，他要极力恢复借鉴夏、商两代制定的周礼，对于一切有违周朝礼仪的行为，自然反感。他对自己的儿子说："不学礼，无以立"。(《论语·季氏》) 在《论语·乡党》篇中，有记载孔子身体力行如何行使礼仪的言行。

春秋战国时期，奴隶制的瓦解、新兴地主阶级的兴起，社会的大变革必会带来礼仪的不断推进，一方面是新的封建统治阶级对旧有礼仪的触犯和不屑，另一方面是奴隶主阶级对原有礼仪的极力维护。

公元前 535 年，鲁国大夫孟僖子陪同鲁昭公访问楚国，可在引导鲁昭公参加对方的欢迎仪式时，却因为不懂礼节而大出洋相。惭愧之极的孟僖子在临终之前 (公元前 518 年) 立下遗嘱："礼，人之干也。无礼，无以立……①"并要自己的两个儿子去拜师孔子学礼，以巩固他们的世袭地位。

秦始皇登泰山封禅，一整套的仪式都向天下人昭示这位封建始皇帝的强大和威仪。汉高祖刘邦，因为叔孙通为其制定的一整套礼仪，即《仪品》十六篇，使那些原来和他一起打天下的人与他有了等级区别而高兴异常。强权之下，人们对这些礼仪渐渐适应、接受，成为习惯，它保证了帝国统治的得以进行，维持了治

---

① 《左传·昭公七年》。

理国家所需的正常秩序，规范了人的行为举止。

唐和宋均是中国封建社会的鼎盛时期，从祖宗那里传承下来的礼仪，重又兴旺起来。从唐太宗起就改进并发展了隋朝的各种制度，朝廷官制中的尚书省也专设"礼"部，掌管礼仪庆典，使其更适合统治的需要。与唐代恢弘的气势相一致，人们已有了更为广阔的眼界。在秦皇汉武眼中的泰山此时地位已不再是高不可攀的了。

经济、文化的发展，对社会、自然的进一步认识，原有礼仪中祭祀的成分已渐趋减弱，实用的成分大大加强，礼仪也更加完善，程式更为繁杂。《大唐开元礼》所定礼制，上至朝廷，下至平民百姓，礼仪不仅有了较为固定的程序，且融入了人们习俗之中。朝廷仪式多不胜举，如皇上登记、皇后册封、国宴、庆典……无一不在一整套程序中完成。频繁的庆典仪式，使得礼仪越来越完善。而平民百姓也在安居乐业中激活着原有的礼仪。如唐代盛行的"洗三朝"，即婴儿生三天会集亲友替婴儿洗身的礼俗，用意是洗净污秽，使婴儿洁白入世，同时可增长婴儿的胆量，使婴儿更加健康。这一仪式需要很多东西辅助进行，如皂、矾、胭脂、糖、白布、秤杆、锁、各种果品、铜钱、首饰等等，只有经济条件好的人家方才适宜把全套程序做完。

唐、宋时期，由于文化高度发达，加之儒家文化在宋代又成为主流文化，家教也更趋兴旺起来。早在成书于战国前的《礼记·内则》里就有对于教子的具体要求，内容主要限于生活和礼仪方面，南北朝时颜之推的《颜氏家训》内容更包括儒家的教育理论和方法，强调幼年教育的重要性。

宋代司马光著有《居家杂仪》，其中对孩子从出生至少年不同的时期该接受的教育都有具体的规定，这些家教内容因不同时代，不同家庭而有差异，但要求孩子要有尊卑长幼的礼仪教育则是相同的。① 这使得维护社会尊卑之别的礼仪不仅成为人人必备的人格修养，更兼有了生活方式、伦理风范、社会制度的一体化内容，《开宝通礼》的制定，使得礼仪更得以延续下去。

明朝建立之后，为防丞相擅权，明太祖将原来由丞相统辖的六部升格，直接听命于皇帝。独揽大权的皇帝，政令极严，对各种仪式、礼节，尤其是《大明集礼》所定内容要求严格遵循，下属稍有触犯，即被严惩。服饰上的等级制度也更加完善了，如"明代洪武年间规定：公、侯、驸马、伯补子绣麒麟、白泽。文官的补子用鸟类图形……武官的补子用兽类图形。"② 不仅如此，官吏们什么时候穿什么服饰也都有礼仪规定，礼仪成了严格区别等级制度的标志。

清政权伴随着镇压农民起义军而建立，清统治者既要安抚、拉拢汉族地主阶级，又要对抗南明政权以及协调边疆各少数民族关系。清初，朝廷一边加强统治，一边仿照明朝礼仪，既保留汉族的礼节，又增加了满人、蒙古人的礼仪，还为统治阶级制定了《大清通礼》。康熙、乾隆多次到曲阜祭孔子，每次必举行较有规模的仪式。

典型的"三跪九叩礼"，就是吸收了满人的礼仪而形成的。其过程据《清宫琐记》载，"行此礼时先放下马蹄袖，然后跪下上身挺直，将右手伸平举起到鬓角处，手心向前，然后放下，再举起再放下，这样连举三次站起来，即为一跪。如此三次即为三跪九叩礼。"③

你如何看这种礼？

_____

① 参见王炜民《中国古代礼俗》，商务印书馆，1997 年 9 月第 1 版。
②③同①。

_____

_____

_____

_____

_____

_____

3．礼仪与现代社会

新中国建立以后，传统文化中优秀的礼仪被继承下来，废除了一些繁琐的、显示等级差别和有封建色彩的礼仪，如上下级之间的跪拜礼、祭拜天地的仪式等。新的礼仪也随时代的发展应运而生，如接待、握手、舞会、营销、求职应聘等礼仪，这些礼仪带有浓厚的时代特色，并融洽了人与人之间的关系。

但是，近些年来，中国传统的礼仪受到各种因素的冲击，一些优秀的东西在变革的时代中流失了。例如尊老爱幼的传统美德在一些缺乏道德与修养的人那里全然没有了，有的年轻人见到长者甚至连招呼也不打。追求个性张扬带来的是不分时间、不分场合的藐视礼貌、礼节，随处可见的是对礼仪的不屑，如交响乐晚会上，呼机、手机响成一片；教室、图书馆随处可见拖鞋、CD的身影；本来亲切的称呼被"喂"代替；本来可以缩短的距离被冷漠的表情拉远……太多无礼的行为使人痛心，太多无礼的言语使人迫切意识到礼仪的缺失会影响人们之间的交往，影响社会秩序的稳定，影响社会良好风气的形成。

改革开放以来，中西方文化交往日益密切，经济的发展、商业的兴旺，使人们感到礼仪的重要性。

有一篇文章，讲述一个中国女青年到美国去，刚开始到那儿时，每次过马路她都急匆匆地抢着过路口，每次都是美国司机提前把车停下来、微笑着看她过路口。一次、二次，她再也不好意思，反而从这种礼让中感到了对方的优雅，从而改掉抢过路口的习惯。

对此事例你的看法怎样？

_____

_____

_____

_____

_____

_____

西方礼仪中诸如握手、喝咖啡、佩带胸花、举行鸡尾酒会等礼节仪式，我们吸收了，但这些礼节仪式之后的那份文化内涵所包含的道德、人品、个人修养、知识积累等内容，更是我们应该了解和学习的。

三、政治和经济对礼仪的制约

礼仪的发展表现了历史发展的趋势，同时，礼仪也受到政治、经济条件的制约。

礼仪的政治色彩，是由它的亚文化本质决定的。

某年某月，英国女王伊丽莎白二世在白金汉宫举行盛大国宴欢迎某国总统的到访。整个国宴从头至尾气势宏大，异常豪华。

可是不懂英国王室礼仪的该国总统面对一大把刀叉、匙子，只有发楞，更尴尬的是在敬酒这个环节上几次遇上麻烦：屡屡主动地向东道主敬酒却发现对方没有反应。后来才弄明白了在这种场合，东道主元首最初向客国元首敬酒，表示客国国歌即将奏响，此刻，客国元首应肃立，而不是像他那样匆忙举杯回敬。

某国总统访英意在加强两国友谊，有一定的政治意图，可白金汉宫的美丽花园竟然成了他的临时停机坪，加上总统的各种高科技安全设施及大群随行人员的践踏，使草坪、名花乃至宫殿遭到破坏，损失达几万英镑，引起了英国女王的极大愤怒……

如果你有幸处于这样的场合，你会如何做呢？

_____

_____

_____

_____

_____

_____

_____

1．礼仪是为政治服务的

礼仪为政治服务，这是由礼仪的实用性所决定的，同样的礼仪，使用的人不同，其政治目的也可能不同。相反，违背了使用者的初衷，不仅不能达到原有目的，反而会使交往的双方产生误会，甚至反目为仇。

礼仪是为政治服务的工具。

2．礼仪是一种特殊的精神产品

礼仪作为一种精神产品还表现在它既不能使某人被迫接受，也不能凭国家权力强加于人，尤其在今天的社会，它是人们的一种自觉选择。乘公共车没有人逼你为老弱病残者让座，吃饭时没人强迫你不喷嘴，走路时没人要挟你见了长者要"趋行"，你的上司更不会强制你必须对人有礼貌……但是，别人会因为你的表现而对你作出评价。为此，我们需不断提高自身修养，讲究礼节、礼貌，自觉接受并践行礼仪。

3.经济基础决定礼仪的取舍和走向

一般来说，生活方式、习俗以及文化水平与经济的发展是同步的。

今天，经济飞速发展，人民生活水平日益提高，人与人之间的交往显现出新的特点：相识快、交往频率高、交往时间短、交往目的明确，带有资讯发达时代的痕迹。在此基础上，要保持人与人之间交往的长久、深入和合作的持续、稳固，仅靠经济利益或法律制度还不行，还需要带有这个时代特色的礼仪。事实证明，越来越多的企业、团体、个人已经意识到了这一点。

在当前你准备如何做？

_____

_____

_____

_____

_____

_____

_____

四、中国礼仪与中国传统文化

礼仪文化与我们今天所说的茶文化、酒文化不同，它的内涵要深广得多。茶道讲究如何选择茶具、茶叶、托盘，如何泡茶、品茶，但它与政治、经济、法律的关系不密切。中国传统文化包含了政治、经济、法律、文学艺术等，礼仪文化只是其中一个分支。而且是在中国传统文化综合作用下产生并发展的，受制于政治、经济、法律、价值取向、民俗、风气、地域的影响，是整个文化现象的一部分。

纵观中国礼仪的发展演变，我们可以看出，生在中国传统文化根上的礼仪，具有明显的中国特色，如从原始时代祭祀的礼仪中，我们可以看出中国各民族文化中对图腾崇拜的由来；有关尊卑长幼、孝顺父母、男女有别等观念，则集中地沉淀着中华民族传统的行为规范和伦理道德。

中国礼仪是中国传统文化的一部分，生成于中国传统文化的根上。

1. 小农经济与尊卑长幼

中国传统文化，是建立在农业文明基础上的。由于地域的广阔和地理环境的复杂，造成了中国文化的多样性，农耕经济的多元结构，又造就了中国文化的包容性。自给自足的农耕经济状态，使人们的活动范围主要局限于土地、男耕女织上，难以冲破血缘关系的网络。进入阶级社会后，虽然经历了各种经济政治制度的变迁，但以血缘宗法纽带为特色，农业家庭小生产为基础的社会生活和社会结构却很少变动，这种情形在21世纪的今天、在一些边远的农村或民族地区依然存在。

在彩云之南，有一个美丽、清澈的湖泊，那就是至今还较完整地保存着母系氏族社会习俗的摩梭人居住的地方——泸沽湖。环湖生长着苍郁的树林，远处的雪山在阳光下泛着耀眼的光芒，身穿大红色上衣、白色长裙的摩梭女子正在湖边的独木舟上洗衣裳……

这个民族的婚姻形式很特别，走婚，即男女双方自愿交往，男不娶、女不嫁，所生孩子归属女方。每一个家庭中，母亲掌管一切，子女都是直系亲属。在这样的家庭中，财产不会因分家而流失，也不存在夫妻因离婚而大吵大闹的情形，人们和睦相处，尊老爱幼，其乐融融，孩子们从小就被教育要孝敬母亲、祖母，要奉养舅舅。特殊的血缘关系、风俗习惯长期保存积累下来，成为一种极为牢固的文化结构和心理力量。

中国古代汉族家庭也长期保存着血缘家族的组织形式。一般家庭的规模都比较大，两代、三代以上的亲属构成一个大家庭，敬祖亲子渐渐成为人人要遵守的伦理道德，与此相关的礼仪就派生了出来，如子女早上要到父母房里请安，晚上也要到父母房间问候；有好东西要先孝敬父母，自己才可享用。

孝在礼中占有特别重要的地位，孔子不断教育弟子："父母在，不远游，游必有方"，（《论语·里仁》）"事父母几谏，见志不从，不敬不违，劳而不怨。"（《论语·里仁》）由家庭的孝扩展至家族、民族、社会，派生出为人的道义："父慈子孝、兄良、弟悌、夫义、妇听、长惠、幼顺、君仁、臣忠，是谓十义。"大至国家，则演绎出"君君臣臣、父父子子"的理想。

《礼记》说："今大道既隐，天下为家。各亲其亲，各子其子，货力为己；大人世及以为礼，城郭沟池以为固，礼义以为纪。以正君臣，以笃父子，以睦兄弟，以和夫妻，以设制度，以立田里，以贤勇知，以功为己……"这样，历代圣贤都将礼仪作为治国工具，并用此来表现中华民族有别于外邦异域的社会理想。

2. 私学兴起与尊敬师长

孔子是一位伟大的教育家，在他之前，文化被垄断在奴隶主阶级的手里，广大平民百姓根本无法接受教育，孔子兴办私学，广招社会各阶层人士的子弟，他凭借他个人的言行魅力，聚集这些社会精英，传播他的理想——"仁"，并努力去建构一个理想的社会。他在教学的过程中因材施教，与学生一起参与政治、社会活动，甚至周游列国宣传自己的理论主张，一起被困，一起挨饿，与学生形成一种很密切的师生关系。

然而这不是说其弟子对他敢怒不敢言或惟命是从，弟子们可以与孔子辩论，孔子可以批评弟子，更可贵的是孔子错了还会改错。如《论语·阳货》中记载："子之武城，闻弦歌之声。夫子莞尔而笑，曰：'割鸡焉用牛刀？'子游对曰：'昔者偃也闻诸夫子曰：君子学道则爱人，小人学道则易使也。'子曰：'二三子，偃之言是也。前言戏之耳'。"

在教学过程中，孔子不断强调礼、礼仪的重要。在长期浸润下，弟子们非常尊敬老师，每次见面要举行拜师礼，之后还要听老师教导、批评，任何有违礼仪的行为都可能受到老师的严厉批评。老师就如父母一般，对学生的为人、德行、学业、政迹，统统都会指导，这漫长过程中培养起来的感情使孔子七十三岁逝去后，他的弟子们在他墓旁守孝三年，子贡又接着守孝三年才黯然离去。

此后，中国各地学童入学都要举行发蒙礼或拜师礼，这一礼俗反映了中国传统文化中对传道授业解惑的老师的尊敬。毛泽东就是尊师的典范，他称他的老师徐特立："你永远是我的老师！"

今天你对老师的态度如何呢？

_____

_____

_____

_____

_____

_____

3. 言而有信与朋友相处

战国时期，秦国势力强大，经常欺侮赵国。一次，秦昭王写信给赵王，要用15座城池换赵王的和氏璧。蔺相如当时只是宦官缪贤的门客，他带着宝玉去秦国，当看到秦王无意用城池交换时，他不畏强暴，以死相拼，终于机智勇敢地完璧归赵。

公元前279年，秦王约赵王在渑池见面，欲暗算赵王。蔺相如随行，赵国大将廉颇在赵国边境集结军队，以防秦国侵犯。宴会上，面对秦王的挑衅，蔺相如不卑不亢，据理力争，维护了赵国的尊严，大灭了秦国的威风，赵王于是拜他为上卿，地位在廉颇之上。

这引起了廉颇的不悦，而蔺相如却以国家安危为重，不计私仇，感动了廉颇，使其负荆请罪，两人从此结成生死与共的朋友，使秦国长时期不敢出兵攻打赵国。

这个例子是古代朋友相交的一个典范，它说明朋友之交看重的是人的内在人品，一旦成为朋友，必至死不渝，肝胆相照。如此动人的故事，在古代历史中有许多。

先秦时，孔子主张"与朋友交，言而有信"，主张"以文会友，以友辅仁"（《论语·颜渊》）。

朋友相处是以坦诚、信实、侠义为基础，在特定的历史背景下、特定的价值取向、特定的地域中，演绎着"朋友"这一词语的丰富内涵。它可以使人在任何时候感到内心充溢的温馨，它有时可以使人热血沸腾，可以使人感动得热泪盈眶。那些来自于我们优秀的文学作品，又为我们的文学作品丰富着的讲述不完的动人故事，可以超越年龄、贫富、阶层而存在，它可以使钟子期和俞伯牙成为千古知音，又可以使马克思与恩格斯成为莫逆之交。

我们渴望友谊，希望有朋友丰富我们的人生，我们就要遵循交友的礼仪原则，背信弃义，或只有求于朋友而不回报朋友，都不可能拥有真正的朋友。择友时不考察对方的人品，只以利益为原则，也不可能获得真正的友谊。

孔子说过："益者三友，损者三友。友直，友谅，友多闻，益矣？友便辟，友善柔，友便佞，损矣。"（《论语·季氏》）这段话可以给我们以参考。

今天，我们交友的途径远比古人宽广，不管出于何种目的去结交朋友，基本的礼仪我们还是需要遵循的。平等、真诚是今天交友的基本前提，忠诚、责任则是更进一步的要求。居高临下，缺乏互相尊敬，必会导致交友失败。

你觉得没有朋友可以吗？如果不能没有朋友，你认为交友应遵循哪些礼仪？

_____

_____

_____

_____

_____

_____

4. 来而不往非礼也

王女士一家喜迁新居，180平方米的新居迎来了前来恭贺乔迁之喜的客人。客人分别送来了鲜花、电子火锅、装饰画等等，其中，艾女士送了一只精致典雅的瓷花瓶给王女士作为新居的装饰。瓶子上淡雅的水墨勾画出江南水乡甜美的意境，嫩嫩的柳芽摇摆在枝头，小桥流水旁，婀娜少女正翩然而行……这个花瓶博得众口称赞，王女士不由喜上加喜。

半年后，艾女士的儿子考上了外地一所大学，获此消息后，王女士赶快买了一支派克金笔前去贺喜。结果自然是艾女士高兴，她的儿子高兴，皆大欢喜。

这种情形，就是我们经常说的礼尚往来。如果王女士只接受了艾女士的礼物，在适当的时候没有回送礼品给艾女士，就来而不往非礼也。

早在古代社会，人们交往中就很重视礼尚往来这种礼节。产生于二千多年前的《礼记·曲礼》中就说"礼尚往来。往而不来非礼也，来而不往亦非礼也"。这句话的真实含义，可以从《仪礼·聘礼》中的有关记载佐证，这句话最早指的是在商业性质的交往中，有赠有投，有往有来。按照杨向奎先生对这句话的分析所言："1. 人在原始社会，礼尚往来中的礼品交换实际上是货物的交易行为。2. 在封建社会初期，比如商周，货物的交易行为还带有浓厚的礼仪性质，所以在交易中有贵族参加，有王室的关注，因为它是一种货物交易，也要有贾人参加，因为贾人是'知物价者'。

西周时的周公、春秋时的孔子，都是因往日的礼俗而加工。经过周公的加工，礼仪中减少了商业性质；经过孔子加工，去掉了礼仪中的商业性质，'礼云、玉帛云乎哉!'是宣告'礼仪'不应当是'商业'"①!

5. 中庸之道与含蓄之美

翻开中国第一部诗歌总集《诗经》，无论是风、雅或是颂，那些远古的歌者大多要通过景物的描写来抒发自己的感情。比如那首流传至今的凄美之歌："蒹葭苍苍，白露为霜。所谓伊人，

---

① 《礼的起源》，杨向奎《孔子研究》1986 年创刊号。转引自《二十世纪礼学研究论集》，陈其泰、郭伟川、周少川编，学苑出版社，1998 年 6 月北京第 1 版，51页。

在水一方。溯洄从之，道阻且长；溯游从之，宛在水中央……"没有一个"爱"字的表白，也没有一句海誓山盟，可它分明让你感到诗人胸中对爱情的执着坚守和不懈追求，不是真挚的爱，又何来这份怅惘与伤悲。这种中国式的表情达意，我们可称之为含蓄。这种含蓄比现代人的直白、干脆，是不是更多一些回味，更多一些美感呢？

你觉得应该如何表达感情？

_____

_____

_____

_____

_____

_____

_____

_____

_____

在中国传统文化，尤其是文学作品中，尽管有一些较为直率、热烈的表情达意的方式，如民歌一类作品，但大多数文学作品，还是采用较为婉转、含蓄的方式来表达作者的感情。一方面这与中国人温和忠厚的性格有关，另一方面，与传统文化的熏陶，尤其是孔子提倡的中庸之道有密切的联系。

孔子说："《关雎》乐而不淫，哀而不伤。"（《论语·八佾》）这可以看作是孔子审美的中庸。这乐而不淫、哀而不伤，再加怨而不怒，就形成了中国人温柔敦厚的性格特点。在这种文化教育的影响下，无论是表达感情，或是对人、对事的不同态度，甚至服饰都不能偏或倚。如参加丧礼后，既不能显得快乐过头，也不能余哀未尽，两者都是被孔子认为违礼的。

这种中庸之道，从审美的一面看，体现的是儒家中和之美的基本精神，它强调的是一言一行都要合乎法度，不能任性纵欲，表现感情要"发乎情，止乎礼义"①，这样就使得对人的性情的节制和规范成为"诗、礼、乐"的特殊使命，诗和乐，都是为了调节人们的情性，使之纳入礼的规范。

从礼仪方面来说，尽管有很烦琐的仪式，特别是婚礼、丧礼等，但其表现还是较节制的，比如婚礼中拜天地、入洞房的仪式比起今天的闹洞房来说要温柔、适中得多。男女交往也不会像西方那样开放，所以五四运动以前，男女见面很少施握手礼，更谈不上拥抱礼了。

中和之美似乎也影响到中国人的服饰。自古以来，历代统治者对服饰都很重视，因为作为社会生活中较为表面的衣冠服饰，可以直接表明一个人的身份地位，更何况中国传统文化中对等级制度尤为重视。因此，从夏、商起，衣着就有了一定的规矩，周代形成制度。然而，纵观中国历代服饰，除了唐朝女子衣着略为能显露颈项外，其余服装全是宽衣大袖，下装长及脚背，惟恐显露一寸皮肤。这是不是"过犹不及"或"含而不露"的表现呢？

你是如何看待这一问题的？

_____

_____

_____

_____

_____

_____

_____

_____

① 《毛诗序》

乘车时有的人脱鞋把脚踏在前座扶手上，"味道"袭人。

6. 人格修养

　　有的人乘坐火车、飞机时，喜欢脱了鞋子，然后将脚跷得高高的，架在前面乘客的座位扶手上，"味道"袭人，即使有乘客以眼色多番暗示他收"脚"，他仍不予理会。而大家崇敬的明星成龙，在乘坐飞机时却很有礼貌，空姐递餐盒给他，他不停地说谢谢。有一位空姐不小心将空杯子掉在地上，成龙立刻侧身帮她捡。

礼仪尽管是一种程式，但更是一种行为规范。这种行为规范的遵守，在很大程度上，取决于人们自我的道德修养、人格提升。人们在交往过程中的一抬手、一投足，甚至一个笑容、一个点头，都无不流露出一个人的文化修养、身份、家庭教育等等。

在中国传统文化中，历代都强调个人的道德品质教育，个人的修养包含以下几个方面：

胸怀博大与仁者爱人

儒家提倡"仁"，其核心就是一种泛爱，没有博大的胸怀，何以爱人？又何以达到"仁"的高度？这个"仁"是一个人最高的道德境界。连孔子重视的礼，也必须以"仁"为本。因为只有做到了"仁"，才能最好地处理人与人之间的关系。

尽管老子对儒家以"仁"为政之道持反对态度，但对亲人、对朋友还是提倡讲仁爱的。他说："居善地，心善渊，与善仁，言善信，政善治，事善能，动善时"（《老子》第八章）。在《老子》第十三章中，他还说："故贵以身为天下，若可寄天下；爱以身为天下，若可托天下。"能达到这种境界，天下就可以寄托于你了。在这种文化背景下，中国历代知识分子都重立志、善实践，一旦有机会展露才能，大都能以广博的胸怀去接纳、关爱民众。"四海之内皆兄弟也"，更何况如孔子所言："唯仁者能好人，能恶人。"所以，爱祖国、爱人民、爱家人就是一个正直的人所应该具备的优良品质。有这种品质的人才会尊老爱幼，相亲相爱，对朋友讲忠诚信用。受到人们尊敬的也正是那些胸襟博大、热爱生命的人。如弘一法师临终前嘱托弟子在他的棺木的四脚放上盛着水的碗，以免有蚂蚁爬上来，当棺木焚烧时被烧死。这样的胸怀何止是让人感动？这种对生命的热爱足以令人震撼。

一位年轻的大学生跳进粪池为救一位老农，自己却献出了宝贵的生命；无数医护人员面对"非典"挺身而出，直到自己也被病毒击倒……从古到今，一曲曲颂歌，传颂着这些英雄的业迹，让人们感受着温暖，感受着博大。只有一个胸中充满仁爱之心的人，才会发自内心地向别人表示尊敬和礼貌，别人也才能从他身上感受到一种精神力量。

曾子曰："士不可以不弘毅，任重而道远。仁以为己任，不亦重乎？死而后已，不亦远乎？"（《论语·泰伯》）

孔子自己就身体力行，带领学生四处宣传其政治主张。他说："朝闻道，夕死可矣"。（《论语·里仁》）他凭借个人巨大的德行和人格魅力，周围凝聚了一大批优秀人物，再经一代代传播，使得无数的中国知识分子无论在社会动荡或国难当头之际，总能高昂头颅，以天下为己任，或殉道，或献身。范仲淹深情道："先天下之忧而忧，后天下之乐而乐"，辛弃疾悲愤道："把吴钩看了，栏杆拍遍，无人会，登临意"，祖国高于一切，百姓待我拯救。无数先烈、仁人志士前赴后继，波澜壮阔，汇成传统文化中雄壮的交响曲。

以天下为己任，便会崇尚浩然之气，时刻注意自己的一言一行。长期培养正气，必会对邪恶不能容忍，对善行推崇备至。于家、于国、于人，都会严以律己，宽以待人。在家尽孝，在国尽忠，长此以往，风度气质自显，施礼受礼中，自然会表现出大度、稳重，不同凡响。

安贫乐道与谦虚为人

以孔孟、老庄为代表的传统文化，都不主张贪求富贵、爱慕虚荣，因为"饱暖思淫欲"，一旦长处安乐之中，很容易消磨人的意志和进取之心。面对财富，在孔子是："不义而富且贵，于我如浮云"。（《论语·述而》）他称赞颜回："贤哉，回也！一箪食，一瓢饮，在陋巷，人不堪其忧，回也不改其乐。贤哉，回也！"（《论语·雍也》）安于贫困的颜回，自得其乐，谦虚好学，自有让人值得尊敬的崇高之处。而庄子则直接拒绝与统治者合作，尽管生活贫苦，甚至不得不常向人借贷粟米度日。但所追求的"逍遥游"却可以使他胸纳宇宙，"计中国之在海内，不似稊米之在大仓乎？"（《庄子·秋水》）这样的认识启发我们：个人的认识和作用是有限的，不能自满，要更加努力学习，不断上进。

在这种传统的浸润下，陶渊明可以不为五斗米折腰，归耕田园；杜甫可以忍饥挨饿也要"至君尧舜上"；白居易可以为诗歌语言是否畅达而求教于老妇……安贫乐道才使人关注自己的精神与内心，才能以平和之心待人待物。谦虚才能使人不骄不躁，才能海纳百川，宽容待人。

文质彬彬然后君子

子曰："质胜文则野，文胜质则史。文质彬彬，然后君子。"（《论语·雍也》）意思是说："内在的品质胜过外在的文采，就会粗野；外在的文采胜过内在的品质，就会浮夸虚伪。文采与品质配合恰当，然后才能成为君子。"这有点像我们今天所说的内在美与外在美要统一。

中国传统的伦理道德规范特别重视个人品德的自我修养，这种修养不是靠外在的包装来达成，它更注重的是内在品格、道德观念的培养。这种修养身心，提高道德的最后目标是能为他人带来幸福，正如《论语·宪问》所记："子路问君子。子曰：'修己以敬。'曰：'如斯而已乎？'曰：'修己以安人。'曰'如斯而已乎？'曰：'修己以安百姓。修己以安百姓，尧舜其犹病诸！"这样的高标准，需要常常反省自己所作所为，不断进步，不停向前。颜之推、朱子、曾国藩直至今日的傅雷，无一不以这样的标准来要求自己和家人，在修养提高的过程中，由内而外地表现出良好的道德行为规范。使人们不由得敬重、学习他们。人人君子，文质彬彬。人与人之间不就更加和谐、团结了吗？这样的人多了，不就有利于提高一个地方乃至于整个国家的形象了吗？

我们今天提倡礼仪，一方面是为了发扬中国传统文化中优秀的一面，使得人人讲礼貌，懂礼节，由此形成一个和睦团结的氛围，人们尊老爱幼，自觉自律，心情愉快，文明工作和生活。用法国人的话来说："今天的文化是明天的经济。"

中国五千年的文化是一代代前人创造积累出来的，这些文化带来了今天中国的繁荣和兴旺。当代人也应该对传统文化有新的增加和改良。看似不起眼的礼仪，做起来却是一件严肃的事情，当你对别人有礼时，别人会感到舒适、感动，而且，礼仪做得好，还会改变人的思维和行动方式，你对他人会少了不耐烦，少了发脾气，而他人在得到你的尊重的同时，也会回报你一份尊重，融洽由此而产生。经济活动也会变得顺利得多。这样，礼仪就会服务于经济发展和社会进步了。

第二章　礼仪的作用与公关礼仪

人际交往是人的一种社会行为，是建立在人类社会生产活动的基础上的人与人之间的相互联系、相互作用。

礼仪是人际交往的基础，礼仪可以促使社会和谐，增强群体意识，加强相互依赖，维系人际关系的平衡。

第一节　礼仪的作用

在人际交往中，礼仪具有突出的社会作用，同时，礼仪对个体也有明确的制约作用。

一、礼仪的社会作用

礼仪是人际交往的基础，可以促进社会和谐，增强群体意识，强化人与人之间的相互依赖。

（一）礼仪是人际交往的基础

战国时，严仲子与韩相侠累有仇。严仲子到了卫国，用百镒黄金结交聂政。聂政谢绝了黄金，却因感激严仲子的知遇之恩，在他的母亲去世后，到韩国把严仲子的仇人侠累刺死，聂政刺死侠累后，惟恐连累姐姐，于是自己割裂面皮，挖出眼珠，剖腹而死。韩国人把他的尸体摆在市上，等待看有谁来认尸。聂政的姐姐不愿埋没了聂政声名，亲自到韩市去抱住弟弟的尸体大哭，然后在其弟尸旁自杀。

这个故事中聂政只为报答知遇之恩便将自己宝贵的性命献出以谢恩人，把知遇之恩看得高于自己的生命，这种交往令人震撼。另外还有诸如晋文公与介之推的故事等等。

这种"士为知己者死"的交往原则，反映出春秋战国时期人与人之间的交往所推崇的道德准则超越了等级制度，对相互情感的尊重，成为了人与人交往的内在精神。这样的行为泣天地、动鬼神，究其实质，还是"礼"的作用。

由于先秦时人们生产方式落后，物质生活贫困，人与人之间的交往远没有今天这样频繁，许多时候人与人的交往是一辈子的事，维系这种交往也显得更为重要。而保持交往的方法比较简单，没有通讯工具，缺乏交通工具，也没有过多的钱帛作为沟通情感的手段，礼就成为最要的、也是惟一能突出内在的精神的润滑剂了。

到了今天，人与人的交往已经变得非常密切，也非常复杂了。不管出于道德原则或是利益原则，现代交往呈现出阶段性、变化快的特点，更多临时的交往代替了以往永恒的友谊，社会关系由此表现出一种不断变动的特征。

我们常常听到"人心不古""人心浮动"等抱怨，也常常感叹真正的友谊难寻，人难做，我们时常看到身边今天是朋友、明天是仇敌的变故……是不是今天人与人之间变得冷漠、疏远了呢？作为渴望被这个社会群体认可、又有强烈归宿感的我们，在现代生活的快节奏下，交往的范围越来越宽，可为什么孤独感越来越强烈呢？

你是否有同感？

_____

_____

_____

_____

_____

_____

1954年4月7日，在日内瓦召开了举世闻名的"日内瓦会议"，朝鲜、中国、美国等 15 个国家的代表参加了会议，讨论和平解决朝鲜问题等，周恩来作为中国政府首席代表出席了会议。美国方面由当时的美国国务卿杜勒斯为代表团团长参加会议。会议进行期间，当周恩来主动向杜勒斯伸出手时，这位敌视中国的杜勒斯居然没有伸出手来，在场各位外交使者皆目瞪口呆……

在这一片段中，周恩来彬彬有礼，不失风度，而杜勒斯却粗鲁无礼，礼节失误，其负面效应是给中美外交活动投下了阴影，因为这种无礼行为不仅伤害了周恩来，也伤害了中国人民的尊严。

一家香港人投资兴建的中英文双语幼儿园招聘幼儿教师，前来报名者不少，其中一位刚从幼儿师范学校毕业的年轻女孩不仅人长得漂亮，而且才艺双全，是个不可多得的人选。可是她一开口，招聘人员马上皱起眉头，因为她说："新的幼儿园？条件怎么样？能给我多少工资？"尽管招聘人员原先看好她，可这一席话让招聘人员坚决放弃了这位不大懂礼貌，而且只重待遇的姑娘。

这位姑娘的话有什么不对的地方吗？

不可否认，每一个人，尤其是年轻人，在踏入社会与人交往时都满怀远大的理想，希望能被他人认同，进而有机会大展宏图。这种愿望没有错，问题的关键是如何给他人一个良好的印

象，取得你能取得进入社会、进入某一企业，进行人际交往的资格。

杜勒斯的无礼使中美交往陷入僵局，周恩来的风度却赢得大家的称赞；这位姑娘用傲慢无礼的语言断送了她进入这家新兴的，但后来非常兴旺的中英文双语幼儿园的资格。

由此可见，合乎环境、身份、得体的礼仪可以展现出个人魅力或团体形象，使得对方欣赏你、接纳你。只有得体的礼仪才会使你取得与他人进一步交往、沟通的资格。

礼仪是人际交往中最好的润滑剂。

在交际中，交际者的目的越明确，礼仪对交际者个人行为的约束就越强烈。这种时候，礼仪对交际者来说，就是一种软管理。

一对青年男女恋爱了很长时间了，小伙子急于得到女方家长的认可，以促进这段感情的稳步发展。终于等到女方家长召见的"指示"，小伙子西装革履，手提见面礼，提前5分钟赶到了女方家门口，稍等喘息片刻才举手按响了门铃。进门后，小伙子毕恭毕敬地向两位老人鞠了一躬，并向两位老人真诚地问候。等两位老人请小伙子坐下时，小伙子方才轻轻坐下……

自然，小伙子的彬彬有礼获得了两位老人的认可，其后小伙子和姑娘的婚事也得到了两位老人的同意。

这位小伙子去姑娘家拜访，目的很明确，为了获得好评，他时刻注意自己的一举一动、一言一行，尽量有意识地用礼仪来规范自己的行动，终于取得了一张有效的"通行证"。

（二）礼仪可以促进社会和谐

繁忙的马路上，车来人往。在拥挤的自行车车流中，一位小伙子急急忙忙蹬着自行车往前冲。在一个路口往右拐时小伙子撞着了一位中年人。中年人恼怒之下大骂起来，骂声引来了许多过路的行人，人们围拢过来，有些人在旁劝解，有人在旁起哄。小伙子嘴里连说着"对不起"，但中年人毫不理会，一边骂着，一边还用右手的食指指向了小伙子的脸，这一来，小伙子也被激怒了："你指我干什么？"中年人更用手指指向小伙子的鼻子："指啦，你要怎么样？"话音刚落，只见小伙子挥起右手就向中年人正指向他鼻子的手打去，瞬间，两个人就扭在了一堆……

一个骑车撞人，一个出言不恭，以致拳脚相向。

1. 礼仪是人的社会属性的外在表现

个人是社会的人，没有离开个人的社会，也没有离开社会的个人，每一个人都是在具体的社会环境和历史条件下生活和工作，并与他人发生这样那样的联系，在这种联系中，冲突难免会发生，重要的是学会怎么处理冲突，取得与其他社会成员的协调一致。在上述例子中，小伙子先撞了人，是无理行为，他道歉，表现出一定的礼貌。而中年人被撞，起先是有理的，可他不接受小伙子的道歉，并用手指向对方的鼻子。小伙子被中年人的无礼行为激怒，因此大打出手。

作为社会人，要学习各种礼仪行为规范，更重要的是为了使社会正常运行，每一个人还要以此明确自己的权利和义务。这些行为规范中包含了对他人的尊重及对他人行为的理解，一旦违规，冲突就会由此而起。在前例中，小伙子挥动拳头是为了维护自己的自尊，但表现太过于粗鲁。中年人恰恰忽略了自己的个人行为对这一冲突的调节、缓冲作用，忽略了体会对方情感的需要，结果是两败俱伤。如果当时中年人能接受小伙子的道歉，双方协商解决矛盾，那么他的宽容大度一定会获得围观者的称赞，一场打斗也完全可以避免。

礼仪是人的社会属性的外在表现。人活着首先要满足最起码的生存需要，这一点就决定了人必须要与他人合作，依赖于他人所创造的物质资料，并与群体、组织、社区建立特定的关系，在这种特定的社会关系中，群体成员因为在互动过程中要相互依赖、相互影响，就会逐渐形成共同的行为模式，礼仪就是其中的一种行为模式。有了各种礼仪，群体才可能会对其成员有一种约束，并用以协调人们之间的矛盾。

2. 礼仪作为对社会群体成员约束的前提条件

礼仪作为对社会群体成员的一种约束，要有一个条件"君子敬而无失，与人恭而有礼，四海之内，皆兄弟也——君子何患乎无兄弟也?"(《论语·颜渊》)一个有道德有修养的人，应当讲究礼貌、礼节，把天下人看做是自己的兄弟，才会去关爱、帮助、尊重别人，社会才会和谐。否则，把天下人都看成与自己无关的陌生人，甚至仇视别人，故意与整个社会对立，或对自己的社会地位不满，又不努力改变，进而偏离礼仪对个人行为的规范，甚至违规、犯罪，成为破坏社会和谐的大敌，不仅损害他人的利益，还会影响正常的社会秩序。

我们身边常会发生这样的事：在饭馆里许多人正在吃饭，有人却在擦皮鞋。一时间，皮鞋上的灰尘、细菌四处弥漫，浓浓的鞋油味搅混了饭菜的香味。这种行为无视他人的存在和健康，是极其无礼和无知的一种表现，必然引起周围人的不满意。

3. 礼之用，和为贵

孔子早已说过："礼之用，和为贵。"（《论语·学而》）我们强调注重礼貌、礼节是贵在与人为善，与人友好相处，无论对方的社会地位、社会角色如何，都应该要互相尊重，以礼相待。这样，大家处在一个友好、和谐的社会环境中，才会心情愉快，身体健康。比如一个家庭，虽然夫妻之间不一定要举案齐眉，相敬如宾，但相互的礼让、尊敬，才能换来家和万事兴的局面。

如果一个企业内部人与人之间不讲礼仪，互相冷漠、敌视，企业就不会有前进动力，这样的企业如何会有效益？而一个企业如果对同行、客户不懂礼仪，必会被认为该企业没有文化底蕴，不懂得尊敬他人，与同行、客户合作的机会就会很少。

社会的发展一靠法律、二靠人与人之间的相互理解、帮助，其动力来自社会成员之间精神上的认同，这种认同是一种共同的价值取向，即社会的和谐。只有和谐、稳定的社会环境，才能提供个人发展的舞台。

中国人讲究天时、地利、人和。人和才有凝聚力、战斗力。因此，要依靠礼仪来规范协调人们相互之间的关系，统一人们的行动，形成平等、信任、尊重、理解的良好的社会氛围，进一步保证民族团结、国家统一。

(三) 礼仪可以增强群体意识、塑造形象

1. 礼仪是个人和所归属的群体的文明素质和工作效率的外在表现

某礼仪队在受邀参加一次庆典活动时恰巧碰上气温突降，礼仪小姐们身穿单层的旗袍，站在寒风中坚守岗位，认真做着自己的工作，可是因为前来参加庆典的人员太多，路上交通拥挤，本来预计30分钟的接待仪式一再延长。一位礼仪小姐晕倒了，又一位礼仪小姐晕倒了，她们的位置很快被其他礼仪小姐填补了，直到完成任务。望着这些把礼仪传播给每位来宾的小姐，庆典现场的许多人都被感动了，他们纷纷记下了这个礼仪队的联系方式。这个团队每个队员的敬业、有礼为这个团队赢得了极好声誉。

这个例子说明了，个人的良好表现能提升群体的形象，这也是人们评价一个群体的依据之一。群体中每一个人的必要的礼仪修养可以展现出群体的精神风貌。当我们以群体的形象对外交往时，礼仪就是个人和所归属的群体的文明素质和工作效率的外在表现，是文化教养、文明程度和精神文明的表象特征。

语文课上，老师正讲到李白诗歌的飘逸浪漫处，"咣"的一声，门被踢开了。所有人的目光全集中到了门口，老师的讲课被打断了。只见来者面无表情，头发好像用水梳过，手里提着一袋牛奶，直直地向座位走去。他既不喊报告，也不向老师打招呼。正讲在兴头上的老师心中大为不悦，而正听得入迷的同学也向其投去了白眼。

这位迟到的同学，无视学校有关部门校纪的规定，这种行为不仅让人觉得这位同学修养差，而且会感到他没有群体意识。这样的结果必会影响到他所在班级的整体精神风貌。他个人"自

由"了，整个群体的形象却受损了。

2．自由要有礼仪作规范

一位女青年到一家外资企业应聘，这位女青年原来已在一家外企工作，想要寻求更好的发展而来应聘。接待她的老总为人随和，谈话中没有固定的话题，听起来似乎漫不经心。交谈中老总出去了一下，这位女青年坐着无聊，随手翻开了老总桌上的文件夹，而且还仔细地看了起来。当老总进来时，她还没有放下手中的文件。老总见状不动声色，几句话把她送走后，通知秘书拒聘此人。

这位应聘者实在太失礼了。她不知道老总的暂时出去也许是在考察她。即使不是，作为一个外来者是无权随便翻动别人的东西的。要知道，人类为了自身需要的满足，为了获得更大的自由，不仅受自然规范的约束，而且必须自觉地受一定的社会规范的约束。在这些规范中，除了道德规范和法律规范外，就是礼仪规范。其中只有遵守了这些规范，你才可以获得自由和快乐。

3．礼仪是群体内部认同的参照标准

礼仪是群体内部认同的参照标准。除了群体内部制定的纪律、规章制度外，礼仪就可用来衡量每个人的言行是否符合群体的认同感觉。群体内部任何一种形式的交往都有其自身的有序性，如来宾座位的排列、宴会时就餐人员座位的排列，庆典仪式的先后顺序等等，无序必会混乱，而这种有序交往又必须得到群体的认同和尊重。

（四）礼仪可以强化人与人之间的相互依赖，加强团结

"风驰传媒"是全国 50 强广告公司之一，成立仅仅 11 年，风行天下，创下了累累硕果。作为广告公司，从与客户接洽到广

告创意、设计，再到最后发布，其间要经过多少程序，又要涉及很多人，因此，在这个过程中，人们之间的相互作用、相互影响就显得尤为重要。

"风驰"推崇员工做具有爱心、团结协作的人，提倡公司内部有竞争、有合作、更有互助，当然，也有一定的强制，形成了一种积极互动的局面。这其间一个重要的因素就是靠礼尚往来，互相敬重。上至老总，下至员工，接起电话来总是以"您好"开头，接着是"请讲"。员工之间天天时时都有合作，无论怎样熟悉，无论怎样繁忙，"谢谢"这样的语言总是挂在每位员工的嘴上。对客户，对帮助过公司的人，节假日总不忘表示慰问和感激。人们在施礼与受礼的过程中互相尊重，微笑待人。这样，公司内部精诚团结，人们依赖团队，依赖他人，得到伙伴的支持和帮助，永葆了活力。

这种双向互动的情感交流过程，充满了人情味，满足了人们彼此认同、结成亲密无间关系的渴望。人们往往会看到这样的情景，风驰的员工因这样或那样的原因而离开公司时，总是热泪盈眶，既对自己作为一滴水融入到这个集体而欣慰，又为自己在这样一个充满竞争、充满了人情味、充满了互敬互爱的团体中得以成长而自豪。继而，他们又把风驰学到的各种成功因素，包括礼仪带到不同的岗位，传播了礼仪文化，增加了亲和力，也显示出个人较高的素质和修养。对外，风驰以一个高素质的团队形象赢得一片喝彩，时刻维持了风驰与其客户关系的平衡。这就是礼仪可以强化相互依赖，加强团结的最有说服力的例子。

你如何理解礼仪的社会作用？

_____

_____

_____

_____

（五）礼仪可以保持人际关系平衡，满足情感和心理需求

　　人与人交往不仅是生存需要，也是一种心理需求。礼仪是社会交往中形成的道德规范和行为准则。礼仪规范、礼仪程序是一定社会的人们约定俗成、共同认可的，是维系人际关系的纽带，是营造良好人际关系的润滑剂。

（六）从实用到审美，礼仪满足了人们的心理需求

　　日本女人无论在家、在企业，她们亲切、自然的笑容，总给人们带来欣慰。有多少人知道日本企业培训员工时只是微笑一项，就要在口里横着一根木筷训练两个月呢？

　　你认为有此必要吗？

_____

_____

_____

_____

_____

_____

（七）互相有礼可获得心理满足

　　无论是传统的春节、元旦，还是现在时尚的情人节、圣诞节，色彩缤纷的贺卡传递着浓浓的亲情、爱情和友谊。一句句真

诚的祝福话语带着寄卡人的满腔激情飞向了收卡人，当每一位收卡人拿到贺卡的那一刻，抑制不住的喜悦写在了笑意盈盈的脸上。这样的体验，一年又一年，它使我们感到岁月已逝而感情依旧，空间阻隔而心仍然相连；它使我们的人生不再孤单，生活充满温馨。

生活、工作中，人与人之间处处传递出的礼，都会使对方内心感到一种满足。上下级之间、同级之间，亲朋好友之间，甚至陌生人之间，受礼者感到的是对自身高素质的自信。因此，礼仪可以使我们强化内在素质，树立外在形象。当它成为一种良好的习惯后，对每一个人来说，都是一份好的长效投资。施礼者获得好评后，会以更高热情回报他人。

2004年1月2日晚8：00，在昆明国贸中心四楼宴会厅，远道而来的奥地利莫扎特交响乐团以《春之声》起弦，奏响了一场轻松的交响乐。

一首首中国人熟悉的乐曲如《闲聊波尔卡》《漫步克拉芬森林》《皇帝圆舞曲》以及中国曲目《茉莉花》《玛依拉》等飘扬在大厅内，与过去的音乐会不同的是，大厅里没有了以往那些抬脚走人或呼呼大睡的现象，台上台下其乐融融，在强烈的共鸣中，音乐戛然而止，可台下的掌声经久不息，乐团彬彬有礼连谢五次幕都无法退台。最后又奏起了《北京喜讯到边寨》，以答谢热情有礼的春城听众。

雷鸣般的掌声再次响起……

这一情景，除了音乐本身的魅力及乐队精湛的表演外，礼仪在其中起了重要的作用。一方面听众的有序、投入，使乐团所有人员感到一种被尊重；另一方面，乐团的敬业以及对听众的回报，激起听众的被重视、被尊敬的心理满足，场内形成了一个良性循环。在这种氛围下，每一个人更会用礼仪来规范自己的言行，使自己能融入这个气氛中，获得大家的认可、称赞。

在日常生活中，个人施礼获得别人的称赞，不但会提高自信，而且会以愉悦的心情回报他人或将礼仪传递给更多的人。

你能联系自己的体验，继续这个话题吗？

_____

_____

_____

_____

_____

_____

_____

_____

_____

_____

_____

在与他人交往的过程中，无论出于什么目的，如要表现自己的本质，要实现自己的主观意愿，都需要在人际关系中遵循一定的原则和规范。礼仪就可以帮助人表现自己的本质、实现自己的主观意愿。

在现代社会，礼仪可以有效地展现施礼者和还礼者的教养、风度、魅力，它体现着一个人对他人和社会的认知水平、尊重程度，是一个人的道德修养、学识水平和价值取向的外在表现。

二、礼仪的个体约束作用

人们在与他人的交往过程中，在遵循一定的道德规范中，不自觉地会反省自我，比如用他人对自己的态度、社会对自己的评价为标准，来进行自我评价、自我定位，以期对自己的言行举止作出适当的调整，从而约束自己，使自己更加为他人和社会所接受和认可。综合来看，大致可以分成以下五类。

（一）功利约束

约束就是限制。功利约束是一种软制约，是一种充满了利害关系的自我约束形式，任何想被社会接受和认可的人多少都会自觉地产生这种功利约束的想法，只是表现的方式、场合、程度不同而已。

功利约束实际是社会生活的一种正常反映。因为今天人们的交际交往非常频繁，与古代人与人之间的交往更多以道德为原则不同，功利目的显然被放在了首位。在古代，有礼是有教养的表现，是一个人身份、地位、财富的标志，还是一种品味的外化。在市场经济条件下的今天，有礼不仅是身份、教养等的标志。在人与人交往的过程中，人们已从基本的接触发展到欣赏对方的品位、格调。这种品位、格调就是礼仪包装出来的，而被欣赏者如果具备这种品位、格调，就在一定程度上被人们接受和认可，只有被接受或认可，才可能融入到那一群体，为争取成功迈出最重要的一步。

功利，并非都是贬义的，尤其是在社会主义市场条件下。我们可以把功利分为两种：一种是确实作了努力而应该得到的社会评价，如先进职工、三好学生、模范教师等等，他们都是为社会、集体作出了贡献，而个人又非常努力，这种荣誉是他们应得的评价。随着被肯定，他们获得了奖状、证书、奖金，得到认可，为日后更进一步发展奠定了坚实的基础。另一种是不想有任何付出，只想得到的急功近利，比如贪污腐败分子。人们无论出于哪一种功利目的，都会对自己有所限制、有所约束。

1. 追求目的明确

秦伯、晋侯同时围攻郑国，面对灭国的危急时刻，郑国国君也不得不放下九五之尊的架子，谦恭温和地对烛之武说："吾不能早用子，今急而求子，是寡人之过也。"烛之武面对国君的谦恭有礼，只有"夜槌而出"，凭着机智、勇敢说服秦国军队退兵，从而保住了自己的祖国。国君请求臣子在中国古代应该说是不成体统的行为，但在国难当头之时，郑国国君不仅屈就自己来求臣子，而且为了自己的地位和国家的利益还向臣子检讨了自己的错误，求臣子帮忙，这中间起作用的则是"功利"。

面对明确的目的，无论大到国君，小到孩子，人们都会自觉地用礼仪来约束自己，从而求得目的的实现，这又一次说明了礼仪是社会人际交往中必备的入场券。

不仅如此，商业行为更需要礼仪约束，推销员为了让对方接受产品，首先争取让对方接受自己；应聘者为被招聘者接受，花力气包装自己，这些明确追求目的例子不胜枚举。

2. 就任新的岗位

我们稍微注意观察一下就会发现，凡是新就任某一岗位的领导，无论职务高低，都会有一套新的施政纲领。比如说就职演说、形象工程，其目的是获得人们的好评。与此同时，他们会非常注意接人待物彬彬有礼，一切"居上不宽，为礼不敬"的言行都会加以避免。之所以要这样做，目的无非是在显示自己恪尽职守的同时，获得好的口碑。口碑会成为一种无型的资产，会带来很大的经济和政治效益。这也是一种功利约束。

3. 角色转换

王兴和李坚是从小一块长大的朋友，平时相处时无话不说，称兄道弟。王兴工作很努力，人也聪明，三十多岁就被提到了局长的位置上。角色转换后，王兴时时注意自己的公众形象，而李坚却渐渐感到朋友和自己的差距越来越大，每次见了王兴都会不由自主地使自己的言行举止尽量文明、礼貌一些。尤其当李坚有事要王兴帮忙时，不会大声讲话或做出任何失礼的动作。本来是没有人要求他这样做的，但是礼仪在这时起到了约束李坚的言行举止，同时也维系这两位朋友关系平衡的作用，李坚的做法不仅提高了自身的修养，又满足了各自情感的需求。

总之，不管人与人之间怎样交往、企业和企业之间如何联络，功利约束这种软管理必然会在其间起到重要的作用。

（二）形象约束

形象，更多的是指一个人或一个企业外在的给予公众的印象。虽然形象有内在素质的要求，但我们看到更多的则是外在的表露，包括穿着打扮、言行举止、外在包装。每一个人都希望自己的形象是成功的，能使自己被别人接受、认可甚至喜爱。那么，成功的形象包括什么呢？就个人而言，包括温文尔雅、衣冠整洁、彬彬有礼。

我们可以看到，所有的明星在生活中的装束、化妆是较为随意的。比如以《冬天里的一把火》唱红中国的费翔在舞台上常常身着合体华丽的衣服，用他热情奔放的歌声打动人心。可是当他被选为雅戈尔西服的形象代言人时，他一改往日的装束，西装领带、面带微笑，展示出一派彬彬有礼的绅士风度。因为作为品牌代言人，他必须要以人们希望的形象出现，才能达到这一品牌选他作代言人的目的。为此，他必须显示出优雅的神情，恰当的举止，得体的装束，将自己和所代表的品牌自然地融为一体，定位在人们心中。

生活中，当我们以某种固定的形象出现时，人们就会有意无意地将我们定位在这固有的形象上。久而久之，我们自身也会不由自主地用这一形象应该具有的礼仪规范约束自己。比如，今天许多教育专家都提倡赏识教育，并在此理念下培养出不少人才。把这一观念具体到某一个孩子身上，当家长、老师不断地称赞这个孩子"真懂事，真有孝心"时，为了维持这一形象，这个孩子便会朝着这个形象更加努力，进而用礼仪来约束自己，使自己在人们心中永远保持懂事、有孝心的形象，这样的结果反而还促进了孩子的成长。这就是形象约束所产生的功效。

（三）环境约束

人是流动的，我们所处的环境也在不停地变动。这里说的环境主要指的是社会环境。它小到居室，大到社会。因为所处的环境不同，为了保持人际关系的平衡，就需要有礼仪作为规范来限制人们的言行举止，使人与人之间在今天这个越来越拥挤、关系越来越复杂的社会中，少一些相互间的干扰，多一些和谐和宁静。尤其是在特定的环境下，环境的约束就会更为明显。

特定的环境指的是诸如庆典活动、宴会、舞会、婚宴、丧葬等等。

汽车驾校教练小马烟瘾极大。这一天，他的车上来了一位打扮非常入时的中年女性学员，从其穿着、口音及一人包车这几方面来看，小马不敢大意。可让他难以承受的是这位女学员要求小马不能抽烟。考虑到这份工作难找，小马只有很不情愿地服从了。时间过去了半个月，这位女学员优雅的举止和不凡的谈吐影响了小马，他的妻子开始表扬小马近来变得文明了，抽烟时懂得回避他人，说话不再带脏字，而且懂得尊重她了。

从这个例子可以看出，在特定环境下，人们必须用礼仪来约束自己，否则可能会失去工作岗位。同时一定的礼仪约束还可以使人很好地与人相处，进而提高工作效率，甚至改变自己在他人眼里的印象。

已是夜半时分，一家医院的急症室里，病人、看护和医生护士都处于井然有序之中。突然一位年轻的小伙子抱着一个姑娘匆匆进来，一边大声乱叫"医生"，医生闻讯前来就诊，才知道这位姑娘是因为失恋而服药自杀，但情况并不严重。医生按程序做完了抢救工作，转去照顾其他病人，这位年轻人却一直嘴没闲着，大声讲话，吹嘘自己，把所有的病人都吵醒了，大家怒目而视，他还不知收敛，当那位女孩哼了一声后，他居然大叫大嚷着把医生值班室的门一脚踢开了……医院保安只有赶来制止他的这些粗暴无礼的行为。

医院是个特定的环境，为了病人得到治疗、休息、人们到了医院就应该保持安静，而这小伙子粗鲁无礼，大声喧哗，引起了人们的反感，他不知用适当的礼仪来约束自己。失礼行为不仅扰乱环境，破坏人际关系平衡，还引起公众极大的不满，最终只能是接受惩处。这个例子说明在任何特定的环境，除了规定性的要求，还要求人们在这种环境中表现出个人良好的礼仪修养。人们只有遵守特定环境的礼仪，环境对人的约束和人对环境的适应才能达到和谐和统一。

（四）职业约束

职业是我们赖以维持生计的保证，一旦选定，很难重新调换。尽管现在有一些人自谋职业，可大多数人终生只从事一种工作。那么对职业约束的遵守与否，就决定了我们发展空间的大小、未来生活的好坏。不能把职业仅仅看作"拿老米钱"的地方。

职业约束有其自身的特点：约定俗成、行业自律、企业文化需求。无论从哪点出发，职业约束都很重要。

一位学艺术的本科毕业生应聘到一家外资幼儿园工作。这位新来的幼儿园老师专业娴熟，很被园长赏识，准备培养后委以重任。可是这位教师却常常出口伤人，傲慢无礼，有一天居然和同班教师发生矛盾，打起来了。无奈之下，幼儿园只有辞退了这位老师。

为了使社会正常运行，每一个人还要以此明确自己的权利和义务，遵守一定的行为规范。这些行为规范中包含了对他人的尊重及对他人行为的理解。一旦违规，冲突就会由此而起。每一种职业都有约定俗成的一些规矩需要从事这个职业的人去遵守。而且，很多企业会根据企业文化的需求，从更高的角度对员工行为作出规范。违反这些规矩、规范，企业就无法正常运转。上述例子中，外资幼儿园的这位教师就违反了她所从事的教师这一职业的要求。老师不仅是传道授业解惑，还担负着"育人"的重担，不能与他人有礼有节地和谐相处，本来就不利于工作，更何况这一事件对受教育者造成的坏影响尤其严重。孩子们在需要引导他们有礼貌、讲文明的时候，不能被老师的不良无礼行为所误导。这样的教师，因其不受职业的约束，因其不合格，因其影响幼儿园的声誉，当然应该被辞退。

（五）身份约束

身份从大的方面讲是社会分工的一种划分标志。在今天，更多时候被用来指占有很多财富或拥有一种特殊待遇的人。身份已成为划分人群的一种约定俗成的标准，也是一种财富和权力的象征。作为一个特殊的群体，"有身份"即可以满足自身的心理需求，但同时也需要有符合自身身份的礼仪来约束自己，才会使自己的身份得到别人的认可，才能维持与他人关系的平衡，否则就会"有损身份"。

歌星们常常因自己推崇者的多少、知名度的高低而决定身份的高低。因其身份不同，出场价值也不一样。一些大牌明星出场费高达两三百万。观众无论贫富，出于对歌星的崇拜，都一抛数百元买票想一睹芳容。可是有些歌星常常做出与自己身份不符的事，如假唱。欺骗听众，这是一种很无礼的行为。因为它藐视听众感情，愚弄歌迷，不诚实，还要骗钱。这种行为违反符合自身礼仪的规范，把自己推到与观众对立的立场上，必然会破坏自己与观众的关系，损害自己的形象。它表现出的是这些假唱的歌星对社会认知的低水平，对他人尊重程度的不合格以及其学识、修养的不够。

礼仪不仅是一种规范，也是一种社会约束。你如何看待礼仪的约束作用？

_____

_____

_____

_____

_____

_____

_____

_____

第二节　公关礼仪

礼仪包含着公关礼仪，公关礼仪主要限于在一切公共活动中应该遵循的礼节、礼貌、礼宾仪式，还有约定俗成的模式。

一、个体礼仪与公关礼仪的关系

个体礼仪是个人的行为规范，它可以表现出个人良好的教养、风度、举止。在社交场合中的行为礼仪，是个人融入群体的行为规范，是个人形象不可缺少的的外在显现。

它主要是指组织在各种社会活动中，为塑造被公众接受和认可的形象或提高美誉度而遵循的约定俗成的行为规范，两者的目标不同，需求也有所不同。

个体礼仪是个人在交往中满足心理所需的行为，而公关礼仪是组织在公关活动中满足公众需求的行为。

二、公共关系礼仪的特征

公共关系的主体在进行公关活动时所要遵循的道德原则和行为规范，其特征如下：

1. 时效性

指公关礼仪在时间上的规定性。就是指在特定的时间内举行的公关活动应遵循的规范。如'99昆明世界园艺博览会的开幕仪式，这一仪式的举行不仅仅是为了揭开世博园的神秘面纱，更是一次大型的公关活动，所有参加这次活动的人都进行了充分的准备，并按照有关规定各司其职。为了目睹这一盛大的开幕仪式，中外客人纷至沓来，大饱了眼福并一致对此仪式倍加赞赏。半天的活动过去后，世博园的形象随着媒体的各种报道得以大大提升，所有与世博会开幕式相关的礼仪活动全部成为历史，而未能赶来参加这个仪式的人们则永远也无缘于这次开幕仪式。

这一切都是公关活动的时效性所决定的。

2. 程序性

指的是按照礼仪规定的顺序而进行的操作过程。

任何公关活动都是有目的的，为了更好地达到目的，组织者都要预先设定相应的程序，以便活动开始后井然有序、整齐规范。比如任何庆典活动都是以迎接客人开始，以送走客人结束。谁先发言，谁坐哪个位子，怎样签到，怎样发资料，都要按照原先规定的顺序进行。否则，公关活动就会杂乱无章，无法取得预想的效果，也无法达到成功公关的目的。

3. 整体性

公关活动是以组织整体形象出现，组织的整体性由整体意识统一，这种统一的意识，就是企业精神。这种精神将由整体行为显现。比如组织中的统一服装、统一口号、统一按照规范操作……许多大企业每天早上上班时都举行晨会，在这一时间，每位员工着统一服装，用洪亮的声音喊出统一的口号。员工来自的地方不同，文化教养不同，年龄不同，但此时的目标是一样的：如何用自己的行为为自己的企业创造最佳的业绩。因此，在这种整体性中体现出的是企业内在的精神。

4. 强制性

指的是公关礼仪所表现出来的约束作用。作为一个组织，在特定的时间有特定的规定，成员一旦违约，则会使组织形象受损。

比如，一家信誉颇好的国有银行，规定行员上班接待储户时必须面带微笑，讲话温和有礼。一天，来了一位储户，当她拿出一叠捆扎好的一百元票子时，柜员轻声问道："这种扎了两道纸条的钱一般是银行要销毁的钱了。以后到其他银行取钱时不要要这种钱。"储户还未及开口，银行一位负责人冲过来大声质问储户："谁给你的钱？从哪里来的钱？"储户一听火了，明明是刚从其他银行取出的钱，捆扎的封条上还盖有图章，怎么到了这里竟遭这样的质疑？……

这种行为虽然是从个别人身上反映出来的，但却使顾客对这一银行产生了看法。因此，各行业组织为了保证自身形象，除了要求员工加强修养，还制定了若干规定，强制执行。强制让组织成员遵守礼仪规范，是组织的目标要求，也是组织为了保持良好形象的需要，强制就是为了在长时间的公关活动中塑造组织的良好形象，这位负责人的粗暴无礼违反了公关礼仪规范，使组织长期建立起来的形象受到了损害。

三、公关礼仪的作用

公关礼仪的作用概括起来有以下几点：

1．塑造组织形象

这需要组织成员长期地、自觉地、有意识地培养自己的礼仪行为，使组织形象的塑造在公关活动中得以实现。

2．使公关活动成功

组织成员在进行公关活动时对道德原则和礼仪规范的遵循，可以促使公关活动获得成功。

3．展示组织成员的整体素质

公关活动虽多以组织形式出现，但每一个环节、程序都是由具体的成员在完成，在此过程中，对公关礼仪的遵守必将展示出组织成员的整体素质。

第三章　语言与非语言礼仪

善言无瑕谪。

人际沟通是借助语言及非语言符号实现的，语言与非语言礼仪在人际传播中具有重要作用。

第一节　了解语言

古语云：一言可以兴邦，一言也可以误国。

我们经常说：一句话可以让你多一位朋友，一句话也可以使一位好朋友变成你的敌人。

在社会交往中，掌握语言技巧是我们正确处理各种关系和完成各种礼仪所不可缺少的能力。因此，对言语技巧的训练和提高历来为人们所重视。孔子曾说："不学诗，无以言。"这句话往往被人们当作孔子诗教的代表性观点。但是，从另外一个角度，这实际上也反映了孔子对语言表达的重视。《论语·述而》中记载："子所雅言，《诗》《书》，执礼，皆雅言也。"所谓"雅言"即"正言"，当时周王朝京都地区所通行的官话，就像今天全国通行的普通话。孔子习用的是鲁国地方的方言，但是，他为了便于交际和交流思想，更为了顾全大局，自觉使用官话，特别是诵读《诗经》《尚书》，执行祭祀和外交礼宾活动的时候，都采用当时的普通话。从这位倡导"复礼"的圣人的言论和行为上都表现出"行礼之先，言为重"。

一、能说和会说：语言能力的具体体现

在社会交往中，掌握语言技巧是我们正确处理各种关系和完成各种礼仪所不可缺少的能力。能说和会说，是语言能力的具体体现。

（一）语言和语言能力

在人际交往和各种礼仪活动中，语言技巧是非常重要的。那么什么是语言？对我们的交往活动会产生什么样的影响？让我们先来看看下面的对话：

学生："老师，为什么只有人类能够说话，难道其他动物就没有语言吗？"

老师："这个问题问得很好。这其实就是要弄清楚语言是什么？你试着回答一下。"

学生："我认为语言就是我们说的话。"

老师："一般意义上我们可以这样理解，但关键的问题是我们为什么能说出这些话来？"

学生："因为我们是人。"

老师：（笑了）"你的回答虽然简单，但正是这样。我们每个人都有掌握语言的能力。人类具有发达的大脑和灵活的发音器官，抽象思维的能力和灵活发音的能力相结合表现为我们独特的语言能力，这是其他动物所不具备的。"

学生："那鹦鹉也能说话呀？"

老师："鹦鹉虽会'说话'，那也不过是'学舌'而已。它们并不具有自己创制语言的能力。"

学生："我明白了。可是，为什么生活中很多人能说话，但只要在某些正式场合或和人打交道的时候就变得不会说了。我时常也会出现这种情况，不知道该怎么说、说些什么。"

老师："现在我要纠正你刚才的认识。你说语言是我们说出的话。这是不准确的。实际上，能说是每一个发音器官正常的人所具备的能力，而说什么样的话，也就是语言能力，是必须经过训练才能不断提高的。掌握好一门语言需要不断的训练，这样才能有效地提高语言能力，也就是说话的能力。特别是在人际交往和礼仪中如何说话、该说什么话，更是需要专门学习和练习的。"

学生："老师，也就是说，在与人交往时我常常不知道该说什么，这表明我的语言能力还需要提高，我应该学习和运用那些特定的'语言'，对吗?"

老师："对。"

老师和学生的对话告诉我们一个非常重要的道理：提高语言能力应从准确运用语言和运用有特色的语言两个方面着力。也就是说，只有掌握好语言，并能准确、熟练地使用语言，才可能做到"在恰当的场合，说恰当的话"，才可能使语言符合礼仪的规定。

杨华和李名在汽车站相遇：

——你好！今天的天气可真好！

——是啊！你要到哪儿去?

——我要去看一位朋友。

——祝你一路顺风！

——谢谢！

杨华和他的意大利朋友苏塔在汽车站相遇：

——How are you! It is fine today!

——Fine! What will you do?

——I will pay a visit to my friend.

——Wish you have a pleasant journey!

——Thank you!

杨华和李名使用的交流工具是汉语普通话。按照汉语的结构和词汇、语音形式，他们说出了所需表达的内容。而当杨华与苏塔交流时，因为苏塔不懂中文，杨华也不懂意大利语，所以他们选择了两人都懂的英语进行交流。这说明语言是一种交流工具。无论杨华采用汉语还是英语，他和李名、苏塔相遇时所表达的内容都是一样的，但采用的形式是不同的。

> **特别提示：**
>
> 语言是以语音为物质外壳、词汇为建筑材料、语法为结构规律的系统，是人类最重要的交际工具。
>
> 语言能力是一个人对语言的运用能力。

（二）提高语言能力的途径

中国有句古话说："一言知其贤愚。"从某种角度看，语言能力是一个人思想素质、道德品质、智慧学识等方面的综合反映，不同的人有不一样的语言风格。如何提高我们的语言能力，在语言约定和礼仪约定的前提下形成自己的语言风格呢？有三个方面不可忽视：那就是素质、修养和能力。

1. 素质

素质主要是指心理素质，包括人的气质、性格、兴趣、爱好等方面，是人的较稳定的、本质的个性心理特征。这些心理特征对话语材料的选择、构思和表达都会产生影响。素质很难改变，它直接影响到一个人言语风格的形成。

2. 修养

修养是指一定的知识或艺术的水平。修养完全靠后天的培养，具有不可遗传性。良好的思想修养、文化修养和表达修养对言语能力的提高具有重要作用。

（1）思想修养

我们常常评价一些有见识、有想法的人，说他们"有思想"。一个人的思想修养实际上主要体现为他的思想水平和理论水平。也就是他对世界、对人生、对生死、对幸福等等的看法以及他对表达对象真善美的评价和对各种关系的正确理解和处理。

（2）文化修养

是指文化知识储备量的大小。知识越丰富，视野和思路才会越开阔。所谓"长袖善舞，多财善贾"，一个孤陋寡闻、不学无术、没有广博学识的人，说不出让人喜欢又让人明白的话语。只有具备了一个充实的头脑，才可能说出有特点的话来。

（3）语言修养

有了思想、情感和知识，还需要用语言来表达和抒发。古希腊政治家、军事家塔里克思普说过："会思考但不知如何去表达的人，无异于那些不会思考的人。"当代英国杰出的法学家阿尔弗雷德·汤普森·丹宁在总结其长达半个世纪的法律工作的论著《法律的训诫》中指出："要想在与法律有关的职业中取得成功，你必须尽力培养自己掌握语言的能力。你必须用你的全部技巧——一个语言艺术家的技巧，避免这种不公正不合理的现象出现。"其实，表达修养不仅在一些对语言表达有特殊需要的职业，比如教师、律师等，显得重要，从一个人的日常交往来看也是非常重要的。比如在家庭生活中，有的夫妻或父子因为不愿意或者不会表达而给对方造成了许多伤害，使本来并不存在的矛盾越积越深。

3．能力

语言能力是在素质和修养的基础上逐步培养起来的，包括完成语言活动的具体方式和活动过程中所具有的心理特征。具体说来应该有观察能力、想象能力、思维能力、口语能力和写作能力。

（1）观察能力

观察能力是用各种感官摄取信息感受刺激的能力，眼睛是最主要、最敏感的观察器官。

（2）想象能力

丰富的想象力可以激活思维，可以使表达的内容充实深刻，表达的形式新颖活泼。

（3）思维能力

人的语言能力和思维能力密切相连，因为语言是人类思维的工具。每个人在思考问题的时候都有一个默默自语的过程，我们要学会有意识地控制和利用思维活动。思维有以下几种方式：形象思维、逻辑思维和灵感思维以及在三者基础上展开的创造性思维。思维能力的强弱，具体表现在思维的速度、思维的深度和思路的明晰度等方面。

（4）口语能力和写作能力

口语能力和写作能力是一个人语言能力的具体表现。西方有句谚语叫做"话一旦说出口，就不能收回"，中国也有一句与之相似的"君子一言，驷马难追"。这说明口语表达具有稍纵即逝、不可逆转的特点，这要求表达者思维敏捷，口齿流利，能协调语言材料和说话语境的关系，利用恰当的方式表现内容。与口语表达相比，用书面的形式完成意义传播又对表达者提出了一些特别的要求。但是，不论哪种能力都不是天生的，需要不断的努力才可以提高。这里为你讲讲古希腊著名的演讲家德摩斯梯尼的故事，希望他的经历能带给你信心和启发。

德摩斯梯尼年轻的时候口语能力很差，说话发音不清，气息短，并且爱耸肩膀，演讲的时候常常被听众轰下台。在失败与嘲笑的打击下，德摩斯梯尼并没有畏缩退却，他一方面刻苦读书，不断丰富自己的知识，学习语言表达的方法，虚心向著名的演讲家请教；另一方面反复地有针对性地进行自我练习。为了练习嗓音，他把小石子含在嘴里练习朗诵，有时还迎着呼啸的大风讲话。为了克服气短的毛病，他每次练习的时候，都要在自己的上方挂上两柄剑，让剑尖正对自己的双肩，以此迫使自己注意改掉了不必要的动作。为了使自己不外出能够安心在家练习演讲，他剃了阴阳头。他还在家里挂了一面大镜子，经常对着镜子练习，以克服自己演讲时的一些毛病。在经过如此艰苦的磨炼以后，德摩斯梯尼的口语能力得到了迅速的提高，后来终于成了一位世界著名的大演说家。

二、语言：阐释符号意义的特殊符号

为什么语言对人及社会如此重要？也许你也能说出许多答案，但是下面的分析可能会给你一些新的启发。

语言是人类最重要的交际工具，对语言的运用可以直接反映一个人的素质和修养。在礼仪中，语言的表现能力也是最为突出的。什么时候、什么场合该说什么样的话，用什么方式表达才符合礼仪的规定，这些都是我们在交往活动中经常考虑的问题。因为语言不是单纯的一种形式，而是承载着说话者的情感和思想的一种特殊符号，所以我们要学会运用礼仪中的某些语言技巧来正确表达情感和思想。

你也许会问，什么是符号？语言和符号有什么联系呢？

(一) 我们的世界是符号世界

在科幻小说作家乔纳·斯威夫特的《格列佛游记》中，飞岛国居民的交际方式是每人随身背一个大口袋，里面装着可能要说到的所有东西，想要表达什么，就从口袋里掏出那个东西来。然而，在现实世界的社会交往中，人们不可能"以物言物"，把一切要表达的意义都用个体的物的形象来表示。因为，我们没有那么大的口袋来装载生活中所有的意义。再说，现实世界中的许多东西也是口袋所不能装的。比如：张三家房子着火了，他要赶快通知村民来帮忙救火，张三的"口袋"里既装不下他家的房子，又包不住房子上的火。现实中人们为了方便交流，约定了同时用一种特定的东西来表示一种特定的意义，符号由此产生了。古战场上的烽火、情人手中的红玫瑰、送别时挥舞的手臂、朋友发来的电子邮件……这些都是只有人类才具有的符号行为。

1．符号就是他代表你，但他不是你

符号首先是一种可以被感知的物质实体，比如声音、颜色、线条或表情、动作等等。其次，符号总是指向他物的，总是表示什么，而不等于它本身，比如"lain"这个语音，在英语中它表示一种凶猛的动物——"狮子"。这个道理很早就被我们的祖先所认识。公孙龙在《名实论》里说："夫名，实谓也。知此之非此也，知此之不在此也，则不谓也；知彼之非彼也，知彼之不在彼也，则不谓也。"也就是说，事物的名称是用来区别他事物的，名称并不等于事物本身。

2．一个硬币的两面：能指和所指

符号是一个由能指和所指共同形成的合成体，它的结构是：

符号	能指	情人手中的红玫瑰	♡	"水"、"water"
	所指	爱慕之情	爱情、love	一种无色、无味、透明的液体

好奇的人可能会问："为什么红玫瑰代表爱情？为什么中国人的传统的见面礼节是互相拱手？为什么汉语要把一种无色、无味、透明的液体叫做"水"，而英国人把它叫做 water？"说实话，不知道！符号的能指和所指的结合在产生时是非常任意的，其中的联系我们无法说清楚。

荀子在《正名》中说："五官薄之而不知，心征之而无说，则人莫不然谓之不知，此所缘以同异也。然后随而名之：同则同之，异则异之；单足以喻则单，单不足以喻则兼；单与兼无相避

则共，虽共，不为害矣。"说明给事物命名是一个复杂的心理过程。人们把五官感受到的信息不断整合，通过思考，形成了某种概念，但是，同一事物可以有不同的名称，不同的事物也可以有共同的名称。因此，符号能指和所指的关系同时又具有约定性的特点。简单说来就是，符号产生是任意的，符号使用是约定的。

3．符号的类型

瑞士语言学家索绪尔把人类所创造和运用的符号分为语言符号和非语言符号两大系统。他认为语言符号是人类传播最重要的符号系统。

对于非语言符号，后来的许多传播学者进行了广泛研究。所谓非语言符号，就是指语言符号以外的在信息交流活动中能够发挥意指作用的其他符号形式，包括我们说话时或一般状态下所运用的手势、姿态、动作、表情、腔调以及身体接触等等。

有人把非语言符号分为物体语言符号、体态语言符号、伴随语言符号和时空语言符号四种类型。与礼仪相关的非语言符号主要有表情、动作、界域、服饰、副语言、时间和场景等。

（二）用语言阐释符号的意义

我们要注意的是，所有的符号都必须用语言来阐释它的所指之意，比如红玫瑰表示爱情，比如"O"型手势表示"OK"，"好了"等，这些意义是通过语言来描述的。在非语言符号系统里，即使接纳一些"自然符号"，原则上也是以集体习惯和约定俗成为基础的，例如中国人传统见面礼节的拱手方式，西方人则采取握手的方式。所以，一切符号的所指不得不依赖语言的阐释，如果一个符号无法用语言进行解释，使它的形式和意义联系起来，它就失去了符号的存在价值，也就不成其为符号。可见，人类社会是一个符号世界，符号是人与人之间交流的游戏规则。如果你不能很好地掌握这套规则，特别是不能掌握好用来阐释规则的语言技巧，那么你将寸步难行。

礼仪也是一种约定性很强的符号，作为社会个体的我们只能无条件接受并服从它们的约定，而且必须熟悉礼仪符号的能指及其联系的所指意义，不能张冠李戴，不然的话小则闹笑话，大则结仇怨。一方面我们用语言来阐释各种礼仪活动的意义，另一方面，语言在礼仪中也占据着十分重要的位置。因为礼仪中的语言具有很明显的规定性，见面如何称呼，告别如何来说，选择不一样的能指，其传达的意义（所指）也是大不相同的。试比较：

指称一	意义一	指称二	意义二
你	一般情况下对平辈的称呼	您	对长辈或自己尊敬的人的称呼
再见	一般性告别语	欢迎下次光临	服务部门的送宾客礼貌语言
你老婆	随便、不大尊重对方	尊夫人、您爱人	正式场合很雅致的称呼

从上面的三组例子中你应该理解了礼仪活动中语言的重要性了吧，如"您"和"你"，多一个鼻韵尾就带来了一般称呼和表达尊敬之情的差别。我们不知道在汉语中，这一对称呼语是从什么时候开始各司其职的，但是可以肯定的是我们的古人早就注意到了语言在礼仪活动的重要作用。在不断的文化发展中，形成了许多礼仪语言，这些语言用不同的能指传达着特定的礼仪意义，因此而区别于其他日常语言。比如中国传统的礼仪交往活动中存在着大量的敬词和贬词，用来表达两种对立的情感和态度。当代的礼仪对语言的使用也有一些新的要求，我们要做的就是去了解和掌握这些礼仪语言，以增强和提高我们在礼仪活动中的语言能力。

明白这些道理是通过学习一些理论完成的，下面我们来梳理一下，看看有些什么收获：

- 语言是人类最重要的交际工具。
- 语言能力必须经过训练才能不断提高。
- 符号的能指和所指具有结合上的任意性和使用中的约定性。
- 一切符号都必须用语言来进行解释。
- 礼仪是一种约定性很强的符号，作为社会个体的我们只能接受并服从它们的约定。
- 语言在礼仪活动中起着重要的作用，礼仪有一套特定的语言符号，它们和日常语言不同。

你对自己的日常言语活动了解吗？试着来回答以下这些问题吧。

1. 我上次写文章和当众发言是什么时候？
2. 上一次发现自己句子说得不通顺是什么时候？
3. 到现在为止，最后读的一篇小说或散文的题目是什么？
4. 我从来没有注意过我自己说的话吗？
5. 我是否形成了某种说话的风格或写作的风格？
6. 我注意过别人说话的方式和特点了吗？
7. 我能听出别人说话时的"言外之意"吗？
8. 和别人交谈时，有没有什么东西让我感到不自在？这种感觉经常会产生吗？
9. 我是否还在不断学习和使用新词？
10. 当我听不懂别人在说什么的时候，我是否请他解释或在谈话结束后自己弄清楚？

你发现问题了吗？总结一下，好吗？

_____

_____

_____

_____

第二节　智慧交往

我们经常说："礼尚往来。"有人把这句话的意思简单化了，认为是人与人之间要互相赠送礼品。实际上，所谓"礼"，就是人们在交往活动中所遵守的某种约定。这种约定首先就是崇尚有来就有往。用当代传播学的观点来看，"礼"是一种双向、互动的人际传播，所以又有"往而不来，非礼也"之说。在各种礼仪活动中，最重要的当然还是语言，推动这种双向传播的是"你一言，我一语"。下面我们介绍一些常用的言语技巧，但是，要记住：最好的技巧是没有技巧。

礼仪的言语技巧其实就是在合适的场合说我们该说的话，这些言语具有一定的社会约定性，但不论怎样说，都应该是在尊重他人、希望与他人沟通的前提下进行"编码"。否则，再优雅的表达也只会带给人虚伪、别扭的感受。

一、介绍：缩短相识距离的一张名片

我们的生活其实就是在与人的交往中存在的，每个人都有与人相识的经历，当你与陌生的朋友会面时，你是不是知道该怎样把自己介绍给他们呢？如果你是去公司求职，你又该如何做呢？

韩杰今天要去参加老朋友沈浩的生日晚会。下班后，他兴冲冲地赶到了沈浩家。一进门，他看到已经来了两位从未见过面的朋友。沈浩为他们介绍：

沈浩："这是韩杰，我的老朋友。这两位是我的同事，李梅和金宇涛。"

韩杰："你们好！很高兴认识你们。"

李梅："你好！这是我的名片，有空多联系。"

金宇涛："欢迎你！我从没听沈浩提过你。你叫什么？"

韩杰："……"

对于这次介绍，你觉得怎么样？谁做得好？如果你是其中的一个，你会如何做呢？你对他们的表现都满意吗？

	你对他的评价	如果你是他(她)
韩　杰		
沈　浩		
李　梅		
金宇涛		

如果你无法作出评价，那么就先来了解一下介绍的技巧吧。

（一）介绍要分场合

介绍的时候一定要注意介绍的场合。按照介绍方式的正规与否，可分为正式介绍和非正式介绍。正式介绍是在较为正式、郑重的场合作介绍。正式介绍有两条通行的规则：一是把年轻人介绍给年长者，把下级介绍给上级，把职务低的介绍给职务高的，把未婚的介绍给已婚的。二是把年龄、职务相当的男士介绍给女士。如果双方在年龄和职务上有明显差别，那就按第一条规则的顺序来介绍。介绍时，最好是先提一下后者的名字或称呼。一是表示对他的尊敬，二是提醒他介绍就要开始，把他的视线集中到被介绍者身上。非正式介绍则不必拘泥，可以随意一些。在这种情况下，友好而愉快的气氛比什么都重要。主人或介绍人可以先起个头，逐一作简单介绍，也可转为作自我介绍。

（二）主要的介绍方法

按照介绍媒介的不同，介绍可以分为以物介绍法、熟人介绍法和自我介绍法。

1. 以物介绍法

与交往对方初次见面，在对方不了解你的情况时，一般是先将名片递给对方。对方看你的名片时，一般会重复你的单位或职务、职称，这时，就可以简单介绍一下有关你的情况，以补充名片上的不足。如果在场需要介绍的人很多，那就选择另外的时机再介绍自己。有些国家（如日本）的客人习惯于以交换名片来介绍自己的姓名和身份，这样，双方见面时，只需将自己的名片恭敬地递给对方即可。出示名片应严肃认真，不能像发传单一样；接受名片也要毕恭毕敬，既不能当着客人的面乱扔或折叠，尤其不能往裤袋放，应放在盒子里或上衣胸袋，以示尊重。

2. 熟人介绍法

人在社会上交往的朋友多了，有时就可能由朋友作介绍来进行社交活动，认识新的朋友。在熟人将你引见给陌生人的时候，只能代你介绍一下你的职业和姓名，待熟人介绍完了后，你可以接着介绍一下自己的来意或自己的一般情况，也可谈谈时政。初次见面一般不宜深谈，有些话语要在时机适当的时候再谈。为宾、主充当介绍人，应按一定顺序进行介绍。一般是，先将主人介绍给客人；先把年轻的介绍给年长的；先把男士介绍给女士。以示对客人、年长者和女士的尊重。被第三者介绍给对方时，要说"您好""久仰久仰"或"见到您非常高兴"，并主动握手或点头示意，表示友善，创造良好气氛。若宾主早已相识，则不必介绍，双方直接行见面礼就可以了。

3．自我介绍法

自我介绍必须有一定的条件，只适用于一定的范围。一般是到一个新的环境或周围没有认识的人，在无第三者的情况下，只能采取自我介绍的方式。自我介绍常用语言是"我叫×××，在某单位工作。""恕我冒昧，我是某某单位的×××"，"您就叫我×××好了"。如果一方是二人以上，则由身份最高者出面作自我介绍，然后再将其他人员按一定顺序一一介绍给对方。自我介绍要做到恰当得体。一般地说，介绍的语言要既简洁明了，又能使对方从你的介绍中找到继续谈下去的话题。介绍要中肯实在，既要让对方通过你的介绍对你有所了解，又不使对方觉得你在自吹自擂。

请看下面的介绍：

——我是赵天，请多指教。

——我是云南大学生物系的赵天，请多指教。

——我是云南大学生物系的赵天，1995年毕业，罗石教授是我的老师，我曾在师范大学教过书，后来又到美国读博士。

第一个介绍言语过于简单，对方在听了介绍后，除了名字外，一无所知，很难把话题接下去。第三个介绍有些啰唆，让人产生一种自吹的感觉，容易引起听者的反感。第二个介绍既简洁，又能使对方找到接着谈下去的话题。

（三）介绍时应该注意的问题

在介绍当中，需要注意的是：为他人介绍，要先了解双方是否有结识的愿望，不要贸然行事。无论自我介绍或为他人介绍，做法都要自然。例如，正在交谈的人中，有你所熟识的，便可趋前打招呼，这位熟人顺便将你介绍给其他客人。在这些场合亦可主动自我介绍，讲清姓名、身份、单位（国家），对方则会随后自行介绍。为他人介绍时还可说明与自己的关系，便于新结识的人相互了解与信任。

介绍的时候说话一定要清楚，不可含糊不清，尤其是姓名、职务等一定要让人听清楚。由于汉字的音义形关系复杂，有时还要说明具体是哪几个字，这样也更容易让听的人明白。比如：信阳电脑公司的张朝东经理向客户介绍自己。他双手递上名片，同时说："我的名字是张朝东，张王李赵的张，姓这个姓的人比较多，名字很好记，朝向东方。我们信阳公司就是客户值得信赖的太阳，是东方升起的太阳。"介绍中他巧妙的将"朝"这个多音字的语音确定了下来，并结合公司的名称来解释，让客户留下深刻的印象。

为他人作介绍时，要有礼貌地手掌向上指向被介绍者，而不可指指点点。介绍时，除妇女和年长者外，一般应起立，同时点头微笑有所表示。但在宴会桌、会谈桌上可不必起立，被介绍者只要微笑点头有所表示即可。在非正式场合，自我介绍要注意一些细小的礼仪环节。比如，某甲或某乙正在交谈，你想加入，而你们彼此又不认识，你就应该选择甲乙谈话出现停顿的时候再去自我介绍，并说一些"对不起，打扰一下，我是×××"，"很抱歉，可以打扰一下吗？我是×××"，"你们好，请允许我自己介绍一下……"之类的话。如果你参加一个集体性质的活动迟到了，你又想让大家对你有所了解，你就应当说："女士们，先生们，你们好！对不起，我来晚了，我是×××，是×××公司销售部经理，很高兴和大家在此见面。请多关照！"

不论是哪种情形下的介绍，都应该既诚恳、谦和又自信、大方，不要欲言又止或说个没完。

请你作一个自我介绍，好吗？假设你第一次参加社团会，你该如何向其他社团成员介绍自己呢？

─────────────────────────────
─────────────────────────────
─────────────────────────────
─────────────────────────────
─────────────────────────────
─────────────────────────────

如果你去参加某公司的一次面试，你又该如何自我介绍呢？
─────────────────────────────
─────────────────────────────
─────────────────────────────
─────────────────────────────
─────────────────────────────
─────────────────────────────
─────────────────────────────

二、称呼：带着尊敬和真情的一声召唤

　　称呼，看起来似乎是一件极简单的事，可是它却是交际礼仪中不可忽视的一个方面。与人谈话，称呼是必不可少的。在社交中，人们对称呼是否恰当十分敏感。尤其是初次，称呼会影响交际的效果，如果使用了不当的称呼，往往会引起对方情感上的障碍，使双方的交往难以继续。

（一）如何称呼

　　不同的时代、不同的国家和不同的社会群体之间有不同的称

呼，但也有共同的称呼，如"女士""小姐""先生"等。所以，我们必须懂得如何恰当地称呼别人，让别人感到愉悦和舒服，进而使你们之间的交往深入下去。要注意的是，无论我们怎样称呼他人，其中关键的是要传达这样的意思："你对我来说很重要"，"你很好"，"你很受欢迎和尊重"。

一般情况下，我们如何称呼别人呢？主要是注意主次关系和年龄特点。多人称呼，应该以先长后幼、先上后下、先疏后亲的顺序为好；在一般的接待当中要按"女士们—先生们—朋友们"的顺序称呼；在一些集会上要按"领导—来宾—与会者"的顺序称呼。

使用称呼时还要考虑到对方的心理。如果对方30多岁还没有结婚，称呼其"老赵""老王"，会引起对方的不快。对没有结婚的女性称呼"太太""夫人"，她也一定很反感，但对已婚的年轻女性称"小姐"，她可能会很高兴。对于在某个领域有专长的老年男性，除非你与他年龄相仿，否则不能称呼其"老李""老田"，而应称其"李老""田老"。中国人多认为家庭关系是最亲密的人际关系，所以，在社交场合，人们要拉近双方的关系，增加情感成分时，可以注重称呼亲缘化，即借用家庭称呼来显示双方关系的亲近。

在一般的交际场合，称呼应该根据社会习惯来进行。称呼可以大致分为职务称、姓名称、职业称、一般称、代词称和年龄称。为了便于检索，我们帮大家列了一个简表：

称呼类别	称呼方式	称呼使用
一般称	太太、女士、小姐、先生、同志	"先生,请问您需要什么?"——服务员
姓名称	姓或姓名加一般称	"赵甜小姐,欢迎你!"——会议主持
代词称	用代词"您""你们"	"您好!"——见面打招呼

称呼类别	称呼方式	称呼使用
职业称	以职业为特征	"服务员同志,点菜!"——饭店
职务称	教授、老师、医生、处长、经理、董事长	直接称呼职务或加姓:张老师、李医生
年龄称	主要以亲属名词相称	"叔叔,请问到医院怎么走?"

(二)选择称呼

称呼要注意得体,选择什么样的称呼,要切合交往双方的人际关系类型,切合交往双方的人际关系的发展程度,切合周围的环境。说到人际关系类型,比如:对工人,比自己年龄长的可以称为"老师傅",与自己同龄或小于自己的人可以称为"同志""小同志""师傅""小师傅";对农民,比自己年长的可称"大伯""大爹""老大爹""大娘""大妈""老大妈",与自己年龄相仿或小于自己的可称"同志""大哥""大兄弟""老弟""大姐""小妹"等;对经济界人士,可用"先生""小姐""女士"等,也可用职务相称。每个人都希望得到他人的尊重,人们比较看重自己业已取得的地位,所以,对有头衔的人,称呼他的头衔,就是对他莫大的尊重。对于知识界人士多用职业称,如"张教授""李老师""吴医生",也可以直接称呼其职称,但是,对于学位,除了博士外,其他学位。就不能作为称谓来用。对文体界可以用职务称,如"钱团长""余导演""李总编""夏教练"等;对于一般的演职员、运动员则不能称"胡雁演员"或"赵小利运动员",而要称呼"先生"或"小姐"。

称呼要一定要注意时间、地点和周围的环境。比如你和一位私交基密的老朋友共同出席一个正式的会议,在会场上你就不能像生活交往中那样直呼其名、叫他的绰号或用你们之间的昵称来称呼他。

（三）记住名字

在中国，对长辈和上级直呼其名是非常不礼貌的行为。即使对平辈也不够尊敬。但是，这不等于说可以忽略别人的名字。每个人对自己的名字都非常敏感，记住别人的名字是打开交际之门的一把钥匙。有一位小学老师，课堂教学效果非常好，深得同学的喜爱，别人请教她的教学方法，她说："我没有什么独特的教学方法。要说与其他老师不一样的地方，那就是每接到一批学生，我在三天内就记住每一位同学的名字。老师能叫出同学的名字，这让学生们感到很亲切，有被重视和被尊重的感觉。"小孩子对自己的名字都那么敏感，更何况大人呢？在工作中，相信你应该对称呼你名字的同事或上司，有温馨亲切的感觉吧！比如对方说："新梅，有件事要请你去办。"你听到后，心中会感觉暖暖的，好像对方与你的感情很深似的。这种方式也往往是建立和改善人际关系的良方。下面教你几招很快记住别人名字的方法：

——编一句压韵的俏皮话：正在刷墙的"郑强"先生。

——创造词义：追求宁静、志向远大的"宁志远"。

——反复记诵："周夏"，一周的周，夏天的夏。

我们不仅应该很快记住别人的名字，还应该准确地书写别人的名字，这表现出对别人的尊敬和重视。在生活中，相信你也遇到过别人把你的名字写错的情况，看着那个不属于你的"能指"却在指称你，心里一定不舒服吧？

（四）发扬传统

在交往中使用敬语、谦语和雅语也是中国一种良好的礼仪传统，在现代礼仪文化中，它们仍在发挥着积极的作用。中国传统儒家文化讲究"长幼有序"，因此尊老爱幼也成为个人日常礼仪的基本准则，这也是当代主流文化所提倡的。当我们遇见一位长者时，我们用敬语来尊称他，从称呼体现了双方的辈分长幼，同时也表达了我们对这长者人生的肯定。新世纪的中国已经步入了老龄化社会，对老年人的关爱除了帮助他们解决一些生活上的困难外，更重要的是给予他们精神上的安慰和尊重。对他人，特别是老年人使用敬语应该是我们新时代年轻人的一种素养。中国人重视社会关系和人际关系的和谐和完善，加强自我约束和恰当地表达对他人的尊敬是实现各种关系矛盾为零的最佳方式。对于那些些优秀的礼仪传统我们应该保持，并通过我们的言行传播和发扬。让我们来了解一下敬语、谦语和雅语吧！

1．敬语

敬语亦称"敬辞"，它与"谦语"相对，是表示尊敬礼貌的词语。除了礼貌上的必须之外，能多使用敬语，还可体现一个人的文化修养。使用敬语的场合有比较正规的社交场合，与师长或身份、地位较高的人的交谈时，与人初次打交道或会见不太熟悉的人时，会议、谈判等公务场合等。常用的敬语有我们日常使用的"请"字，第二人称中的"您"字，代词"阁下""贵方"等。古时以"尊、贵、大、台、玉、宝"等构成的敬语，如今在日常一般交往中已不再使用，但在一些正式的书函中还可以见到。比如，"恭候大驾光临""尊驾""台驾"等。再如，称对方的意见为"尊见"，称对方的年龄为"贵庚""高寿"，称来访者为"贵客""佳宾"等等。

2．谦语

谦语亦称"谦辞"，它与"敬语"相对，是向人表示谦恭和自谦的一种词语。谦语最常用的用法是在别人面前谦称自己和自己的亲属。例如"愚""家慈"等。中国古代礼仪非常讲究自称谦语的使用，就连帝王也用"孤""寡人"等谦词自称。在人际交往中，尤其是在书信中，用得较多的是"愚下""敝人""鄙不才"等。称自己的著作为"拙著""拙文"，称自己的住所为"寒舍""敝斋""陋室""蜗居"等，不一而足。自谦和敬人，是一个不可分割的统一体。尽管日常生活中谦语使用不多，但其精神无处不在。只要你在日常用语中表现出你的谦虚和恳切，人们自然会尊重你。

3．雅语

雅语是指一些比较文雅的词语。雅语常常在一些正规的场合以及一些有长辈和女性在场的情况下，被用来替代那些比较随便，甚至粗俗的话语。多使用雅语，能体现出一个人的文化素养以及尊重他人的个人素质。在待人接物中，要是你正在招待客人，在端茶时，你应该说："请用茶。"如果还用点心招待，可以用"请用一些茶点"，假如你先于别人结束用餐，你应该向其他人打招呼说："请大家慢用。"雅语的使用不是机械的、固定的。只要你的言谈举止彬彬有礼，人们就会对你的个人修养留下较深的印象。只要大家注意使用雅语，必然会对形成文明、高尚的社会风气大有益处，并对我国整体民族素质的提高有所帮助。

说了那么多，其实最有效的称呼方式就是常把"您"挂嘴边，常把微笑挂脸上。当你带着尊敬和感情去称呼别人时，他的心自然会欣然接纳你。

请你在下面列出一个熟人名单——

比你年长的人：

与你同龄的人：

你平日是怎样称呼他们的？有可以改善的吗？

_____

_____

_____

_____

_____

三、寒暄：突破沟通障碍的一个良方

"您吃了吗？"

"今天天气可真不错！"

"你今天看起来脸色很好。"

"在看书啊？"

相信在日常生活中你经常听到这些话，并且也这样说。这种没话找话的交流方式就是"寒暄"，英语叫做"exchange of greetings"或"schmooze""chat"。它既指人们相遇时说出的表明意识到对方的存在并且表明自己友好态度的话语，又指人们之间自然产生的那些友好的、聊天式的、冗长的谈话。对于长期在同一个环境工作生活的人来说，寒暄常常以点头、招手、微笑等非言语符号表现出来。从信息传播的角度看，寒暄之话大多是"废话"，但是，就是这些"废话"却能使人们实现感情的交流，突破沟通的障碍。

（一）我们需要寒暄

有两位老师，平常为人都非常谦和有礼。但是有一天，两个人因为一点儿小事在办公室吵了起来。一个说："我知道你不喜欢我，所以故意找我的岔儿。"另一个有点茫然地问："你怎么会说我不喜欢你呢？"那个老师接着说："每次在路上遇到你，你都装作不认识我，抬着头就走了。""哎呀！我哪里看到你啦？你难道不知道我的眼睛近视吗？"被误解的老师委屈地叫了起来。

可见，由于没有在应该寒暄的场合进行交流，两位老师心里积下了许多人际交往的灰暗颜色，最后终于爆发在一次交往冲突中。所以，寒暄的主要功能是联络感情，尽管它比较单调、平淡、重复，但是却不可忽视。

根据社会学家研究，在进行社会交往时，与陌生人第一次见面后的4分钟内，只宜作一般性的寒暄。如问候、互通姓名、相互介绍、谈论一些无关紧要的话题，绝对不要提出引起争论的话题。老朋友或熟人见面，应体现出对别人的关心。如；"近来工作忙吗？""孩子还好吧？"等。这样的寒暄既交流了感情，又可以使双方的交流继续下去。

在一些正式场合也要注意寒暄。比如召开会议，主持人一来就说："现在会议开始，请大家发言。"这让大家感到非常突兀和草率。寒暄实际上是会谈的一个程序。会谈都有这么几个阶段：寒暄，破题，开场会谈，结束。而寒暄是会谈的起始阶段。良好的开端是成功的一半，通过寒暄能迅速了解对方的个性。会谈通过寒暄，可以迅速建立起一种热情友好、轻松愉快的气氛，消除对方的猜疑、警惕和紧张的心理，这对以后诚恳洽谈、互谅互让，友好地达成共识有重大作用。老师第一次和同学见面的时候，一般也不讲正题，而是在一种轻松的气氛下给同学介绍课程的内容、学习的方法以及听取同学对这门课程的希望和要求等，这也是教学过程中必要的寒暄。

（二）寒暄的方式

人际交往中，寒暄的方式具体说来，有这样一些：
"早上好！"
"你几岁了？上几年级？"

"您近来身体还好吧?"

"今天没有课吗?"

......

这是问候式的寒暄,是日常生活中最常用的形式。一句亲切的问候,可以向对方表达你的亲善感和友好感,对他人而言是一种信任和尊重。

"这里的环境不错。"

"听说最近有个乐队要来演出。"

"这种水果可以治疗失眠症。"

......

这是言他式的寒暄。陌生人见面一般都采用这种方式。在西方,人们也喜欢用这种方式开始交谈。因为西方人一般不会问别人一些涉及个人情况的问题,所以他们见面多以言他式寒暄开头。与外国人交往时,我们要特别注意"五不问",也就是涉及个人隐私的五个方面的问题不要问:年龄、婚姻状况、经历、收入和住址。当然,如果对方主动讲,那就不存在失礼的问题了。

"你在洗衣服啊?。"

"买菜去啊?"

"看报呐?"

......

这是触景生情式的寒暄,是在具体的交谈场景临时产生的问候语。常常是看到对方刚做完什么事或正在做什么事及根据对方的职业特点和日常生活习惯进行推测他将要做什么事,把这些作为寒暄的话题。这种寒暄是熟人间、邻居间常用的方式,随口而来,自然得体,但是一定要注意场合和对象。中国人常常爱说:"吃了吗?"如果对方刚从卫生间里出来,就不宜这样寒暄。

如果这些方式都不适用,怎么办呢?那就找个话题,开始寒暄。谈谈最近的新闻,城市的交通,环境污染的整治,市场的物价变化等等，总之找那些每个人都会关心的话题来说。说的时候一定不要假装内行，知道多少讲多少，当然也不要你一个人讲得滔滔不绝或借机卖弄学问，把简单的谈话变成一次学术讲演，让人产生厌倦和反感，今后见你就远远地躲开。再有就是不要"哪壶不开提哪壶"，对于别人不愉快的经历、曾经的失败或生理上的缺陷、生活中的隐私应该三缄其口。还有，有的人借寒暄到处去发泄自己对他人或社会的不满，或者向别人不断地诉说自己的不幸，这样的寒暄非但不是沟通人心的良方，而是人际交往的一剂毒药。

停下你匆忙的脚步，试着用"寒暄"的心态去和别人交往，也许你会因此耽误了十分钟，但是相信你将赢得更多的友情和关怀。为什么不呢？

请阅读下面的一篇短文，谈谈你的感受。

简单的四个字创造了星期一早晨的奇迹

在去芝加哥上班的路上。

根据不成文的规定，谁也没有讲话，大家躲在自己的报纸后面，彼此保持着距离。

汽车在树木光秃、融雪滩滩的泥泞路上前进。

"注意！注意！"突然一个声音响起。

"我是你们的司机。"他的声音威严，车内鸦雀无声。

"你们全都把报纸放下。"

"现在转过头去面对着坐在你旁边的那个人，转呀！"

全都照做，无一人露出笑容，这是一种从众的本能。

"现在，跟着我说……"是一道用军队教官的语气喊出的命令："早安，朋友！"

大家跟着说完，情不自禁一笑。知道不是被绑架或抢劫。

一向以来怕难为情，连普通的礼貌也不讲，现在腼腆之情一扫而光，彼此界限消除了。有的又说了一遍，彼此握手，大笑，车厢内洋溢着笑语欢声……

和同学们一起讨论怎样与他人沟通，你来做讨论会的主持人，你该如何组织会议呢？

_____

_____

_____

_____

_____

_____

四、礼貌语：高于智慧和学识的交往法则

有人说，生活里最重要的是有礼貌，它比最高的智慧、比一切学识都重要。如何做一个有礼貌的人呢？最直接的方式就是先成为一个开口就说礼貌语的人。

从前，有位士兵骑马赶路。接近黄昏时分还找不到客栈，他正在焦急之时，突然见到前面来了位老农，便高声喊道："喂，老头儿，离客栈还有多远？"老人回答："五里！"士兵策马飞奔了十多里，仍不见人烟。"五里、五里"，他猛地醒悟过来："'五里'不是'无礼'的谐音吗？"于是他调转马头赶回来亲热的叫了一声："老大爷……"话没说完，老人说："你已经错过客栈了，如不嫌弃，可到我家一住。"

（一）日常礼貌用语小资料

在交际中常常使用礼貌语，会让人们的相处更为融洽，双方都感觉到彼此的尊重。如果你想尽快成为一个有礼貌的人，请按照下面的小资料来练习吧：

见面语

"早上好""下午好""晚上好""您好""很高兴认识您""请多指教""请多关照"。

感谢语

"谢谢""劳驾了""让您费心了""实在过意不去""拜托了""麻烦您"。

致歉语

打扰对方或向对方致歉："对不起""请原谅""很抱歉""请稍等""请多包涵"等；接受对方致谢致歉时："别客气""不用谢""没关系""请不要放在心上"。

告别语

"再见""欢迎再来""祝您一路顺风""请再来""有空来玩儿"。

忌用语

"喂""不知道""笨蛋""你不懂""你蠢死了""狗屁不通""猪脑袋""太烦了"。

（二）中国传统的礼貌语使用方法

有人还把中国传统的礼貌语使用方法编成一段话，你试着念一遍，并介绍给你的同学和朋友。

初次见面说"久仰"，好久不见说"久违"；

请人指点说"赐教"，求人解答说"请教"；

请人帮忙说"劳驾"，托人办事说"拜托"；

麻烦别人说"打扰"，求人谅解说"包涵"；

求人方便说"借光"，赞人见解说"高见"；

等候客人说"恭候"，客人到来说"光临"

看望别人说"拜访"，陪同朋友说"奉陪"；

不能陪客说"失陪"，起身走时说"告辞"；

不要远送说"留步"，向人祝贺说"恭喜"；

回敬祝贺说"同喜"，请人收礼说"笑纳"；

赠送物品说"惠存"，物归原主说"奉还"。

上面的这些用语是我国传统礼仪文化中非常值得保留和发扬的。但是，随着时代的发展和生活内容的变化，我国原有的一些礼貌用语还是显得单调和陈旧了。比如，在许多地方，人们见面的问候语都是"你吃饭了吗？""你到哪里去？"如果在较为正式的场合，这样的问话就不太妥当。我们还应该适当地向西方学习礼貌语，以丰富我们的礼貌用语。现在已经有人自然地使用"早安""午安""晚安"，"您先生（夫人）好吗？""请代我问您全家好！"等礼貌语来进行交际，同样能取得非常不错的效果。

还有我们没有提到的礼貌用语吗？你可以补充在下面：

_____

_____

_____

_____

_____

第三节　真情对接

《世说新语》中有这样一个故事：

晋代一个叫简巨伯的人，有一天听说他的朋友患了重病，便不辞劳苦，长途跋涉前去探望。当他赶到朋友家里时，正赶上贼兵围攻城池，满城百姓纷纷弃家出逃。他的朋友行动不便，怕拖累了他，就劝简巨伯说："我的病这么重，走不动，也活不了几天，你自己赶快逃命去吧！"

"哎呀，你把我看成什么人了！"简巨伯恳切地说："我远道而来，就是来探望你的。现在，敌军进了城，你又病着，我怎能扔下朋友，独自逃命呢？"说完，便给朋友熬药去了。

贼兵来到之后，看到简巨伯感到非常奇怪，问道："大军到此，满城百姓都吓跑了，你为什么敢独自留此？"

简巨伯说："我朋友重病在身，受不得委屈，请你们别惊吓了我的朋友，有事找我好了。即使要我为朋友而死，我也绝不皱眉头。"

贼兵听后，感动至极，竟停止掳掠，班师而归。

这个故事告诉我们，其实，世上最动听的语言和最成功的沟通是人的真情。语言是我们最重要的沟通工具，但是，如果使用这个工具的人缺少真情，那么再美丽的辞藻都会显得苍白。

一、交谈：声情并茂的一次直接碰撞

没有比与一个人交谈更能了解他的了，通过交谈我们可以知道对方的性格、爱好及对待事情的态度，所以人们寻找心中的爱人也是"谈"来的。我们经常要面临面对面的人际交往，亲切自然的交谈，可以为个人或组织带来良好的人际关系环境。所以应该注意交谈的礼仪，也就是注意交谈的距离、言语、对象、语气、举止、神态等。

（一）交谈的距离和空间

交谈通常是为了与别人沟通思想，要达到这一目的，首先当然必须注意交谈的内容，其次也必须注意交谈时声音的轻重，使对话者能够听明白。这样在说话时必须注意保持与对话者的距离。

说话时与人保持适当距离也并非完全出于考虑对方能否听清自己的说话，另外还存在一个怎样才更合乎礼貌的问题。从礼仪上说，谈话时与对方离得过远，会使对话者误认为你不愿向他表示友好和亲近，这显然是失礼的。然而如果在较近的距离和人交谈，稍有不慎就会把口沫溅在别人脸上，这是最令人讨厌的。有些人，因为有凑近和别人交谈的习惯，又明知别人顾忌被自己的口沫溅到，于是先知趣地用手掩住自己的口。这样做，形同"交头接耳"，样子难看也不够大方。因此，从礼仪角度来讲，一般保持一两个人的距离最为适合。这样做，既让对方感到有种亲切的气氛，同时又保持一定的"社交距离"，在常人的主观感受上，这也是最舒服的。

距离小资料

空间距离 有人称它是"空间语言"，在社会生活中，尤其在人际交往中，每个人都有自己的"小世界"，也可以说是"领土范围"，这就是心理学上所说的"个体空间"。一个人对空间需求的欲望是有限的。当一个人的个体空间大于他所需要的空间时，他就会感到孤独和寂寞；反之他就会感到烦躁不安。美国人类学教授爱德华·霍尔把人们的个体空间分为四种距离：亲密距离、个人距离、社交距离和公共距离。

亲密距离　是指两个人的身体很容易接触到的距离，一般间距在 15～46 厘米之间。这一距离适用于情人或夫妻间谈情说爱，也适用于父母与子女之间或是很要好的朋友之间的谈话。这种距离只有最亲近的人才彼此允许进入，人们会像保护自己的财产一样保护着这个区域。

个人距离　在 0.46～1.22 米之间。其特点是伸手可以握到对方的手，但不容易接触到对方的身体。这是较熟悉的人之间进行交往的区域。在社交场合，有些人为了向对方表示亲近感也会采用这种距离。

社交距离　在 1.22 米～3.66 米之间。这是不太熟悉的人或从事公务活动的人们之间进行交往的区域。例如，在小型招待会上和大街上，双方隔几步打个招呼或寒暄几句便分开了，这表明双方都认为对方与自己的关系一般。

公共距离　是 3.66 米之外的区域。这是人们在公共场合的空间需求，如公园散步、路上行走等，教师授课、政治家演讲等也遵循这样一个距离要求。

特别提示：不同国家和不同民族中、不同文化背景下人们对空间距离的要求会有所差别。

（二）交谈的语言和对象

1. 选择语言和对象

一般来说与人交谈要用热情、大方、诚实的语言进行，不要用过分华丽的辞藻胡乱恭维别人，要开诚布公地说心里话，诚恳坦率地与人对话，要使语言有声有色，情真意切，具有逻辑性、感染性和启发性，这样才能使人感到亲切自然，易于接受。

用什么样的语言与对方交谈还要估量自己与他的交情。如果交情没有到相当程度，你的说话方式虽合对方的个性但说话是否发生效力还是一个疑问，话是说对了，你的交情资格还是不对，交情资格不对，你就易犯"交浅而言深"的错误。

谈话还要看对方的性格。对方喜欢婉转的话，你就该婉转地说话；对方喜欢直率的话，你就该说直率的话。总之，谈话的方式要与对方的个性相符，不然就会形成"话不投机半句多"的尴尬场面。

2．注意态度和语气

初次交谈给人留下的印象是非常深刻的，它决定今后双方关系的发展方向。所以与人初次交谈时，说话要婉转客气，要尊重对方的意见。相反，与关系比较好的人讲话时不必过于婉转和客气，这会削弱彼此之间的信任感。

无论与什么人交谈，我们都应该注意自己的态度和语气。谈话时要诚恳、真挚，不能装腔作势。造作的谈话易引起听者的厌恶和轻蔑，从而破坏交谈的效果。也不要用傲慢的态度与人交谈，过于傲慢会伤害他人的自尊心，引发人的自卑感和怨恨情绪。

有几种语气是交谈时要尽量避免使用的：生硬的语气、命令的语气和夸张的语气。生硬的话语会让人感到潜藏着敌意；命令的话语是堵住别人耳朵的最好方法；谈话时经常使用夸张的语气会降低谈话内容的可信度，使别人感到你是个夸大其辞的人，从而对你缺乏信任感。

3．选择内容和话题

谈话时叙述事理要条理清楚。要把一个话题讲清楚，并给听者一段理解的时间，不要东扯一句，西扯一句，一会儿换一个话题，让听者不知道你到底要说什么。如果发现别人不能理解你的谈话内容或对你所谈的内容不感兴趣，不要一味谈下去，应该及时换个话题或者结束谈话，否则会使谈话失去乐趣。与交往程度不同的几个人谈话，应尽可能谈一些与大家都有关的话题，让每个人都能参与谈话，避免出现冷落感。

当你面对一个从未谋面的陌生人时，选择话题就显得十分重要。你可以从下列话题中选择两至三个与他交谈：

1. 对方可能感兴趣的事；

2. 令对方感动的经历；

3. 称赞的话；

4. 新闻、时政；

5. 对方的工作或学习；

6. 服装、美食、住房、娱乐、爱好；

7. 家庭、家人；

8. 旅行；

9. 一些人生经验、人生经历；

10. 气候变化。

一般情况下，交谈中应该尽量回避以下的话题：

1. 对方深以为遗憾的缺点和弱点；

2. 别人的隐私；

3. 荒诞离奇、黄色淫秽的事情；

4. 个人恩怨和牢骚；

5. 一些尚未明辨的是非；

6. 上级、同事以及一些朋友们的坏话；

7. 自己经济窘迫；

8. 对方的婚姻状况、家庭财产；

9. 令人不愉快的疾病详情；

10. 自己的成就和得意之处。

（三）交谈中的"时"与"脱"

交谈中的"时"是指交谈的时间和时机。

交谈中应该注意掌握时间。当你滔滔不绝地讲话时,听者常出于礼貌而不去打断你,所以,谈话的时间长短往往掌握在讲话人的手里。我们应该把握好时间,适可而止,不要絮絮叨叨,让人感到厌倦。

谈话还要注意时机。对方正在紧张工作的时候,你不要去与别人开始谈话;对方正在为某事焦急的时候,你不要去说话;对方正在发怒的时候,你不要去说话;对方正在悲伤的时候,你也不要去说话。

交谈中的"脱"是指如何结束交谈和摆脱交谈中的窘境。

许多人在与他人交谈时不知道该如何结束谈话。你在生活中是否碰到过这样的情形呢?

有一位教授说,他最怕和不懂如何结束谈话的学生打交道。有个学生,每次到办公室找老师,问完问题就坐在沙发上,一坐就是三十多分钟。等老师忙完其他事后,才发现他还在那儿,问他是否还有其他事,他却难为情地站起身来说没有什么,然后转身就走。

实际上,交谈的结束并不是简单地停止说话,只有在适当的时候或某个话题已经没有可以延续的内容的情况下,你和谈话对象行告别礼之后,你们的交谈才结束了。行礼的目的一是为了让双方明确谈话已经结束,二是感谢对方与你进行了交谈。特别是你的谈话对象在与多人进行谈话的时候,为了结束你和他之间的谈话,你应该礼貌地打断他们的谈话,向他致意离开。

有时,我们在交谈中由于话题选择不当或其他原因,往往会让自己陷入窘境。这时,如果处理不好就难以把交谈继续下去。等待别人把自己拉出来是非常冒险的,最好的方法就是自己救自己。如何来营救救自己呢?常用的方法是自我解嘲。

林肯的容貌不算英俊,他自己对此深信不疑。有一次,他和道格拉斯谈论政治,道格拉斯说林肯是两面派,而林肯把话头一转，以幽默处之，他泰然自若地说："现在请大家来评评看，要是我有另外一副面孔的话，我还会戴这副丑陋的面具吗？"

林肯把政治上的问题转换成生理上的问题，寓抽象于具体直观中，用自我嘲讽的方法巧妙地避开了自己与谈话对象的认识差异，这样就避免了针锋相对时有可能纠缠不清的问题。

古希腊哲人苏格拉底以幽默而著称，而他妻子却是出了名的泼妇。

一次，苏格拉底正在待客，妻子为了一件小事大吵大闹起来，他好言相劝，她都不听，竟然当着客人的面，将半盆凉水劈头浇在苏格拉底的身上。客人非常尴尬，以为苏格拉底一定要发火了，苦恼自己是走还是不走。然而苏格拉底却心平气和地对客人笑笑说："我就知道，雷霆过后，必有大雨。"客人听他此言，一下子就放松了情绪，继续和苏格拉底交谈。

如果我们的交谈对象陷入了窘境，我们理应尽快帮助他脱离。我们可以转换话题，装作没听清刚才的谈话，或者插入其他话题，引开其他谈话者的注意力。当然，如果能巧妙地运用幽默来化解尴尬就更好。

（四）交谈中的神态和举止

古语云："情动于中，而形于外。"也就是说人的内在情感和思想会通过外在的形体动作表现出来。在礼仪表达中，人们的表情、神态和举止是除了语言的交流之外的重要补充信息，有时甚至是礼仪的主要表达方式。语言学上把这些无声的语言称为非语言。美国的 Discovery 频道曾做过一个节目，拍摄了大量在街头打电话的人们，发现人们在和另一空间的人说话时也伴随着微笑、手势等非语言。对人际交往来说，非语言交流主要体现为"体态语言"的运用。体态语言又叫人体语言、态势语言。它是通过人的身体的不同形态如面部表情、手势或身体的姿态与动作来表达自己思想的一种特殊的语言形式。从人的体态语言，可以判断人们内在的思想感情。因此，我们在交谈中既要给对方正确的体态信息，又要注意观察对方的体态变化，以调整谈话的内容和节奏。

全世界的人都借助体态动作有效地进行交流，了解那些体态动作，你至少可以辨别什么是粗俗的，什么是得体的。这使你在遇到无声的交流时，更加善于观察，容易避免误解。中国传统礼仪文化中非常重视对人们的体态动作作出特别的规定，中国人也非常善于用"无声的语言"来表达对他人的尊重和感谢，这些特定的礼仪动作在人际交往时往往可以实现"此时无声胜有声"的传播效果，如晚辈在长辈面前行走要"趋行"，交谈时要注意听长辈说话，不能随便插话等。从这里似乎也可以领略到中国文化中的含蓄美吧！

1. 交谈的神态

交谈时人的眼神和目光所传递的信息比之动作更微妙、更复杂，也更为深刻。"眼睛是心灵的窗口"就是说眼神最富有心理表现力。瞬息万变的眼神和目光是人类丰富复杂的思想和蕴藏于内心深处的情绪的不自觉流露。人们既可以借助目光来丰富感情表达，也可以借助目光来捕捉对方的心理秘密。

坚定自若的目光本身就会产生一种威慑力，使人不敢藐视，造成对自己有利的气氛。正直敏锐的目光会赢得别人的好感和信赖，能促进沟通。在谈比较重要的工作时，我们应该用眼睛看着对话者脸上的三角部分。这个三角以双眼为底线，上顶角到前额。如果你看着对方的这个部位，会显得很严肃认真，别人会感到你有诚意。在交谈过程中，你的目光如果始终落在这个三角部位，你就会把握谈话的主动权和控制权。

游移不定的目光所传递出来的信息是心神不宁或心不在焉，

它会使人对你心存芥蒂，拉大双方的距离。所以在一般的社交活动中，我们同样应该用眼睛看着对方的三角部位，这个三角是以两眼为上线，嘴为下顶角，也就是双眼和嘴之间，当你看着对方这个部位时，会营造出一种社交气氛。这种凝视主要用于茶话会、舞会及各种类型的友谊聚会。

中国传统的礼仪中，当长辈或地位较高者和晚辈或地位低微者谈话时，后者要"低眉顺眼"，也就是把目光从对方脸上稍微往下降一些，不要直视。在现代社会的交际中，我们需要用目光来吸引对方的注意，但是不要像猫头鹰那样盯住对方，那会造成对方内心的不安。在一般的场合里，打量对方的时间只要足以表示我们看见他就行了，之后就应马上把目光移开，否则就会被对方认为是不礼貌的。

我们通过微笑，把快乐带给他人，这是融洽人际关系的最基本的要求。在我们的面部器官中，构成微笑的主要因素就是嘴的形状。嘴巴微微张开，上牙微露，形成微笑；唇角呈向上的弧形，但合在一起，牙不露出来，也形成微笑。微笑可以表现出温馨、亲切的表情，能有效地缩短双方的距离，给对方留下美好的心理感受，从而形成融洽的交往氛围。微笑有一种魅力，它可以使强硬者变得温柔，使困难变容易。微笑是人际交往中的润滑剂，是广交朋友、化解矛盾的有效手段。我们的微笑要发自内心，不要假装。

微笑还可以代替有声语言的沟通。握手时微笑，也能代表"欢迎您光临"的话语，同样会使对方感到你的热情；交谈中如果碰到不易接受的事情，可以边微笑边摇头，表示委婉谢绝，这样不会使人感到难堪。

微笑作为一种表情，不仅是形象的外在表现，而且也往往反映着人的内在精神状态。一个奋发进取、乐观向上的人，一个对生活充满热情的人，总是面带微笑的。让我们笑对人生！

2．交谈的举止

姿态和举止无时不存在于你的举手投足之间，优雅的姿态举止是人有教养、有素质、充满自信的完美表达。特别是对女性来说，美好的体态，会使你看起来年轻得多，也会使你身上的衣服显得更漂亮。善于用你的形体语言与别人交流，你定会受益匪浅。

正确的站立姿势应该是：抬头，挺胸，收腹，两腿稍微分开，脸上带有自信，也要有一个挺拔的感觉。我们可以通过一个人的站姿，看出他的个性：站立时弯腰驼背，往往是缺少自信、消极悲观、甘居下游的人；站立时胸部挺得笔直，有时还要双手插在腰间的人，显示出其充满自信、乐观豁达和积极向上的心态。我们还可以通过人们的站姿来推知他们之间的关系：关系友好、有共同语言的两个人会自然地并肩站在一起；关系亲密的两个人面对面的站立的距离会很近，相反，有隔阂、分歧的两个人面对面站立时则会自然地把距离拉大。

坐姿要求端庄、自然、大方。入座时动作要轻稳，入座后，手可平放在腿上或沙发扶手上，也可手托着下巴，但不可手托着脑袋，以免显得无精打采。不论是坐在椅子上，还是坐在沙发上，最好不要坐满，而要只坐一半。上身要端正挺直，不要垂下肩膀。年轻人或身份比较低的人采取这种姿势，还可以表示对对方的尊重和恭敬。时间坐长了，可以靠在沙发上，但不能双脚一伸，半躺半坐，更不可歪斜着瘫坐在沙发上。女性正确的坐姿是将你的腿摆成基本站立的姿态，后腿能够碰到椅子，轻轻坐下，两个膝盖一定要并起来，不可以分开；如果你要跷腿，两条腿是合并的；当上身正面对着对方时，要把重叠的双腿侧向一旁，这种坐姿非常优雅；如果你的裙子很短，一定要小心盖住腿。男性可以跷"二郎腿"，但不要跷得太高，脚尖不要对着谈话者，切忌不时地抖动。

交谈中的手势也非常富于表现力，适当地做一些手势，可以增加语言表达的效果。有的人由于担心自己的手势不够好，或是为了显得很守规矩，就干脆把手一动不动地放着，甚至背在身后，这是不可取的。体态受束缚的情况下，口语表达也会显得不够生动自然，让听者和自己都觉得难受。但是，手势也不宜过多，幅度不宜过大，否则会给人一种指手画脚、不沉稳的感觉。特别是不要用手尖指着别人或自己的脸，这样很不礼貌。有些人在交谈中边说边搔头皮、挖耳屎，显得非常没有教养。有的人总有些下意识的动作：拉耳朵，掰手指，玩衣角，甩钥匙或笔套等，这会分散别人的注意，也显得自己举止不够庄重。

交谈小贴士

	做法	影响	建议
公共场合不文明的行为举止	随便吐痰	非常没有礼貌，而且绝对影响环境，影响我们的身体健康	把痰抹在纸巾里，丢进垃圾箱，或去洗手间吐痰，但不要忘了清理痰迹和洗手
	当众嚼口香糖	不稳重、大大咧咧，缺乏环保意识	咀嚼的时候闭上嘴，不能发出声音。并把嚼过的口香糖用纸包起来，扔进垃圾箱
	当众挖鼻孔或掏耳朵	极不雅观，令旁观者感到非常恶心	回家或到卫生间里弄
	当众挠头皮	头皮屑飞扬，令旁人大感不快，特别是在庄重的场合，这样是很难得到别人的谅解的	经常洗头，特别在是赴约前
	在公共场合抖腿	令人觉得很不舒服，头晕目眩	尽量克制自己，不要过分激动或得意忘形

	做法	影响	建议
	当众剔牙	在没有吃东西的情况下剔牙,让人感到你非常懒散、无聊,但如果在宴席上,谁也避免不了	剔牙时不要露出牙齿,不要把碎屑乱吐一气。最好用左手掩住嘴,头略向侧偏,吐出碎屑时用纸巾接住
	当众打哈欠	给对方的感觉是你对他不感兴趣,表现出很不耐烦了	如果你控制不住要打哈欠,一定要马上用手掩住你的嘴,跟着说:"对不起"
	频频看表	让对方觉得你可能有别的事情,或者对谈话已不感兴趣	如果你确实需要知道时间,那就借去卫生间的时候看一下,也休息休息
与人交谈时的语音语调	过分带鼻音	让人感到你无精打采或厌烦对方	身体坐直,让气流通畅,如果因为感冒鼻塞,应该要对方保持一定的距离并向他解释
	用尖音调	非常刺耳,破坏对方平静的心情	尽量降低声音,心情保持平和
	说话的音量失控	让对方无法感受到你的真正态度	稍大或降低音量,体现活力或谦虚
	说话速度过快	对方难以听清谈话内容	控制情绪和内容,让别人听清
	语调缺少变化	过于平淡,让人厌倦	抑扬顿挫,增加感染力

(五)交谈中的沉默和禁忌

在和别人交谈时,难免会遇到你不熟悉的话题或不同意的观点。这时,聪明的谈话者一般就选择沉默。这里所讲的沉默有两层含义:一是沉默不语,在默然中蕴藏你的话语和态度;二是静静倾听,在对方的话语中寻找新的话题和信息。

1．无声胜有声

在特定的环境中，沉默往往比论理更具有说服力。试想一下，当我们说服别人的时候，最怕面对的就是一个沉默寡言的说服对象。反过来，如果对方在谈话中大放厥词，你保持沉默的话，他的错误言论也就找不到市场了。不同的沉默方式有不同的作用，运用时必须恰到好处。

张红正在为下午开会的事忙得不可开交，岳铃从隔壁办公室走了进来。

——"张红，听说今天百货商场有打折促销，想不想去？"

——"我很忙，以后再说吧。"

——"去晚了可就没有了。"

……

——"你上次不是想买件羊绒衫吗？这次主要就是服装降价。"

……

——"反正马上就要发奖金了。今年的奖金听说比去年多。我儿子还要叫我给他换个新书包。昨天……"

……

张红脸上挂着笑容，一边听岳铃讲，一边收拾着桌上的文件，不再答话。岳铃似乎意识到张红确实很忙，悄悄退出了张红的办公室。

张红采取的是不应答的沉默方式，这种方式可以让你摆脱无聊的纠缠。

家里对李明的管教一向很严。有一次，他把同学的玩具拿了，放学后却若无其事地回到家里。殊不知同学先他一步到家来已经告了状。进门后，他仍像往常一样笑嘻嘻的。

——"妈妈，我回来了！"

——妈妈不理他。

——"怎么了?"

——仍就像没有看见他一样。

——"我没做错什么呀?"

——妈妈转过身用眼睛瞪着他。

——"妈,我错了。"(他终于不攻自破)

这位聪明的母亲采用的是冷淡、不理睬的沉默方式,这种方式可以让犯错误的人主动改正。

2. 听比说好

每个人在生活中都会积累很多经验,会有许多思考,这些经验思考累积多了,就想和别人共同分享。传播的一个重要功能其实就是信息分享。如果你是一个善于倾听的人,你就会在"听"的过程中获得别人的许多经验和思想,这是因为你给了别人向你说的机会。倾听既是我们交谈中的一种行为,更是一种与人沟通的技巧。

但是,我们却常常忘记了去听别人讲话,只顾滔滔不绝地发表自己的言论,或者是在别人说话的时候漫不经心。造成这个问题的原因一是我们自己确实也有许多想说的话,而且觉得我的这些观点一定是非常不错的;二是我们心里只有我们自己,认为自己是最好的、最正确的。所以,在耐心倾听他人讲话的时候,你还必须抑制你想要发表有关这个话题的越来越强烈的欲望。这是一种需要持之以恒的自我修炼。在交谈中,我们不仅要限制自己的讲话频率,而且要把我们发自内心的想要倾听对方讲话的真诚感情更清楚地显示出来。

回想一下,你曾经在某些场合说话的情景吧。是否有让你印象深刻的听者:他们时而面带微笑,时而扬起眉毛,时而点头称是,他们的神态和举止都足以证明他们对你的讲话有着浓厚的兴趣。他们用言语难以表达的方式清楚地告诉你："听你讲话很有意思，你对我来说，太重要了。"当你再次回忆起他们时，你是不是仍然对他们充满了好感呢？做一个好的听者吧！像他们一样。

3．语言禁忌

为了使交谈能顺利地进行下去，最后我们想谈谈交谈中的语言禁忌。在实际语言活动中人们说话的内容包罗万象，说话的方式各不相同，说话的环境千变万化，想要全面、具体地了解语言禁忌是根本不可能的。我们可从语言内容、语言方式和语言环境的总体禁忌规律来把握。为了使大家便于提醒自己和在以后的学习中不断收集和丰富材料，我们特别整理了一个表格，作为大家纠正不良语言行为的一个纲目：

语言禁忌范围	禁忌的具体类别	实例收集
语言内容的禁忌	崇高神圣或令人讨厌的事物	古代对帝王的名字要避讳……
	危险恐怖和神秘的事物	"死"可以用"光荣""老了"等替代……
	不洁或难以启齿的事物	"拉屎""拉尿"可以用"去一下洗手间"来替代……
	个人隐私问题	男不问钱，女不问岁……
语言方式的禁忌	不说非礼的话	长辈的名字和乳名不能叫；语气强硬、粗暴的话……
	不讲违背当地风俗的话	中国人见到陌生人一般不打招呼，西方不然……

语言禁忌范围	禁忌的具体类别	实例收集
语言环境的禁忌	地　域	"大哥"在山东有的地方是骂人话……
	风　俗	中国人的祝福语大多和佛教有关,西方则与基督教有关
	行　业	对渔民不说与"沉"或"翻"谐音的字……
	方　言	粤方言中"雨伞"叫做"雨遮",忌"伞"(散)……
	场　合	在高龄老人和绝症病人面前不说死……

上面的实例仅仅是一个开端,你可以继续填充下去。

有的人探病时直言不讳对方病情。这触犯了对方的语言禁忌。

语言禁忌是一个非常普遍的社会文化现象，它是人类众多禁忌中的一个方面。只要我们注意观察生活、积累生活知识和文化知识，就能成为一个善解人意、受人欢迎的人，因为你不去说别人忌讳的话，与你交往的人在心里会感谢你、接纳你。

假如你有决心提高与人交谈的能力的话，请回想一下自己在日常生活中谈话的经验，然后针对下面的几个问题检查一下，看看自己的交谈能力如何。

1. 是不是在熟人面前有很多话可说，而在陌生人或许多人面前，你就觉得无话可说，或一句话也说不出来？

2. 是不是常常无意中说了一些犯了别人禁忌的话，当发现自己的话使别人反感时，又不知道怎么办？

3. 跟别人谈话时，自己的行为举止是否得当？能不能根据对方的态度来调整自己的态度？

4. 是不是东一句西一句地说？是不是很难找到大家都有兴趣的话题？

5. 是不是经常和别人发生争执？常常被人说"固执"呢？

6. 是不是能很自然地改变话题？是不是能引起别人的发言？

7. 能不能把自己要谈的问题，用各种不同的方式来谈以适应不同的对象？

8. 是不是在遇到别人不同意自己的意见时，只会再三地重复自己已说过的话，而不知该在何处结束谈话？

9. 你说话的声调是否悦耳？能否让别人听清楚？

10. 有没有经常使用一些不文雅的话？

我们不可能做得十全十美，但是我们可以做得更好！

二、电话和网络：不曾谋面的一种交流

现代人的交往可以不见面，但不能不说话。怎么说呢？如今最常用的当然是电话和网络。

（一）电话礼仪

生活的不断变化，使人们对电话的使用频率也越来越高了。2004年冯小刚执导的电影《手机》，可谓是把在电话两边的人们的心理作了深刻的剖析和真实的还原。有人以为打电话很容易，对着话筒同对方交谈，觉得和当面交谈一样简单，其实不然，打电话大有讲究，可以说是一门学问、一门艺术。其实，电话就像一部测谎仪，通话双方可以从说话人的语调、节奏、停顿和背景声音听到"话外之音"。因此，在日常交往和处理公务时，我们要特别注意电话的礼仪，以免引起对方的误解，造成不必要的矛盾。

1．重要的第一声

"您好！这里是香格里拉饭店，请问有什么需要？"

"喂，找谁？"

假如是你拨通了对方的电话，你更希望听到什么样的应答呢？我们的选择应该是一致的：有礼貌的应答，体贴的应答，尊重的应答。除此而外，应答的语调也是非常重要的，当我们打电话给某个单位时，如果电话一接通，就能听到对方亲切、优美的招呼声，心里一定会很愉快，双方对话就能顺利展开，对该单位就有了较好的印象。其实我们在电话中只要稍微注意一下自己的行为，就会给对方留下完全不同的印象。同样说"你好，这里是华夏公司"，但声音清晰、悦耳、吐字清脆，就能给对方留下好

的印象，对方对其所在单位也就会有好印象。因此要记住，接电话时，应有"我代表单位形象"的意识。反之，用无精打采或心不在焉的语调应答，只会给对方留下办事拖沓、没有效率的印象。

2．要有喜悦的心情

请你对着镜子按括号里的语调读一遍：

"你好！我是小田，请帮我找一下王东。"（轻快地、热情地）

"你好！我是小田，请帮我找一下王东。"（低沉地、冷漠地）

有什么差别呢？说第一句话的时候，你在微笑，说第二句话的时候，镜子中的那副面孔连你自己都讨厌。打电话时，对方虽然看不见我们的表情，但是由于面部表情会影响声音的变化，所以即使在电话中，我们也应保持良好的心情。这样，即使对方看不见你，但是从欢快的语调中也会被你感染，对你留下极佳的印象。我们并不是说要刻意地去寻找喜悦心情，其实保持正常自然的谈话状态就可以了。因为，在一般的谈话中，为了表示友好，我们总会不自觉地微笑，打电话也一样，我们要做的就是让自己的心放松，让它笑起来。

3．清晰明朗的声音

一天中午休息的时候，小王在办公室看报纸，突然电话铃响了。他一边翻报纸一边听电话，电话那头是他刚认识的女朋友。才说了三句话，电话那头就传来了略带责备的声音："怎么？我是不是打扰你了？你忙我就不说了，再见！"放下电话，小王有点茫然。周末的时候，那位女士提出了分手。分手的原因，小王到现在都不明白。

那位女士和小王分手，可能有许多原因，但是，其中一个原因一定是小王打电话时让对方感到了被轻视。电话中女士听到了小王翻报纸的声响，说明他没有专心致志地接她的电话，由此推知小王并不因为她的电话而感到高兴和意外，说明小王并不喜欢她。为了维护自尊，女士首先提出了分手。人的心理变化是多么微妙啊！不懂电话礼仪的小王为自己的懵懂付出了代价。

我们在打电话过程中绝对不能吸烟、喝茶、吃零食，因为杂声进入话筒后会扩大，这会干扰通话的效果并引起接听电话者的烦躁感。另外，我们打电话时的姿势对方也能够"听"得出来。如果你打电话的时候，弯着身子躺在沙发上，或斜靠在椅子上，对方听你的声音就是懒散的，无精打采的。你若坐姿端正，所发出的声音也会亲切悦耳，充满活力。因此打电话时，要尽可能注意自己的姿势，这也是对与你通话者的一种尊重。

4. 迅速准确的接听

"嘟……嘟……嘟……嘟……嘟……"（电话铃声）

——"喂，你好！真不好意思，我刚才在隔壁。有什么需要帮忙的吗？"

——"没关系，我想问问你们有没有这种产品。"

——"请您告诉我，我可以很快查找。"

如今人们的生活和工作都非常繁忙，我们应该养成迅速接电话的好习惯，这能够为别人节省不少的时间，同时也是对他人的一种尊重。尤其是办公室里的工作人员，由于公务繁忙，办公桌上往往会有两三部电话，听到电话铃声，应准确迅速地拿起听筒，最好在三声之内接听。电话铃声响一声大约3秒种，若长时间无人接电话，或让对方久等是很不礼貌的，对方在等待时心里会十分急躁，你的单位会给他留下不好的印象。即便电话离自己很远，听到电话铃声后，附近没有其他人，我们应该用最快的速度拿起听筒，这样的态度是每个人都应该拥有的，这样的习惯是每个办公室工作人员都应该养成的。如果电话铃响了五声才拿起话筒，应该先向对方道歉，若电话响了许久，接起电话只是"喂"了一声，对方会十分不满，会对此留下恶劣的印象。

5．认真清楚的记录

——"李主任吗？你好！明天学校有个会，请你们派个老师来参加。"

——"谢谢您通知我们。请问几点，在哪儿？"

——"明天下午3点，在科学馆一楼报告厅。"

——"会议的主题是什么呢？对参会教师的职称和职务有什么特别要求吗？"

——"哦，会议由副校长主持，主要是讨论教学改革的问题，可以派主干课的任课教师来。"

——"好，我明白了。谢谢！"

——"那好，再见！"

——"再见！"

电话的方便之处在于可以处理许多日常事务，特别是通知和安排各种工作。有关工作和事务的电话要注意"5W1H"技巧。所谓5W是指① When 何时② Who 何人③ Where 何地 ④What 何事⑤Why 为什么，1H是指 How 如何进行。这些资料在工作中都是十分重要的，对打电话、接电话具有相同的重要性。电话记录既要简洁又要完备，有赖于 5W1H 技巧的正确使用。

6．了解来电话的目的

——"请找公关部的吴晓经理。"

——"哦，您找吴经理，他现在有事，请留下您的电话，待会儿让他给您回话。或者您能否告诉我什么事，我帮您转达。"

上班时间打来的电话几乎都与工作有关，每个电话都十分重要，不可敷衍，即使对方要找的人不在，切忌只说"不在"就把电话挂了。接电话时也要尽可能问清事由，避免误事。我们首先应了解对方来电的目的，如自己无法处理，也应认真记录下来，委婉地探求对方来电目的，就可不误事而且赢得对方的好感。

7. 对无趣电话的容忍

如今电话已经非常普及，你一定会经常接到推销东西的电话，要避开这些电话很不可能。来电者也许令你不舒服，因而遭到不必要的斥责。但是如果你换位思考，打推销电话的通常是年轻人，他们才开始创业，斥责他们实在太残忍。因此当接到这样的电话时，正确的处理方式是告诉他："你好，我暂时不需要任何东西或服务，不过我还是很感激你的来电。你的声音很不错，我们也谈得很融洽，看得出来你很细心。我虽然帮不上忙，但仍要祝你好运，希望你取得很棒的业绩！再见！"有了如此的赞美，相信对方会满心喜悦，而不会生闷气！难说你们还能成为朋友，相互在工作上给予对方支持。

8. 挂电话前的礼貌

——"喂，你好！我是电视台的吴雨，请问郑老师在吗？"
——"他出去了，请你十分钟后打来。"
——"谢谢，那我待会儿再打，再见！"
——"别客气，再见！"
要结束电话交谈时，一般应当由打电话的一方提出，然后彼此客气地道别，说一声"再见"，再挂电话，不可只管自己讲完就挂断电话。如果你拨错了电话，不要对被你打扰的人发出不悦耳的声音，"啪"的一声把电话挂断。你应该迅速友善地表示歉意："非常抱歉，我打错电话了。请您不要见怪。"再挂断电话。相反，如果是你接到了别人打错的电话，你应该和气地告诉对方："这不是您要的电话，请核对一下号码，是否打错了。"我们都以良好的态度来对待别人，那么就会避免生活中这些难以避免的误会和错误造成的不愉快。

对于电话的使用，我们还应该注意一些问题。比如你迟到了或有事要请假应亲自打电话，不要让他人替你打，否则容易让领导对你的信誉产生怀疑。如果单位派你外出办事，应该随时与单位保持电话联系，不能随便关掉手机。如果手机没有电了或接收信号不好，应及时告知去处及你身旁的固定电话号码。若延误拜访时间应事先与对方联络，发完电子邮件或用传真机传送文件后，应该及时以电话和对方联络。不要轻易把同事家中的电话告诉陌生人，借用别人的电话应注意一般不要超过十分钟，遇特殊情况，非得长时间接打电话时，应先征得对方的同意和谅解。

手机是现代人们生活中不可缺少的通讯工具，如何通过使用现代化的通讯工具来展示现代文明，是生活中不可忽视的问题。如果事务繁忙，不得不将手机带到社交场合，那么你至少要做到以下几点：将铃声降低，以免惊动他人。铃响时，找安静、人少的地方接听，并控制自己说话的音量。如果在车里、餐桌上、会议室、电梯中等地方通话，应尽量使你的谈话简短，以免干扰别人。如果你的手机响起的时候，有人在旁边，你必须道歉说："对不起，请原谅。"然后走到一个不会影响他人的地方，把话讲完再入座。如果有些场合不方便通话，就告诉来电者说你会打回电话的，不要勉强接听而影响别人。

（二）网络礼仪

通过网络进行人际交流已经成为越来越普遍的行为。有人认为，网络上的交往是虚拟的，不用遵守什么礼仪规范。我们认为这种认识是不正确的。有过上网经验的人都知道，不管是以真实身份或虚拟身份在网上交际，我们都希望受到别人的欢迎，得到对方的尊重。所以，在网络中我们还是应该按照网络礼仪来与他人相处。

网络礼仪是指在网上交流信息时被嘉许的各种行为。因特网上，人与人之间的交流，由于各种环境因素，对方未必可以完全正确理解你所表达的意思，很容易陷入"言者无意，听者有心"的困境。所以，必须更加注意自己的言行举止。俗话说"人心隔肚皮"，更何况隔着一个世界级规模的网络系统——因特网。所以千万不可掉以轻心，要提高自己的自我保护意识。

1. 网络的交往原则

为了更好地利用网络进行人际交流，你应该首先考虑如何给自己带来愉快以及如何避免给他人带来不愉快。我们在很多站点上都可以看到这样的规定：请不要有盗用他人的 ID 与密码的行为，中伤、诽谤他人的行为，侵害他人隐私的行为，妨碍其他网络系统的行为，触犯法律的行为，网上劝诱等商业行为，宗教、政治方面的劝诱行为和违反公德的行为。

2. 网络使用的礼仪

不随意公开个人情报　不要随意公开自己的 E – Mail、真实姓名、地址、电话号码等个人情报。就算你觉得彼此已成为好朋友，还是应该小心一点。对于他人的个人情报，应该更加注意保密，以免给他人带来伤害。

初次见面，含蓄为好　彬彬有礼、亲切热情固然是好事，但如果对初次见面的人表现得过分亲切热情的话，会令人难以接受，甚至会让人产生恐惧感。大家彼此互相尊重，由自我介绍开始的交流，不是很好吗？

不要伤害对方　避免一切让对方产生不愉快的行为，如果你受到一些恶作剧性的来电、来信的骚扰，请不要因一时的气愤，对其他用户进行无差别的报复！

恰当地编写个人档案　编写个人档案，其实就是把你编写的情报公开。你的个人情报可以公开多少呢？请你自己衡量。如果你想大量的结交新朋友，那么你就得在编写个人档案上下一点功夫了。如果你不想公开你的个人情报，那么请在编写个人档案时，将个人档案项目设定为"不在检索结果中表示"。

常常换位思考　在使用"Fresh Voice"或聊天、联网游戏时，会出现一些诸如正在谈话时对方突然停止对话，或拒绝你的呼叫等情况。这时请你先不要气愤或悲伤，站在对方的立场想一想，对方可能是因为别的事情在不得已的情况下才这样做的。

获取对方的同意　在使用"Fresh Voice"的一些功能时，请先取得对方的同意。例如使用图像传送功能，在传送之前先问问对方，得到对方同意后再传送。特别要注意的是像获取桌面与远程控制这样的功能，因为可以直接看到对方电脑上的信息，在使用之前一定要得到对方的同意才可以使用。如被拒绝也不可强要，以免侵犯了他人的隐私权。

选一位同学，和他模拟一个打电话的情景，注意你们的语言和通话过程。

三、赞美：照在人们心灵上的一片阳光

(一) 我们需要赞美

在我们看似平凡的生活中，有很多人和事值得我们去赞美。因为赞美，平凡的变得美好了。每个人都喜欢被赞美。马克·吐温说："靠一句美话的赞扬我们能活上两个月。"

任何人都有自己的优点，也都有自己的缺点，所谓"金无足赤，人无完人。"在与他人的交往中，我们不要总盯着别人的缺点不放，而应该从他的优点中汲取学习和成长的养料。孔子不是告诉过我们："三人行，必有我师焉。"赞美他人，是一件使人与人之间感情融洽，于人于己有益无害的事情。真诚地、恰当地赞美他人，就好像经常在人际交往中加入润滑剂，使自己容易被别人接受，从而增强交往的信心和魅力。

况且，每个人都渴望被别人认可和接受。当我们努力工作或学习的时候、当我们给予朋友帮助的时候，当我们在做一件别人看起来很普通的事的时候，我们往往有一种潜意识：别人会怎么认为，别人会怎么说？这实际上是一种非常强烈的对赞许的期待。任何人都希望自己的行为能够得到别人的肯定甚至表扬。应该说，渴望别人尤其是自己的上级或长辈对自己的行为给予肯定，这完全是一种正常的心理需要。因为这种表扬往往带有权威性。

但是，在现实生活中，很多管理者却不太注意适时地给予赞美，对他人的工作成绩表现得过于冷静。认为他们干得好是理所应当的，应该如此的，以为每个人都应达到同样的水平，忽视了个人之间的种种差异，忽视了个人在取得成绩的过程中所付出的努力。殊不知，即便是能力强的人，这种管理心理也会挫伤员工积极性，由此出现了许多因为工作没有得到肯定而感到精神压抑的人。据调查，如今很多人在工作中的压力并非来自完成工作本身，而是来自于"没有得到上司的赏识"或"受到同事的排挤、嫉妒"。

李飞在一家公司干了5年，最后非常失意地离开了。原因是老板看他能干，只会不断的往他身上压担子。他很希望老板能当着其他同事，对他的努力给予肯定。然而，5年中，一次都没有。相反，只要工作中有一点儿疏忽，老板就不留情面地严厉批评他。让他感到最失望的是，他以提出每月加薪100元的要求来试探老板对他的态度，结果得到的是拒绝。在他递交辞职书的那天，老板却极力挽留，还说了一大堆李飞原来想听到的表扬话。可是，一切都晚了，李飞去意已决。

（二）我们能够赞美

西方有句古话："一滴蜜比一桶毒药所捉住的苍蝇还多。"许多管理者可能还没有意识到，赞美别人是使自己的事业获得成功的诀窍之一。美国工商界年薪最早超过 100 万美元的是美国钢铁公司的总裁查尔斯·施瓦布。年薪百万，这意味着每天的收入为3 000美元。他究竟有什么本领，竟能获得如此优厚的报酬？他自己的经验之谈可能会让你受到启发：

——"我认为，能鼓舞手下人的热情是我拥有的最大资本，而使人们的才能得以最大发挥的办法就是赞赏与鼓励。"

——"我从未指责过任何人。我相信鼓励能使人工作，因此，我寻求表扬而不愿意找错。如果我喜欢什么，我就真诚地表示满意并慷慨地给予赞赏。"

——"在我一生广泛的交往中，会见过世界各地的许多伟大人物，我发现他们之中，不论是伟大的人物还是显赫的人物，都是在得到赞许时比在得到指责时做得更好，干得更努力。"

真不知道为什么我们要吝惜自己对别人的赞美呢？是自私，是狭隘，还是因为不自信？其实，赞美别人，同时也是赞美自己。因为只有心地正直、心胸豁达的人才能真诚地赞美别人。在我们很多人眼里，认为"同事是敌人"的恐怕不少，对周围的人取得的成绩，不少人喜欢怀疑、嫉妒或故意贬低。

张为刚毕业那年工作努力，从业务素质和实干精神来看都非常不错，但是他没有被评为先进。第一天，他为这件事失眠了，脑子里总浮现出被评为先进的那个同事的不足：几次开会迟到了，有篇稿子没完成等等。他真想冲出门去，让大家知道评自己该多好啊！可是他转念一想，我自己也有很多不足啊，大家毕竟是要共事多年的同事，不要因为这种小事而破坏了和谐的工作环境。第二天，他便向被评上先进的那位同事表示了祝贺。当他赞美同事的时候，他自己就从不愉快的情绪中解脱出来了，并且与同事建立了友情。

1. 赞美能缩短人与人之间的距离

赞美能为你赢得友情，赞美可以建立坚强的团队，赞美可以使赞美者和被赞美者同时获得提高。因为真诚的赞美是发自内心的，当对别人的优点提出褒奖时，自己内心对他人身上的"美"的体验也就更深一些，美与丑的分辨能力也增加了一些，对自己的认识也深刻了一些。当你赞美别人勇敢的时候，他会变得更加勇敢，当你赞美一个人正直的时候，他将变得更加正直。

2. 赞美其实就是鼓励

年轻的妈妈常把夸奖的话挂在嘴上："你真听话。你真是个好孩子。""你真棒！你真能干！"其实，妈妈夸奖孩子的时候，往往是孩子正在调皮的时候。妈妈的夸奖在很多情况下并不是对孩子行为的评价，而是对孩子进行诱导，所夸奖的只不过是希望孩子去做的事情而已。这种赞美往往比直接鼓励对人有着更大的支配作用。著名的"罗森塔尔效应"证明：受到赞美的人能够自觉或不自觉地改变自己的行为。

罗森塔尔在一所小学里"挑选"了几个学生，并郑重地告诉老师他们是最聪明的学生，将来一定会有番作为，希望老师能好好地培养他们，多给他们些鼓励。实际上，罗森塔尔只是随机列了几个学生的名字给老师。但是半年后，当他再次来到学校考察这些学生的进步情况时，发现这些被"选中"的学生果然取得了很大进步。实验结果表明，表现平平的学生只要得到老师们的热情鼓励和肯定，他们便真的成为老师所期待的优秀学生了。赞美对人的影响由此可见。

（三）我们的赞美技巧

知道应该赞美他人是件容易的事，但如何恰如其分地赞美他人却不是一件简单的事，其中有很多技巧。

法国总统戴高乐在 1960 年访问美国时，在一次为他举行的宴会上，女主人费了很大劲布置了一个美丽的鲜花展台：在一张马蹄形的桌子中央，鲜艳夺目的热带鲜花衬托着一个精致的喷泉。精明的戴高乐将军一眼就看出这是主人为了欢迎他而精心设计制作的，不禁脱口称赞道："女主人为举行一次正式的宴会要花很多时间来进行这么漂亮、雅致的计划与布置。"女主人听了，十分高兴。事后，她说："大多数来访的大人物要么不加注意，要么不屑为此向女主人道谢，而他总是想到和讲到别人。"

可见，一句简单而朴实的赞美之语会给别人带来多么好的心情，同时也带给了自己良好的声誉。

1．赞美别人的长处

每个人都有自己的长处，即使最普通最平凡的人身上也有闪光点。有的人经常苦于找不到别人身上可赞美的东西，那是因为你还没有仔细的观察对方，也没有以一种"宽以待人"的心态来认识对方。

2．赞美别人取得的成绩

虽说"好汉不提当年勇"，但是，每个人都希望人们记得他曾经取得的成绩，特别是那些让人无法忘记的辉煌业绩。赞美他人的过去表现出你对他的关心和了解，同时也表达了你对他的尊敬。

3. 赞美别人引以为自豪的地方

有人曾说，如果你对他人想不出恰当的赞美之辞，那就赞美他的孩子吧。因为孩子是父母最得意的，夸赞他的孩子要比赞美他们本人更使他高兴。要注意的是，只有赞美别人最看重的东西才能收到最好的效果。

4. 给别人实事求是的赞美

赞美和拍马屁不是一回事，赞美是对他人身上优点的真诚肯定。如果对方并没有你所赞誉的长处和优势，那样的话只会让别人感到别扭甚至愤恨。所以，我们的赞美一定要实事求是，不要画蛇添足。

5. 抓住细节赞美

真情需要赞美，而细微之中更容易显现真情。所以，有经验的人常常抓住某人在某方面的行为细节，巧施赞美和感谢，这样很容易博得对方的好感。比如上面提到的戴高乐总统就是非常巧妙的用鲜花展台的细节表达了自己对主人的谢意。

6. 巧用间接赞美

如果我们对热情洋溢的直接赞美还缺乏足够的自信，那么采用间接赞美的方式，着重表达自己对某一类人或事的赞美，也会收到不同凡响的好效果。具体讲可用三种赞美之法：以点带面的赞美、借用第三者的口吻赞美和背后赞美。

7. 请教式赞美

人都有"好为人师"的心理，所以在许多时候，以低姿态有针对性地去请教他人，以自己的普通甚至劣势去凸显对方在这个方面的高明或优势，可以起到赞美他人的作用。恰当地使用这种方式，既成功地赞美了别人，又能给人留下为人虚心好学、进步的好印象。

8. 鼓励式赞美

不是任何赞美都会产生正面效应，任何事情都要有度。对学生、下属、晚辈等表示赞美，如过分使用溢美之词则可能会助长对方骄傲、自满、浮躁的情绪，不利于对方的发展。这就要求我们在赞美他们的时候应把握分寸，适可而止。少一些华美之辞，多一些实实在在的肯定和鼓励。

（三）我们的赞美方法

懂得赞美的技巧，同时还要注意恰当地运用赞美的方法，也就是具体的言语运用。

1. 对比性赞美

李昆和王灿拿着自己的作品去拜访武老师。

武老师："李昆进步不小啊！"

李昆："不行，比起王灿，我还不够努力。"

武老师："王灿，你今天带来的这幅画比上次那幅选材和色彩都好。"

王灿："武老师，这次创作，李昆为我提供了不少素材。您上次给我提的意见我也采纳了。"

师生三人在非常融洽的状态下进行着谈话，你注意到他们使用的言语了吗？

对比性赞美就是把被赞美的对象和其他对象比较，以突出其优点。常用"比×××更……"或"在××中最……"等句式来表达。常言道："有比较才有鉴别。"对比性赞美会给人一个很具体的感觉。但也正因为如此，从另外的角度看，这种赞美也容易引起人际矛盾，所以在比较时不应该用贬低他人来代替赞美谈话对象。

2. 断语性赞美

年终工作总结会上。李科长对几位员工给予的评价：

"今年的工作结束了，我们科取得了很大成绩。我们要对沈红、刘严和田亚三位同志提出表扬。一年中，他们对自己的工作认认真真、勤勤恳恳。特别是在"非典"期间，他们坚守岗位，连续三个月没有休息一天……"

断语性赞美就是给被赞美者一个总结性的良好评价，语气要以肯定判断的形式表达。实际上，对别人的工作进行肯定就是一种赞美。但是这种赞美由于是较为全面的、总结性的评价，所以容易抽象，而且赞美者也会给人一种高高在上的感觉，所以要注意和其他方法结合在一起使用。

3. 感受性赞美

陈春是一个非常会赞美他人的女孩，因此她的人缘特别好。在一次晚会上，她遇见了几个很久没见的同学："张阳，我看你的皮肤好像变得细腻多了，你是不是在用什么特殊的化妆品啊？""王燕，你这条丝巾可真漂亮，颜色特别适合你。上次我在公交车上见到你和你男朋友了，你们俩可真般配。"

陈春的话让几位由于没有经常联系而略感生疏的同学一下就拉近了距离，大家开始了亲热的交谈。

感受性赞美就是赞美者就对象的其中一点表示出自己的良好感受。这体现了赞美的具体性，因为它陈述的只是赞美，不受其他条件的限制，所以这种形式能充分发挥赞美的优势。要实施这种赞美有两个步骤：一是把被赞美者值得肯定的优点挑出来，二是让赞美者知道你对他的优点很满意。这样，赞美的作用就自然产生，而且使人信服。

（四）我们要接受赞美

——"王云天，你的字写得可真好。"

——"写得不好，你别说了。"

——"陈飞，听说你的论文获奖了，祝贺你！你真不错！"

——"谢谢！论文还有不足，我要继续修改。"

你更喜欢谁的应答呢？在生活中，我们不仅要懂得如何赞美别人，而且还要懂得接受别人的赞美。中国人在受到称赞时往往表现出窘迫感，这也是造成我们不好意思轻易赞美别人的原因。对于我们民族的比较含蓄的习惯来说，如何接受称赞似乎更复杂一些。西方人在被称赞时常常说声"谢谢"就行了，而我们如简单地说"谢谢"就会被认为有点骄傲。如果说"哪里""过奖""言重"之类，似乎又有些言不由衷。类似的矛盾心理会以言行不统一的形式表现出来，就比如口说"不敢当"，而脸上放光，手足无措。

所以，如何坦然地、心怀感激地接受别人的称赞，还真是我们要注意的问题。再者，一些有经验的人，能分辨和正确对待真假赞美之辞，因为他们有洞悉心灵的本领。而一些缺乏经验的人，便不具备这样的才能，他们听了不实的赞美之辞会昏昏然忘乎所以。因此，如何正确对待别人给予我们的赞美，也是一个要注意的问题。

你想成为一个在人们心头撒播阳光的人吗？请学会赞美吧！

请你回忆一下自己以前是否赞扬过他人，你是如何告诉他们你非常欣赏或感激他们的？

第四章　行为礼仪

善于与人交，久而敬之。

行为礼仪就是由一系列的人际交往、社会交往方式和细节构成的行为规范，它约定俗成后被人们广泛运用，使人际沟通更加通畅和令人愉快。

第一节 行为技巧

一只雌猫爱上一位英俊的青年，就向女神亚福罗迪特祈祷，请求把它变成人的样子。女神被它的真情感动，就把它变成美丽的少女。青年看到这位少女，一见钟情，两人彼此爱慕，就结婚了。

有一天，亚福罗迪特想试探猫在变成人形后性格有没有改变，就在房间里放进一只老鼠。这时，猫忘记自己已经是人，就从床上跳下来，敏捷地捉住那只老鼠，放进嘴里吃掉。女神看了大叹一声，便将它恢复成原来的模样。

仔细品味上面这个故事，你认为它说明了什么道理？

_____

_____

_____

_____

_____

_____

一、认识行为技巧

（一）什么是行为技巧

行为技巧就是由一系列人际交往、社会交往方式和细节构成的行为规范，它约定俗成后被人们广泛运用，使人际沟通更加舒畅和令人愉快。

现代社会是开放的社会，人际交往日益频繁，国际交往、商务交往也变得越来越司空见惯，不论你进行什么样的活动，都有一套约定俗成的行为规范，也就是我们所说的行为技巧。一个具有现代礼仪修养的人应该是具有高超的行为技巧的人。

雌猫的"悲剧"提示我们：一个人仅仅改变外表是不够的，关键是要从根本上改变。

社会心理学家研究发现，个人的衣着和风度能增加吸引力，并且产生晕轮效应，也就是说，良好的气质和风度，会显示出这个人良好的品质。

因此，不论在人际交往、社会交往还是商务交往中，我们都应该掌握一些基本的公关行为规范及技巧，如果忽略了这些细节，轻则达不到良好的交往效果，失去朋友或重要的客户，严重的甚至让你成为一个不受欢迎的人。

因此我们的前人提倡："非礼勿视，非礼勿听，非礼勿言，非礼勿动。"

（二）行为技巧的内容

行为技巧包括两大部分：日常接待行为礼仪、交际交往活动礼仪。两个部分属于不同领域的行为技巧，但两个部分又是各有交叉，交际交往活动礼仪中包含了日常的接待礼仪，日常接待礼仪中也会有交际交往活动的行为。可以用下图表示：

日常接待礼仪	交际交往活动礼仪
待　客	馈　赠
握　手	宴　会
名　片	舞　会
致　意	参　观
倾　听	

（三）感受行为技巧

我有一位朋友，常常被别人认为极有绅士风度。每次和他一起走路时，他总是注意把自己的位置调整到迎着车子的方向。遇到儿童、长者时，他更是随时用手招呼他们的安全。到了路的中央，他又会把你的位置换一个位置，因为这时车子是从另外一个方向开来的。一路和他走过，你感受到的是他的爱心、他的细致。几个细小的动作，让你一天心里都是暖意融融。

这种处理细节的方式和能力之所以得到我们的赞许，是因为一个人的行为就是一个人修养的表现，注意和学习必要的行为礼仪，会让你变得更加迷人，让别人接纳你，更加信任你。

中国古代文化中有许多礼仪的描述，比如从仰韶文化遗址中就发现了有关长辈坐上席、晚辈坐下席等礼仪内容；孔子提出"不学礼，无以立"等等，不论是尊老敬贤、父慈子孝，还是礼尚往来、遵时守约，都表现出一定的礼仪规范。

因此，学习日常接待礼仪，可以提高自己的行为素养，和他人共同营造出一个温馨友好的氛围。学习交际交往礼仪，结交良朋益友，可以增强你的协调和交往能力。

二、行为技巧的原则和要求

"真诚"和"尊重"是核心。

日常接待和交际交往中如何接待你的朋友或顾客，如何握手，如何交换名片，如何致意，如何去倾听他人的谈话，如何馈赠礼品，如何参加舞会或者宴会……所有的活动首先都源于尊重、真诚，然后，才谈掌握并运用行为技巧。

（一）行为技巧原则

1．真诚原则

真诚是人与人相处的基础，是保证你社交成功的一把金钥匙。

2．尊重原则

《礼记·曲礼》开头即提到"毋不敬"。行为活动讲究互相尊重原则："你敬我一尺，我敬你一丈。"尊重既是自尊也是尊敬他人。自尊是保持自己的人格，锤炼自己的修养，从而赢得他人的尊敬；尊重他人是以礼待人，遵循行为规范，从而保证与他人和谐、愉快地相处。

一次，齐王派晏子出使楚国，楚王见到身材矮小的晏子说："你们齐国没有人才了吗？"晏子假装不知其意，回答道："齐国地方大，人才济济，怎能说没有人才了呢？"楚王冷笑到："既然人才济济，怎会派你来呢？"晏子不动声色："就因为齐国派使者是看对方国家的，假如对方有贤明的君主，就派一流的使者去；假如对方没有贤明的君主，就派较差的使者去。我是最差的使者，所以就被派到楚国来了。"楚王语塞。

楚王在与晏子交往中，违反了那些原则，晏子是怎样维护自己尊严的？

_____

_____

_____

_____

_____

_____

待客时，要注意行为举止，不可穿着过于随便，如穿睡衣见客。

3. 适度原则

楚国文学家宋玉在《登徒子好色赋》中为美女订了一个标准："增之一分则太长，减之一分则太短；著粉则太白，施朱则太赤。"我们可以将这句话借用在礼仪中，也就是说，行为礼仪只有把握分寸，做到不卑不亢、适可而止，才能落落大方，显示出施礼者的修养。

（二）行为技巧要求

恰当、得体、优雅、含蓄

恰当、得体指具体的举止行为。我们不论在待客、馈赠还是舞会等活动中都应该保持恰当得体的行为举止，它是你外在形象魅力的展现；而优雅、含蓄则是指你在所有社会活动中的表现，它是你内在魅力的显现。

第二节　日常接待礼仪

二战时期，英国首相邱吉尔与美国总统罗斯福举行会谈。

一天清晨，罗斯福有急事欲见邱吉尔，临时拜访。邱吉尔随从人员一时不知如何接待。罗斯福急匆匆长驱而入。孰料，邱吉尔此时正躺在浴缸里津津有味地抽他那大号雪茄烟。门开了，进来的是罗斯福总统。邱吉尔大腹便便，肚皮露出水面……

两位大人物，在这样的场合见面，彼此都觉得非常不自在。

但邱吉尔很快就打破了尴尬的场面，他笑呵呵地说："总统先生，我作为英国首相，在您面前可真是开诚布公、毫无隐瞒了。"

罗斯福也忍不住大笑起来，连说："毫无隐瞒！毫无隐瞒！"

邱吉尔的幽默化解了接待时遇到的尴尬。在生活中我们常常有这样的活动：我们经常会被热情的朋友邀请去做客，常常会遇到初次见面的人，怎样和他们打招呼，如何建立起良好的第一印象，我们应该以什么样的面貌出现，该怎样让被邀朋友既受到了尊重，又有舒适的感觉？下面让我们先认识什么是接待？

一、接待礼仪

（一）为什么需要接待

社会是由人组成的，每个人都要经常与他人交往。"有朋自远方来，不亦乐乎！"这句名言，千百年来一直为人们所传诵，礼貌待客是一个人的基本素养，也是我们中华民族的传统美德。在日常的接待活动中，通过各个具体的过程和细节，我们感受到的是人和人之间互相尊重和友好的行为，体现出的是一个人的文化修养和文明程度。因此，掌握生活中特别是在交际场合中的一些惯用形式是非常有必要的。

(二) 接待遵循的原则

1. 真诚喜悦

"有朋自远方来"，高兴的态度是首要原则。当然，这种高兴与喜悦应该是发自内心的。

2. 做好准备

邀请朋友到家里做客，事先应该做好准备，比如房间的打扫、茶点的准备、着装的讲究、家庭活动的安排等等都应该考虑周全，只有这样，你对朋友的热忱欢迎也才能充分体现出来。对于不速之客也应该以礼相待，不能因为不请自来或是不熟悉而对别人态度冷淡。

3. 客为上座

家中最佳的位置应该让给客人就座。按照中国的传统这是我们常说的"上座"，上座往往是靠右边或面对正门的座位。这是正位，表示该座为尊之意。

善待自己的家人和朋友，不仅能使自己有广泛的交往，还能加强和亲朋好友的感情交流。好客并讲求一定的待客礼仪，将使你拥有越来越多的朋友，建立起越来越多的好人缘。

二、感受接待礼仪

(一) 日常接待礼仪

不论是哪种接待，基本上都是按照以下的四个步骤来进行的：

具体来说，日常的接待行为主要包括握手、递送名片、致意、倾听等。

日常接待常用的礼节就是握手或者适当的致意；不熟悉或是初次见面的人往往可以递送一张名片；当你和别人交谈时，应该注意倾听他人的谈话，以示对他人的尊重。不论是握手、递送名片或是致意、倾听，这些举动看似简单，但却是交流思想、联络感情和增进友谊的重要方式，是人与人见面时的基本礼节。

(二) 接待礼仪的基本原则

握手、名片、致意和倾听表面上看起来程序复杂，要点繁多，但实际上不论是哪一个行为，它们都是基本的日常接待礼仪，因此都有一些可以共同遵循的原则：

1. 真诚热情

真诚热情是一切社交活动的共同要求，当你置身于一个社交场合时，不仅有你熟悉的朋友，还可能有你不熟悉的人，在和别人初次见面时，不要扭捏作态，给别人留下不良印象。只有落落大方，才会显出你的自信。只有态度真诚、热情，才会显得充满信心，能给对方留下美好的印象，为彼此之间的沟通奠定一个良好的基础。

2. 互相尊重

在社交场合中，互相尊重是一个基本原则。尊重别人是一种美德。在人际交往中，多一分尊重，就会少一分麻烦。马斯洛的需求理论再三强调，尊重是人的心理需求。许多研究表明，人在公众场合，特别在意他人对自己的态度。所以，学会尊重是人际交往的前提条件。尊重会因为对象不同有着不同的表达方式。对年长者、女士及同龄人都有着不同的礼仪规定，颠倒和错乱顺序将会影响交往，妨碍沟通。

3. 适度有节

日常接待活动中要注意适度的原则。有些人惟恐别人不识眼前"君子"，一开始便炫耀自己的身份、门第和博学多才，显得锋芒毕露，让人觉得夸夸其谈、华而不实；有些人正相反，喜欢作一番自我贬低式的介绍，以示谦虚和恭敬，比如"小人才疏学浅"之类的话，其实大可不必，因为这样做会让对方以为是言不由衷。因此，只有实事求是、恰如其分地介绍和展示自己，才会给人诚恳、坦率、可以信赖的印象。

4. 耐心细致

不管在接待活动中的哪一个环节，耐心细致是基本的要求。在交际活动中，你面对的是形形色色的人，每个人的性格都有所不同，有的人性格急躁，有的人性格稳重，这就要求你有足够的耐心。当进入交谈过程时，应尽量多谈一些对方感兴趣的话题，给对方讲话的机会，不要把对方仅当成一名听众。

三、接待行为礼仪

（一）握手礼仪

美国著名盲人女作家海伦·凯特说过："我接触过的手，虽然无言，却极有表现性。有的人握手能拒人千里，我握着冰冷的手指，就像和凛冽的北风握手一样。而有的手却充满阳光。他们握住你的手使你感到温暖。"

握手是人与人的身体接触，能够给人留下深刻的印象。当与某人握手感觉不舒服时，我们常常会联想到那个人消极的性格特征；有力而适度的握手、直视对方的眼睛将会搭起积极交流的桥梁。握手看起来是非常平常的日常礼节，却是交流感情、增进友谊的重要方式。

1．认识握手

握手的起源有多种说法：古代社会人们为了抵御自然界和不同部族的侵袭，随时都处于"高度警戒"之中。当不同部族的人在路上相遇时，为了表示彼此之间并无恶意，就主动放下手中的武器，双方伸开手掌互摸对方掌心，这表示自己手中已无武器，由此来证明彼此的友善。这种习惯演变至今据说就变成了我们今天的"握手"。

还有另外一种说法讲的是西方中世纪，骑士盛行互相之间格斗拼杀。如果想停止拼杀，讲和的一方就会脱下铁盔铁甲，把平时拿剑的右手伸向对方，证明自己手中没有武器，相互握手言和。发展到后来，就成了今天用右手实施的握手礼。

2．正确握手

不同的握手方式，可以看出对方的性格、修养和心态。电影

《过年》中有一个细节：葛优饰演一个好色的姐夫，当他见到漂亮的妻妹时，握住对方的手久久不肯放开，弄得对方很尴尬。可是也就是这个"小动作"让这个角色身上的好色性格暴露无遗。由此可见，不同的握手方式，决定了我们对待他人的态度，同样也会影响到他人对我们的态度和评价。

正确的握手方式是：双方相距一步（大约是75厘米），上身稍稍向前倾斜15度，眼睛平视对方，伸出双手四指并齐，拇指张开，掌心向左，两人的手掌与地面垂直相握，一般持续2～3秒为宜。

3．握手顺序

在交际场合，握手时伸手的顺序或方式不对，往往会造成许多尴尬。

握手的一般顺序是等女士、长辈、已婚者、职位高者伸出手来之后，男士、晚辈、未婚者、职位低者方可伸出手去呼应。若后者"先下手为强"，抢先伸出手去，却得不到前者良好的回应，场面会令人难堪。而朋友和平辈之间则不用计较谁先伸手，一般谁伸手快，谁更为有礼。另外，在祝贺对方、宽慰对方或表示谅解对方的场合下，应主动向对方伸手。

有客来访时，主人应先伸手，以表示热烈欢迎。告辞时等客人先伸手后，主人再伸手与之相握，才合乎礼仪，否则有逐客的嫌疑。

在公共场合，如果你需要与之握手的人士较多，应注意握手的顺序。应该先女士后男士，先长辈后晚辈，先已婚者后未婚者，先职位高者后职位低者。也可以由近及远地依次与之握手。

握手四原则：上级在先、长辈在先、主人在先、女士在先。

4．握手时机

社交场合如有贵宾或是老人伸出手来，应该快步上前用右手握住对方的手，身体前倾表示对对方的尊重。遇到熟人不要贸然上前去打断对方的谈话，应该在对方谈话告一段落的时候再上前去与对方握手。进门时也要掌握握手的时机，不要一只脚还在门外就忙着与对方握手。握手时也不要争先恐后，应该是依次而行的。

5．握手忌讳

忌用左手　握手时须用右手，尤其在和外国人握手时，慎用左手与之相握，如果是右手有手疾或太脏，需用左手代替右手时，应先声明原因并致歉。

忌戴手套　与人握手时，不可戴着手套。人们常说"十指连心"，人与人之间应该是双手相握，手指间的接触，能够使对方感觉到自己的内心情感。

忌握手后擦手　握手后不应立即擦手或洗手。这是对对方极大的不尊敬。

忌不专心　施握手礼时应专心致志，应面带微笑地看着对方，切忌左顾右盼、心不在焉。

忌坐着握手　除非是年老体弱或者身体有残疾的人，握手双方应当站着而不能坐着握手。

忌顾此失彼　在握手时如果有几个熟人，而你只同一个人握手，对其他人视而不见，这是极端不礼貌的。同一场合与多人握手时，与每个人握手的时间应大致相等，若握手的时间明显过长或过短，也有失礼仪。

课后延伸：扮演不同身份、角色与他人握手。

(二) 名片礼仪

一朋友曾向我诉说：有天我曾巧遇记者××，在我给他递上名片后，他一没点头，二没微笑，三没说明不还名片的理由，只是傲慢地拿名片在玩儿。当时我非常生气，真想要回名片。半小时后，他要走了，才说："也给你一张名片。"如此没修养、没水平，我再也不希望听到他的名字，尽管他小有名气。我讨厌他的"施舍"行为。

是朋友心胸狭窄吗？非也。我也曾看到桌子上扔满名片的工作人员，看到拿起名片闻香味的先生，看到把名片当东西"扔"代替"递"的商人，看到把名片弄得皱巴巴的人……

你认为他这样做对吗？为什么？

_____

_____

_____

_____

_____

1. 名片渊源

名片的使用在我国已经有两千多年的历史。秦汉时期一些达官贵人使用一种称作"谒"的竹制或木制的名片，后来改为了绢、纸名片。汉朝末年的时候将谒改为"刺"，六朝时叫做"名"，唐朝时叫做"膀子"，宋朝时叫做"门状"，明朝时称为"名帖"，清朝时叫做"名刺"，同时，名片的说法也开始出现了。

名片在古代时更多是达官贵人或者重要人物的专利品，但是随着时代的发展，名片的使用范围越来越广泛。名片不仅可以通报姓名、表明身份和结交他人，还可以表示答谢、邀约等意思。

2. 名片规格

名片一般为 8.5~10 厘米长、5.5~6 厘米宽的精制卡片。现代人为了突出自己的个性在名片设计时往往也别出心裁使用各种形状或图案，具有较强的艺术性。但是在正规的场合最好还是使用较为规则的长方形的正规名片。

材料的颜色较为常见的有白色、淡黄色、淡蓝色等等，一般比较淡雅的颜色会显得比较端庄一些。压底的图案不应该太花哨。可以采用各种方式将名片艺术化，比如可以采用水墨画、摄影作品、卡通形象等等。但是这样的名片不太适合很正式的社交场合。

文字一般本面是中文，而背面是英文。一张名片最多印两种文字，数字采用阿拉伯数字，不用汉字大写。印刷字体的原则是易识为第一，美观为第二。字体一般以横排为最佳，不管是横排还是竖排都必须两面统一。

名片上，姓名印在中间，然后在姓名下面用较小号字体印上职务。

地址应印在名片右下角，字体略小。

下图表示一张名片的大概样式：

```
公司标志、商标或公司的徽记
姓名
职务
公司名称、公司地址
电话号码
传真号码
其他办事处的地址
```

特别提醒：名片并非所有职务都要印上。

3．名片的递送

一是要事先将名片准备好，放在上衣口袋里或提包的专用名片夹里。否则忘记放在什么地方，左翻右找，显得不礼貌，又给人一种忙乱的感觉。

二是单方递名片时，要用双手恭恭敬敬地把自己的名片递过去；双方互递名片时要用右手递。接递名片要用双手，切记名片是人格的延伸，不能不恭。

递送名片时最好是站立，应该将名片的正面朝向对方，恭敬的用双手拇指和食指分别捏住名片上端的两角送到对方的胸前。这时，最好是一边自我介绍一边将名片递上。如果是双方同时递送名片，自己的应该从对方的稍下方递过去。递送名片时应该面带微笑。

如果是事先约定好的面谈，或事双方有所了解，不一定忙着交换名片，可在交谈结束、临别之时取出名片递给对方，以加深印象，并表示愿保持联络的诚意。

一般来说，是职务较低、男性、拜访者、未婚者先递送名片。

西方人、阿拉伯人和印度人习惯用一只手与人交换名片；日本人则喜欢在一只手接过他人名片的同时，用另一只手递上自己的名片。无论属哪种情况，都要求名片的正面向着对方。同时，应用诚挚的语调附上一句"这是我的名片，以后多多联系"，给对方一种谦逊大方的感觉。

4．名片的接受

接名片有许多人不重视。对方递名片时，他却忙着拿烟倒水，一个劲地招呼对方"请坐，请坐"，或随手往口袋一塞，这是失礼的行为。

正确的做法是：接受名片的一方应该是双手接过递来的名片，以表示尊敬。接过名片以后应该是看上几秒钟。接受名片的方式也应该是用双手的拇指和食指接住名片的下方两角。收到名片不要立刻放进包里，应该仔仔细细地读一遍，有时还可以有意识地重复一下名片上所列对方的职务、学位以及其他尊贵的头衔，以示敬仰。有看不懂或理解不清的地方，可当即向对方讨教，然后再把名片慎重地收藏起来。

交换名片的对话礼仪

向别人索要名片时可以直接问——

"您有名片吗？"

"您能给我一张名片吗？"

当你想出示名片时可以说——

"这是我的名片，如果有别的问题，尽管打电话给我好了。"

"寄信请用这上面的地址，希望能尽快听到你的消息。"

如果想给一位长期客户赠送名片，可以说——

"您有我的名片吗？"

"我一直想给您一张名片。"

当你的职位或通讯方式有改变时，你可以说——

"这是我的新名片。"

当某人向你索要名片时，直接拒绝是很不礼貌的，但是你可以这么说——

"对不起，我的名片都用光了。"

"我忘带了。"

接受名片时要说"谢谢"。

特别提醒：问问自己，下面的情况会发生在你身上吗？

将别人递送的名片弄皱或弄脏；

接过名片不看一眼就随手放在一旁的桌上；

看过之后用手玩弄名片；

胡乱散发名片，路上随便遇到一个人就忙着发送名片；

将自己的名片与别人的名片放在一起，常常在递送名片的时候出错；

对方递给你名片而你没有时，无所谓，没有向对方表示任何歉意；

身为男士你常常为了显示"绅士风度"，主动给女士留名片，却常常因此而发生误会。

以上的状况你曾经出现过吗？

课后延伸：

观察一下在生活中人们接受名片时的种种情景，把它们记下来，指出它们存在的问题。

_____

_____

_____

_____

_____

_____

(三) 致意礼仪

1. 致意的基本规则

男士应先向女士致意。

晚辈应先向长辈致意。

未婚者应先向已婚者致意。

职位低者应先向职位高者致意。

使用致意"四原则"时候必须注意的要点：

致意是一种不出声的问候，向他人致意时一定要使对方看到，看清，才会使自己的友善之意被对方接受。

致意时不要同对方相距太远，比如站在几十米之外，也不要站在对方的侧面或背面。

举手向朋友们打招呼致意，通常不必作声。只要将自己的右臂抬起，向前方伸直，轻轻摆摆手即可，不需要反复的摇动。以举手致意作为见面礼，适用于同与自己距离较远的熟人相逢之际。

2. 微笑

微笑对于每一个人来说是非常重要的，没有什么方式比用微笑来散播快乐更好了。尤其是当你和别人第一次见面时，微笑一定是你最好的通行证。

微笑是一种最基本的致意礼仪。在国内的社交场合人们经常使用的见面致意礼仪有握手、举手、点头、脱帽、欠身等等。如果说"握手"很多时候还用于不太熟悉或者初次见面的人之间，那么后面几种致意方式主要适用于已经相识的友人之间。

微笑在社交场合中，可以替代见面礼向友人"打招呼"致意。具体而言，它可以用于同不相识者初次会面之时，也可以用于向在同一场合反复见面的老朋友"打招呼"之际。微笑的要旨，是要求真诚、自然、朴实无华，否则会有悖于与人为善的初衷。

美国社会学家亚当斯指出："在问题还没发生之前，我就用微笑把它笑走了，至少将大问题变成了小问题。当你微笑的时候，别人会更喜欢你。而且，微笑会使你自己也感到快乐。他不会花掉你任何东西，还可以让你赚到任何股票都付不出的红利。

每天早上在镜子前面练习微笑，养成微笑的好习惯。随时展示你的微笑，你将有一个积极主动的心态。微笑是你发自内心对生活的感受，微笑也是别人感受你的最佳方式。

3．点头礼

点头礼的适宜场合：会议或会谈正在进行；行进在人声嘈杂的街道上；影剧院或歌舞厅；与仅有一面之交者在社交场合相逢；与相识者在同一场合中多次见面；在外交场合，遇到身份高的领导人，应有礼貌地点头致意，不要主动上前握手问候。只有在领导人主动伸手时，才可向前握手问候。

在国外，信奉伊斯兰教的女士按教规规定，不能与男士握手，行点头礼尚可。

4．欠身

欠身，即全身或身体的上半部分在目视被致意者的同时，微微前倾一下。意在表示对他人的恭敬，适用的范围比较广泛，可以向一个人欠身致意，也可以向几个人欠身致意。欠身为礼时，双手不应拿着东西或插在裤袋里。

5．脱帽礼

在一些场合，男士会向女士脱帽行见面礼。脱帽礼具体做法如下：戴着礼帽或其他各种有沿帽的男士，遇到友人特别是女士时，应微微欠身，用距对方较远的那只手摘下帽子，并将其置于与肩膀平行的位置。这样做显得姿势优雅，同时也便于同对方交流目光。离开对方时，脱帽者才可使帽子复位。若是在室外行动时与友人相遇，可以其他见面礼向对方致意，也可以一言不发行脱帽礼。此刻行脱帽礼不用摘下帽子，只要用距离对方较远的那只手轻轻地向上掀掀就可以了。遇到男士行此礼，女士应当用适当的方式向对方致意，但女士是不行脱帽礼的。

特别提醒：致意是一气呵成的。

各种致意方法，在同一时间里面对同一个人时，可以只选用一种，也可以数种并用。例如，点头、欠身、微笑等等，是可以一气呵成的。关键是致意人想将友善之意表达到何种程度。

（四）特殊见面礼

1. 拱手礼

拱手礼即中国旧时的作揖。亲朋好友聚会、聚餐或祝贺、登门拜访、开会发言等，见面时相互施以此礼。拱手礼的行法，是行礼者首先立正，两手合抱前伸，然后弯身，并将合抱的双手上下稍作晃动。行礼时，可向受礼者致以祝福或祈愿，如"恭禧发财""请多关照"等等。来华的外国人认为这种礼节东方气息浓厚，既文明又有趣。现在一般用在非正式场合或气氛比较融洽时，如春节拜会、宴会、晚会等。

2. 鞠躬礼

鞠躬礼源于中国。在先秦时代，两人相见，以弯曲身体待之，表示一个人谦逊恭谨的姿态，但还没有形成一种礼仪。而在西方所谓的骑士时代，鞠躬则象征了对敌手的屈膝投降。在今天，鞠躬已成为一种交际的礼仪，在下级对上级，在同级之间和初识的朋友之间，为表示对对方的尊敬都可行此礼。

在朝鲜、韩国，特别是在日本，人们以鞠躬礼作为见面礼。鞠躬，意即弯身行礼，是对他人郑重其事地表示尊重与敬佩的一种方式。

行鞠躬礼时，必须注目，不得斜视，以示一心不二，受礼者也同样，而且行礼时不可戴帽。需脱帽时，脱帽所用的手应与行礼的边相反，比如向右边的人行礼，则左手脱帽；向左边的人行礼，则用右手脱帽。此外，行礼时口中不能含食物或香烟。上级或长者还礼时，可以欠身点头或同时伸出右手以答之，不鞠躬亦可。

3．拥抱礼

在欧美各国，人们在见面或告别之时，经常使用拥抱礼。在正式的场合和仪式中，礼节性的拥抱是两人相对而立，上身稍前倾，各自抬起右臂，将右手搭放在对方左肩之后。左臂下垂，左手扶住对方的右后腰，然后按自己的方位，双方均向各自的左侧拥抱对方，然后向右侧拥抱，最后再次向左侧拥抱。礼节性拥抱一般时间很短，拥抱时双方身体也并不贴得很近。

4．合掌礼

此礼在东南亚和南亚信奉佛教的国家里十分流行。它的做法是：面对受礼者，两个手掌在胸前对合，五指并拢向上，手掌向外侧稍许有些倾斜，然后欠身低头，并口诵"佛祖保佑！"

通常合掌礼的双手举得越高，表示对对方的尊敬程度越高。向一般人行合掌礼，合掌的掌尖与胸部持平即可，若是掌尖高至鼻尖，那就意味着行礼者给予了对方特别的礼遇。惟有面对尊长者时，行礼者的掌尖才允许高至前额。

在以合掌礼为见面礼的国家里，人们认为合掌礼比握手礼高雅，而且要卫生得多。因此，当别人向我们施以这种礼时，应尊重对方习俗，以同样的礼节还礼。

见面礼虽多种多样，且各自的讲究也不尽相同，但最重要的是行礼者要做到心中有底，真诚热情，用心专一。

课后延伸：可以几个人一组模拟不同的致意礼节的使用。

（五）倾听礼仪

场景一：小敏与小新谈话，小新一边听一边东张西望，打哈欠，看手表，还不时插入一些与话题无关的话……小敏最后说：

"算了，我不跟你说了。"

场景二：小强滔滔不绝地说着趣事，根本就不注意别人的反应，在一旁听的同学一点也插不上话……同学说："他就知道自己说，丝毫不顾别人。"

场景三：小涛向爸爸述说在学校发生的事。爸爸边看报纸，边心不在焉地听着……当小涛问："我该怎么办呢？"爸爸放下报纸问："你刚才说什么？"小涛冲着爸爸说："我再也不愿跟爸爸谈话了。"

记住以上三个生活场景。想想自己这样的生活场景也碰到过吗？

等你学完了倾听礼仪，重新对这三个情景进行"改进"，你将怎么做呢？

_____

_____

_____

_____

_____

_____

倾听是一种人际交往的技巧，也是一种良好的心理品质的表现。认真倾听对方的谈话，能给你和对方的心灵带来光明。

1．为什么要学会倾听

有句谚语说得好："用十秒钟的时间讲，用十分钟的时间听。"社会学家研究发现，在人们日常的语言交流活动中，听的时间占54％，说的时间占30％，读的时间占16％，所以，聆听在人们的交往中居于最重要的地位。

一家公司一位成功的管理者有这样的经验：他在一家大公司担任业务经理，但他对该行业的特性一窍不通。当业务员需要他的忠告时，他无法告诉他们什么——因为他什么都不懂！但尽管如此，这个人却了解如何倾听，所以不论别人问他什么，他总是回答："你认为你该怎么做？"于是业务员会提出方法，他点头同意，最后业务员总是满意地离去。

从中我们发现，借助倾听，困难已经解决了一大半。

2. 倾听是为了营造一个易于交流的氛围

下面一幕是公司管理者和雇员之间的交流场景：

比尔（雇员）："戴夫，现在的工作状况让我很失望。一切都不如我的意。"

戴夫（管理者）："看来你对此已经有不少想法了。说来听听！"

比尔："噢，生产方面我们已经滞后了一个星期，我们的供货也没有按时到达。我感到陷入困境而不能自助。而且，当我想从你那里获得一些帮助的时候，总是找不到你。"

你刚刚看到的是一个关于"倾听"的例子。"倾听"也许是一名成功的管理者应该具备的最至关重要的素质。

上面的一段对话中，戴夫正是在尽力消除谈话双方的误解，建立一种彼此友好、互相尊重的协作关系。这是建立在他对其他人的态度中包含以下价值标准的基础之上的：

"我对我的举动、情感和行为负责。"

"我无法改变他人，惟一能改变的只有我自己。"

"控制自己不对他人妄下论断。"

"允许他人和自己平等相处。"

这些价值标准使戴夫能够投入地倾听，开放地交流，不以个人标准评判他人的行为，并能为其情感和行为承担责任，而这也反过来增强了他周围员工的自尊。

相反地，如果戴夫表现为自我保护，坚持自己在所有事情上正确无误，断定比尔是一个诉苦者，那么他所营造的将是一个疏远、抵抗的氛围。可以想象那种"倾听"行为所导致的后果将是如何严重。

3．倾听是一种技巧

倾听 ≠ 听见
感同身受的倾听

这是一个优秀倾听者的特征。这种倾听就是要求在说话者的信息中寻找感兴趣的部分，因为这是获取新的有用信息的契机。高效率的倾听者清楚自己的个人喜好和态度，能够更好地避免对说话者作出武断的评价或是受过激言语的影响。好的倾听者不急于作出判断，而是感同身受对方的情感。他们能够设身处地看待事物，是询问而不是辩解。

4．如何倾听

在实际生活中感同身受的倾听大约只有 20% 的人能做到。我们的目标是努力实现高层次的倾听。那么，如何实现高层次的倾听呢？

专心 专心是倾听要遵守的首要原则。

通过非语言行为，如眼睛接触，某个放松的姿势，某种友好的脸部表情和宜人的语调，你将建立一种积极的氛围。

对说话者的需要表示出兴趣。

记住，第一层次上的倾听意味着你带着理解和相互尊重进行倾听。

倾听的最好姿态是在椅子上坐着，稍微向对方倾斜身体，好的姿势是倾听的必要条件。

耐心　倾听一定要有耐心，不要迫不及待地催别人赶快把话说完。通常每个谈话过程中都会有各种各样的停顿，这时，你应该是用鼓励的目光等待对方继续讲述。当然，这时可以通过短暂的静默让对方有一定的时间思考。

当你与对方的意见不一致时，先听完对方的陈述，再简要重复，以此确定自己没有领会错意思，绝不轻易打断别人的谈话。

反馈　光有耐心的倾听是不够的，真正的倾听应该是互动的。如果你能问对方一些问题，而且观察很敏锐的话，可以表现出你对他的回答真正感兴趣。比如医生问你一大堆问题，表示他关心你的健康。一位繁忙的医生，没问多少问题就下诊断，你会觉得他不太负责任，他只是为赚钱而已。

倾听时，要积极鼓励对方畅所欲言。听与说是一个互动的过程，只有当听话者表现出倾听的兴趣时，说话者才会有浓厚的谈兴。

倾听的同时，我们还要注意观察。人们在表述自己的想法时，主要通过有声语言，即说话，但同时也会有意无意地透过无声语言表达出更为隐秘的心理活动。例如谈话时的表情兴奋或是沮丧，身体的姿势紧张还是放松，同样也在传达着某种信息。

倾听的过程更是一个积极思考的过程，要边听边想，努力体察对方的感觉，敏锐地把握对方话语里的深层含意。人们经常会以婉转的方式表达自己的想法，这时我们就不能仅仅从字面上理解对方，而要"听话听声，锣鼓听音"。也只有准确地把握了对方的真实想法后，我们才能作出正确的判断。

特别提醒：几个小技巧

使用简单的语句，如"呃""噢""我明白""是的"或者"有意思"等，来认同对方的陈述。通过"说来听听""我们讨论讨论""我想听听你的想法"或者"我对你所说的很感兴趣"等，鼓励说话者。

课后延伸：

选择一位谈话的对象（父母、老师、同学、熟悉或不熟悉的人），注意运用倾听的技巧去与对方交流，认真听对方的谈话，观察对方的表现，并作记录、评价，如与谁谈话，你怎样倾听，对方的表现，你的感受等。

第三节　交际交往活动礼仪

一、认识交际交往活动礼仪

交际交往活动中有很多形式，其中馈赠、宴会、舞会、参观是几个最基本的形式。不管是哪一种基本的形式，它们都具有一些共同的特点。具体来说，主要体现在模式化、规范化两个方面。

（一）模式化

交际交往活动基本都有比较稳定的形式，而每种形式都有自己一整套的运行程序。

馈赠是一门艺术，有其约定俗成的规矩，从礼品的选择到送礼的时机都有可循的技巧。

宴会从迎客开始，座位的安排、上菜的顺序、举杯的规定，都有一整套的行为规范。

舞会是不同国家、不同民族、不同肤色的人进行交流沟通的一种有益手段。现代交谊舞中对服装、舞步、跳舞等都有程式化的要求。

参观活动对参观内容的确定、时间、讲解等都有明确的要求。

不论是哪一种形式的礼仪活动，它们的共同目的都是加深、联络感情。总之，礼仪的模式是为了达到交流目的应遵循的行为约束。

（二）规范化

无论是个人的行为举止，还是组织的活动，都有很强的规定性，都规定在什么时间、什么地点该做什么，而且明确提出应该注意的事项。只有遵循这些规定，才符合礼仪要求，才能够体现出个人、集体的素质和形象。

在交往活动中每个人都是为了扩大交往、展示自我。要达到这个目的，就必须用礼仪来限制自己。我们的礼仪崇尚的是不卑不亢、张弛有度和相互尊重，这样的要求其实也就是我们在交往活动中奉行的基本准则。

二、交际交往行为礼仪

（一）馈赠礼仪

美国作家欧·亨利在其著名的小说《麦琪的礼物》里讲了这样一个故事：一位妻子十分想在圣诞节来临时送给丈夫一份礼物，她盼望能买得起一条表链，以匹配丈夫祖上留下的一只怀表。因为没有钱，于是她把自己秀丽的长发剪下来卖了。圣诞之夜，妻子对丈夫献上了自己的礼物——一条精美的表链。丈夫也在惊愕之中拿出了他献给妻子的礼物，竟是一把精致的发梳。原来，丈夫为给妻子买礼物把自己的表卖了。这时，他们紧紧地拥抱在一起，彼此的爱成为这圣诞之夜惟一的却是最珍贵的礼物。这对夫妻献给对方的礼物，在此不仅升华了他们之间的爱，使他们得到了最大的精神满足；而且更激发了他们战胜困难，追求幸福生活的决心和意志。

1. 馈赠

馈赠作为社交活动的重要手段之一，受到古今中外人士的普遍肯定。馈赠作为一种非语言的重要交际方式，是以物的形式表现，以物表情，礼载于物，起到寄情言意的"无声胜有声"的作用。得体的馈赠恰似无声的使者，给交际活动锦上添花，给人们之间的感情和友谊注入新的活力。

当然，我们在交往中，必须认真研究赠送对象的情趣，选择恰当的礼品，才能真诚地传递情感。

2. 馈赠六要素

送给谁（Who）

为什么送（Why）

如何送（How）

送什么（What）

何时送（When）

在什么场合送（Where）

Who　不论礼物送给谁，都要了解对方的兴趣爱好，要尽可能从对方的立场出发去精心挑选和制作礼物。礼物是传达你心情的最好物品，所以一定要慎重对待。不同的国家、地区，有不同的文化取向，对礼物都有独特标准。在交往中，彼此都希望向对方传递自己的文化。比如在中国习惯把景泰蓝、古玩仿真之类作为礼品赠送给客人。而日本、东南亚国家也习惯将反映自己民族特色的礼品赠送给中国客人，如日本的彩扎人形、缅甸的红宝石、朝鲜刺绣、柬埔寨石刻等。毛泽东主席喜欢向客人赠书，赫鲁晓夫喜欢送"铜山姑娘"。

Why　为什么要送礼物。《礼记·曲礼》上说："礼尚往来，往而不来，非礼也，来而不往，亦非礼也。"在"礼"的内涵中，除了有表示尊敬的态度、言语、动作、仪式外，还有一个重要的含义，就是礼物。从礼以物的形式出现的那时起，物就从礼的精神内核中蜕化出来，成为人与人之间有"礼"的外在表现形式。发展到现代社会，"礼"的目的可以说是多样化的，可以巩固和维系人际关系为目的，可以酬谢为目的，可以交际为目的，也可以公关为目的。不论是哪种目的，送礼都是为了建立并维持一种良好的社交关系，是一种感情联络的方式。另外，礼品馈赠还可以在双方心目中产生共鸣，"麦当劳叔叔"会经常给小朋友们赠生日礼物，实际上是让小朋友和麦当劳产生共鸣，做麦当劳的忠实客户。

How 一般来说，馈赠有三种方式：当面赠送、邮寄赠送和托人赠送。

当面赠送是最为常见的一种赠送方式。既可以达到送礼的目的，也可以在赠送时表情达意；邮寄赠送，一般要在礼品中附上一份礼笺，以此说明送礼的缘由；托人赠送，当然是为了解决送礼时可能会有的一些尴尬或者拘谨，所以由一位中间人出面帮助送礼。同样必须在礼物中附上一份礼笺，也要由中间人说明不能当面送礼的原因。送礼时也有一些细节必须要注意，如双手递送礼品，面带微笑目视对方，态度一定要诚恳热情。

特别提醒："礼笺妙用"——

礼笺是指礼品上的留言，大都应当表达祝贺之意。中国是个重视文化传统的国家，礼笺用词要求文雅而富诗意，如为老人祝寿可写"身边带着童年，生命之树常青"，为朋友庆婚可写"最美的浪漫存在于婚姻之中，最好的爱情故事产生于婚礼之后"，祝贺同学留洋可写"愿你在今后的岁月能够实现你的一切理想"。现代青年讲时尚、求浪漫，礼笺也可带点儿其他的祝贺，还可以写诸如"执着地爱""献上心香一瓣""春天永远陪伴您"之类祝辞。甚至时下流行的一些短信息贺语也可以成为很好的礼笺。比如："新的 1 年开始，愿好事接 2 连 3，心情 4 季如春，生活 5 颜 6 色，7 彩缤纷，偶尔 8 点小财，一切烦恼抛到 9 霄云外，请接受我 10 全 10 美的祝福。"

What 送"什么"是我们必须考虑的问题。

中国广泛流传"千里送鹅毛"的故事，被标榜为礼轻情意重的楷模和学习典范。"折柳相送"也常为文人津津乐道，因为柳的寓意有三：一为是借用谐音，表示挽"留"；二因柳枝在风中飘动的样子如人惜别的心绪；三为祝愿友人如柳能随遇而安。在这里，如果仅就这些礼物本身的物质价值而言，的确是很轻的，对于受礼人来说甚至是微乎其微的，然而它所寄寓的情意则是浓重的。因此，我们提倡"君子之交淡如水"，提倡"礼轻情意重"。

When 实际就是一个馈赠时机选择的问题。对于我国来说，传统节日一般都是馈赠的好时机，比如中秋、春节、端午节等传统节日，现代节日如元旦、国庆节、教师节，还有送别、看望病人、开业庆典等。在国外有圣诞节、情人节等各种节日。

鲜花是很好的馈赠物，你知道应该怎样来选择鲜花吗？
想一想你最喜欢的鲜花。你都知道它们不同的寓意吗？

"花语花意"

要把握花艺的真谛，首先要了解花语花意，才能使花卉展明月之精华，汇天地之灵逸，有自在自得之美。

我国传统文化中花的寓意更是多种多样：

奉献桃子是祝老人长寿，赠石榴是愿新婚夫妇多子，至于松、柏、竹、菊、莲等，皆依其个性而各有明确固定的含义。

热恋中的男女，一般送玫瑰花、百合花或桂花。这些花美丽、雅洁、芳香，是爱情的信物和象征。

祝贺新婚，宜用玫瑰、百合、郁金香、香雪兰、非洲菊等。至于新娘捧花，适当加入几枝满天星，将会更加华丽脱俗。

夫妻之间可互赠合欢花。合欢花的叶长，两两相对，晚上合抱在一起，象征着"夫妻永远恩爱"。

送给自己的爱人，可以用月季、玫瑰、蔷薇、海棠、水仙、碧桃、桃花、茶花表示真诚相爱；茉莉、玳玳、含笑、白兰花、晚香玉、栀子花表示香花传情及思念；蓝色的桔梗表示甜蜜的爱。

对爱情受挫折的人宜送秋海棠，因为秋海棠又名相思红，寓意苦恋，以示安慰。

节日期间看望亲朋，宜送吉祥草，象征"幸福吉祥"。

给友人祝贺生日宜送月季和石榴花，这两种花象征着"火红年华，前程似锦"。

朋友远行，宜送芍药，因为芍药不仅花朵鲜艳，且含有难舍难分之意。在送别时，可用垂柳枝、杜鹃、芍药等表示依依惜别。

给病人送花有很多禁忌。探望病人时不要送整盆的花，以免病人误会为久病成根；香味很浓的花对手术病人不利，易引起咳嗽；颜色太浓艳的花，会刺激病人的神经，激发烦躁情绪；山茶花容易落蕾，被认为不吉利。看望病人宜送兰花、水仙、马蹄莲、海棠、含笑等，或选用病人平时喜欢的品种，有利病人怡情养性，早日康复。在看望病人时，我国常用红色的花祝愿病人早日康复，在欧洲忌用浓香植物，日本则忌山茶、仙客来。

拜访德高望重的老者，宜送兰花，因为兰花品质高洁，又有"花中君子"之美称。送给老人常用菊花、兰花、牡丹、梅、枫、橘表示敬老，祝老人多福，在老人生日时，可以送桃、万年青表示长寿，也可用寿星桃、虎刺、枸杞、吉庆果、五针松等制作盆景送与老人。

值得注意的是在传统民俗中，赠送鲜花还与数字有密切的关系。如蜜月、婚礼、生日送花十枝，十表示足数，美满幸福；送老者宜用九枝，为阳数，表示天长地久；新居入住，公司、新店开张宜送八枝，表示开张大吉，新居新发；为弟辈送花，宜用六枝，表示六合同春；送夫妻、爱人宜用二枝，表示成双成对，喜结良缘；而三、五、七少用，四忌用。

课后延伸：

模拟一次到医院探望病人的过程，想想你要送他什么礼物。

（二）宴会礼仪

现代社会人们的交际面不断扩大，交往方式也越来越多样化，东西方人民之间的交往愈益频繁，而宴请活动是一种联络感情、增进友谊的方式，因此，了解餐桌上的文化和相关礼仪也是十分必要的。尤其是我国的饮食文化更需要细细品味。中国的菜肴享誉世界的，不论是满汉全席，还是八大菜系，都有丰富的文化内涵。

1. 餐桌礼仪

桌次的顺序

如果宴会在两桌，或两桌以上时，则必须定其大小。其定位的原则，以面对饭厅或礼堂的门为正位，右旁为大，左旁为小；如排有三桌，则以中间为大，右次之，左为小。

提示：可以用画图的方式来表示：几张桌子同时出现时，标明主桌的位置。

席次的安排

安排客人的席次必须注意下列原则：

以右为尊，左为卑。如席设两桌，男女主人分开主持，则以右桌为大。宾客席次的安排亦然。

职位或地位高者为尊，高者上席，依职位高低，即官阶高低定位，不能逾越。

职位或地位相同，则必须依官职传统习惯定位。

赴宴宾客有政府官员、社会团体领袖及社会贤达参加的场合，则依政府官员、社会团体领袖、社会贤达为序。

座位的末座，不能安排女宾。

以上是席次安排的原则。

国内所通行的宴会座次排列方法

居中为上，以右为上，临台为上。

在排列每张桌子上的具体位次时，主要有"面门为主""右高左低""各桌同向"等三个基本的礼仪惯例。

所谓"面门为主"，是指在每张餐桌，以面对宴会厅正门的正中座位为主位，通常应请主人在此就座。

所谓"右高左低"，是指在每张餐桌，除主位之外，其余座位位次的高低应以面对宴会厅正门时为准，右侧的位次高于左侧的位次。

所谓"各桌同向"则是指在举行大型宴会时，其他各桌的主陪之位均应与主桌主位保持同一方向。

在排定宴会的座次之后，应及时采用一切行之有效的方法向全体应邀赴宴者通告，通告宴会的座次有下列四种常规方法：

在请柬上注明每一位赴宴者所在的桌次；

在宴会厅入口附近悬挂宴会桌次示意图；

在现场安排引位员，负责来宾，尤其是贵宾的引导；

在每张餐桌上放置桌次牌以及每一位用餐者的姓名卡，以便大家"对号入座"。

2. 食具礼仪

世界上主要存在三种就餐方式：一是用筷子就餐，二是用刀叉就餐，三是用右手直接就餐。食具的使用也是我们应该基本掌握的知识。

筷子就餐

"混餐式"就餐方式。它也叫"合餐式"就餐方式。

"分餐式"就餐方式。人们 亦称之为"中餐西吃"。

"自助式"就餐方式。通常也叫自助餐。

"公筷式"就餐方式。

中国人习惯用筷子吃饭，筷子一般用右手执拿。

河南郸城民间对吃饭用筷有八忌：一忌舔筷；二忌迷筷，拿不定主意，手握筷子在餐桌上乱游寻；三忌移筷，刚吃过一个菜接着又吃另一个菜，中间不停顿，不配饭；四忌粘筷，用粘了饭的筷子去夹菜；五忌插筷，把筷子插在饭菜上；六忌跨菜，别人夹菜时，跨过去夹另一菜；七忌掏菜，用筷子在菜中间扒弄着吃；八忌剔筷，用筷子剔牙。这些禁忌大都是与卫生、谦让、礼貌有关。虽然这些习俗是河南某地的规约，但是对中国大多数地方也适用。

刀叉用餐

西餐宴席使用的餐具主要是刀、叉、匙。刀叉是主要进食的餐具。刮牛油用牛油刀，吃鱼用鱼刀，吃牛排用牛排刀，吃水果用较小的水果刀。叉也有大小，一般吃肉的叉子较大，吃海鲜的较小一些，吃水果和沙拉的叉子最小。匙是喝汤时使用，调咖啡用咖啡匙，吃布丁及冰激凌用更小一些的甜点用匙。

使用提示：

刀、叉——左手持叉，右手握刀。左手用叉按住食物，右手食指按在刀背上，用刀将食物切成小块。左右配合，用力要轻、稳。不发出刀、叉、盘、碟相互碰击的声音。食物应该是切一块吃一块，每块不宜过大，缓缓送入口。切忌用刀子进食。

汤匙——甜点可用小匙或叉，冰激凌用小匙，所有匙、叉和刀用完以后要放在盘碟上，不可置于碗内。

使用顺序：

按上菜的顺序由外至内取用，吃一道，用一副刀叉，用毕，刀叉并排放在盘子中央，刀右叉左，叉面向上。汤匙把向自己，表示用餐完毕。服务员见到就会将餐具撤走。将汤匙斜放，刀和叉交叉摆放或摆成八字，表示还没有吃完。

餐桌上餐具摆放的样式：餐盘放在就餐者的正面，其余餐具分别置于餐盘的右侧、左侧、上方和右上方。餐盘的右侧由外向里，分别放置清汤匙、鱼刀、猪牛排刀；餐桌的左侧由外向里，分别放置盐和胡椒瓶及烟灰缸、甜点匙、甜点叉。餐桌的右上方放置水杯、红酒杯、白酒杯。

3. 上菜顺序

中餐上菜顺序应是：先上冷菜、饮料及酒，后上热菜，然后上主食，最后上甜食点和水果。宴会上桌数很多时，各桌的每一道菜应同时上。上菜的方式大体上有以下几种：一是把大盘菜端上，由各人自取；二是由侍者托着菜盘逐一给每位分让；三是用小碟盛放，每人一份。

西餐上菜程序通常是：面包黄油→冷菜→汤斗海鲜→主菜→甜点心→咖啡和水果。冷菜、汤同时就着面包吃。冷菜也叫开胃小菜，作为第一道菜，一般与开胃酒并用。汤分渍汤和奶油浓汤。主菜有鱼、猪肉、牛肉、鸡等。甜食常有冰激凌、布丁等。然后是咖啡或红茶。至于水果，可上可不上。

4．饮用礼仪

中餐喝酒礼仪

中国人的好客，在酒席上发挥得淋漓尽致。人与人的感情交流往往在敬酒时得到升华。中国人敬酒时有些规定，一般都是主人和主要人物先提杯，其他的人才跟杯。每次喝多少也要看具体情况而定。

特别提醒：有趣的敬酒方式

藏族好客，常用青稞酒招待客人，先在酒杯中倒满酒，端到客人面前，这时，客人要用双手接过酒杯，然后一手拿杯，另一手的中指和拇指伸进杯子，轻蘸一下，朝天一弹，意思是敬天神，接下来，再来第二下、第三下，分别敬地、敬佛。这种传统习惯是提醒人们青稞酒的来历与天、地、佛的慷慨恩赐分不开，故在享用酒之前，要先敬神灵。在喝酒时，藏族人民的约定风俗是：先喝一口，主人马上斟满杯子；再喝第二口，再斟满；接着喝第三口，然后再斟满，客人就得把满杯酒一口喝干了。这样做，主人才觉得客人看得起他，客人喝得越多，主人就越高兴。

壮族人敬客人的交杯酒并不用杯，而是用白瓷汤匙两人从酒碗中各舀一匙，相互交饮。主人这时还会唱起敬酒歌："锡壶装酒白连连，酒到面前你莫嫌，我有真心敬贵客，敬你好比敬神仙。锡壶装酒白瓷杯，酒到面前你莫推，酒虽不好人情酿，你是神仙饮半杯。"

西北裕固族待客敬酒时，都是敬双杯。主人不论客人多少，只拿出两只酒杯，在场的主人轮番给客人敬双杯。

西餐喝咖啡礼仪

西餐餐后习惯饮用咖啡，一般用袖珍型杯子端出，正确拿杯子的方法应该是拇指和食指捏住杯把儿再将杯子端起。

给咖啡加糖时，砂糖可以用咖啡匙直接加入杯子内；方糖可以先用糖夹子夹在咖啡碟的近身一侧，再用咖啡匙把方糖放在杯子里。

咖啡匙是专门用来搅动咖啡的，饮用时应该把它取出来。

刚刚煮好的咖啡可能会太热，可以用咖啡匙在杯子中轻轻搅动使之冷却，如果用嘴巴去吹凉咖啡是很不礼貌的事情。

喝咖啡时可以吃一些点心，但是不要一手端着咖啡杯，一手拿着点心，吃一口喝一口，这也是不礼貌的事情。

课后延伸：

让你举办一次宴请活动，你应该如何准备？

（三）舞会礼仪

舞会是一种富有特色也是一种最普遍的社交活动，人们在优雅的音乐中能促进相互之间的交往并增进友谊。参加舞会，不仅可以广交朋友和沟通信息，而且可以陶冶性情，提高自身的修养和塑造个人形象。常见的有联谊舞会、新年舞会、纪念日舞会、生日舞会、家庭舞会和婚礼舞会等形式。对于一个现代人而言，掌握基本的跳舞常识是非常必要的，更是每个现代社交人员的一种基本素质。在舞会上，必须注意遵守种种礼仪。

1. 舞会礼仪

进舞厅时，应女子在前，男子在后，不要双双挽臂而行。

在舞场上，男子可以要求女子伴舞，但女子不能主动邀请男子伴舞。男子邀请已婚女子跳舞时，应先请求其丈夫，得到许可后再与之跳舞。在跳舞进行中，允许插入换舞伴，但绝不能两个男子或两个女子共舞。

当女子不愿和某男子跳舞时，可以有礼貌地找个借口推辞，男子不可勉强。

当然这样的拒绝切不可恶语相加，你可以采取巧妙的回答，既不失礼，也达到回绝的目的。

舞厅提供饮食时，男子应陪同女伴进餐，并负责照顾。

男宾应主动邀请女主人或主人的女儿跳舞，以表敬意。

当女伴打算回家时。男舞伴应立即允诺，并略略送行。如果男子先行，则应向女舞伴说明理由，请求原谅。

离开舞厅不一定惊动主人，可以不辞而行。但如主人在附近，就应向其表示感谢，然后告别。

参加舞会后的一周之内，应给主人打电话或写信表示谢意。

在一个周末的舞会上，一位妙龄少女不仅相貌出众，而且舞姿优美，令很多男士为之倾倒。其中有一位男士对其纠缠不清，频繁与这位女士搭讪。

男：我好像在什么地方见过您，您贵姓？

女：我姓我父亲的姓。

男：那么，您父亲姓什么呢？

女：当然姓我祖父的姓了。

男：您做什么工作的？

女：为社会做事情。

男：您的家在哪里呢？

女：地球上。

男：您的家里有哪些人呢？

女：和我家的自行车一样多。

男：那么，您家里有几辆自行车呢？

女：每人一辆。

这位男士的行为在舞会中较常见，它不符合舞会礼仪。

2. 舞会着装

参加舞会的女士和男士都应稍加修饰，这不仅是尊重自己，也是尊重他人，事实上，我们很难想象蓬头垢面的人会受到欢迎。在着装方面的原则应是整洁和得体。

正式舞会，男士和女士应穿着礼服；迪斯科舞会，穿着可以随意；化装舞会，则可以根据自己的喜好选择不同的着装，如贵族装、盛装、小丑装等。

3. 邀请舞伴

如果你初次参加舞会，你可以按照下面的方式邀请舞伴：

男士可以走到女士面前，目光温和地注视着她，微微欠一欠身，礼貌地问她："我可以请你跳舞吗？"当听到女士说"可以"的时候，男士则试探性地伸出右手，如果女士并没有马上把手递给他，他可以顺势说一声"请"，然后让女士走在前面，由她在舞场中选一个地方，再带着她跳舞。一曲终了，男士应把女士送回原来的座位，向她表示感谢或称赞她舞跳得真好。

如果女士不愿意和某位邀请者跳舞，或不熟悉某种舞步而不想出丑，或确实想休息一会儿，她可以借一些理由推托，

如："对不起，我觉得有些累，想坐一会儿"，"谢谢，不过我的朋友正在找我，我只好失陪了"。女士面对男士的邀请，千万别不声不响，无论是出于腼腆还是出于傲慢，男士都会觉得尴尬。女士婉转拒绝某位男士的邀请后，一曲未终，不要和别的男士共舞。

课后延伸：

根据舞会的礼仪要求，模拟组织举办舞会时全过程中需要注意的礼节。

（四）参观礼仪

你曾经参与过某个参观活动吗？在参观活动中是否任何事情都可以随心所欲呢？你知道参观活动中也有很多礼节应该遵守吗？

参观活动是一种基本的社交活动，也是一种典型的公共场合活动。在参观活动中，每个人的行为举止可能都关乎到一个团体的整体形象，同时也是一个人修养素质高低的体现。因此，在参观活动中有一些基本的要求和准则。比如：按照时间规定准时到达；参观时不可任意拍照；不可喧哗、抽烟，不吃零食、吐痰或是妨碍他人观赏。如果是观看表演，应该适当给演员以掌声。如果是看展览，不可随意触摸展品，更不可顺手牵羊带走展品。

课后延伸：

你认为在参观活动中哪些活动是不符合礼仪要求的，列举出你遇到的 10 种情况。

第五章　修饰礼仪

质胜文则野，
　文胜质则史。
　　文质彬彬，
　　　然后君子。

礼仪是通过人的个体行为，借助人际交往与沟通实现的。在这一过程中，个人的外在形象，包括色彩的选择、服饰的搭配、面部妆容的和谐，都成为礼仪的重要部分，在整个人际交流活动中起着画龙点睛的作用。

第一节　感受色彩

生活离不开色彩。色彩是一种光色现象，是人类交流的共同语言。对色彩的感受不仅来自视觉，更多来自我们的心灵。

在漫长的历史发展进程中，人们对色彩的接收和理解从最初的不知到知之，从直接的感觉到赋予色彩以内涵，使之具有某种稳定的蕴意。今天，在人际交往中，在不同的场合及活动中，色彩已承载着不同的礼仪内容。

一、色彩——人类交流的共同语言

当原始人在与野兽的搏斗中，在熊熊燃烧的火光中，第一次感受到生命存在的意义时，色彩就与人类具有了密不可分的联系，它不受时间、空间限制，跨越语言、种族、文化障碍，具有了特殊的文化含义，成为人类交流的共同语言。

（一）绚丽色彩

行色匆匆、穿梭如织的人流摩肩接踵，红、黄、蓝、绿、白、青……身着不同色彩的行人从眼前闪过，使你真切地感受到生活的多姿多彩。

车缓缓行驶着，除了路口的红绿灯，车外的一切都可以过目即忘。

夜晚的都市，华灯初上，变幻的霓虹灯，使城市别具韵味。

从某种意义上说，世界、自然、社会、人生，都是由色彩构成的，有了丰富的色彩，也就有了绚丽多姿的人生。

每天，我们都参与到色彩的活动中，触摸色彩，感受色彩，应用色彩，与色彩进行着对话，借助色彩传递着喜怒哀乐。

1．色彩是一种光色现象

色彩是各种不同性质的物体对光的折射、反射或透射程度不同而在视觉上呈现出来的复杂多样的光色现象。

雨后初霁，一道靓丽的彩虹出现在天空，由于空气对太阳光的吸收和反射程度不同，我们的眼睛看到了赤橙黄绿青蓝紫色，绚烂动人，这就是彩虹的色彩。

1666年，牛顿利用三棱镜折射，第一次将太阳光分解为赤橙黄绿青蓝紫七色光带，揭开了色彩的物理本质，而这七种色彩，也就成了色彩中的七色。

2．色彩三要素

色彩三要素指色彩构成中的色相、明度和纯度，反映了色彩的基本面貌，是我们通过眼睛得到的视觉感觉。

色相是色彩本身的固有颜色，是色彩的特点，以区别红色、黄色、蓝色等不同色彩。色相名，就是色彩的名称，也就是我们通常说的红、黄、蓝、绿等。

明度是颜色的明亮程度。色彩的明度是由光的不同反射造成的。反射光多，明度就高，无彩色的白色明度高，有彩色的黄色最明亮；吸收光多，明度就低，无彩色的黑色明度低，有彩色的蓝紫色最暗。

纯度是色的强弱程度。色的强度高，纯度就高，色彩的饱和度也高；纯色是纯度最高的色彩，赤橙黄绿青蓝紫等色的纯度较高，单纯、强烈、富于个性。色的强度低、弱，纯度就低，色彩的饱和度也低；低纯度色是在高纯度色相中加黑、白、灰或互补色之间相互交融得到的，平和、暗淡。

3．色彩的种类

色彩分为有彩色和无彩色两类。

有彩色是以赤橙黄绿青蓝紫七色为基本色，各种色彩相混产生的各种彩色。

有彩色组合中，色块间的色相、纯度、冷暖等关系错综复杂，表现为明暗、深浅、清浊、强弱、冷暖、进退、轻重等对比，色彩既有同一色相、纯度、明度之间的关系，又有不同色相、纯度、明度以及相邻色相、纯度、明度之间的复杂关系。

无彩色是与有彩色相对的色彩，即黑色、白色、黑白相混形成的各种深浅不同的灰色。

无彩色因为没有彩色之间借以进行区别的色相特点、纯度特点和冷暖特点而成为中性的、静止的色彩。无彩色组合使色块间的对比成为单纯的明暗对比，色彩关系成为清晰简明的层次关系。

4．色调与色系

色调是色彩的性质，指色彩外观的重要特征和基本倾向。色调是由色相、明度、纯度中的某种起主导作用的因素决定的。

以色相，也就是色彩本身的固有颜色为标准，可分为红色调、黄色调、蓝色调；以明度，也就是色彩的明亮程度为标准，可划分为明色调、灰色调、暗色调；以纯度，也就是色彩的强弱程度为标准，可划分为鲜色调、清色调、浊色调；以明度和纯度结合，也就是以色彩的明亮和强弱程度为标准，可划分为淡色调、浅色调、中间色调、深色调、暗色调。

有了色调的划分，我们就能将数千种色彩区别开来。

色系是根据色彩的基底色不同对色彩进行的划分。常见的色彩可以分为暖色、冷色、中性色三个色系。

暖色系是以红色为基底色的色彩，如红色、黄色、金色、橙色、棕色等，给人以暖的感觉；冷色系是以蓝色、绿色为基底色的色彩，包括蓝色、绿色、紫色等，给人以冷的感觉；中性色系是指无基底色的色彩，主要有黑色、白色、各种深浅不同的灰色等。

学会认识和划分色系，我们就可以将其运用到交际活动中，在对服饰色彩的选择和搭配时，在进行化妆时，才可以做到色彩协调，保持整体形象的和谐。

闭上眼睛，你想到的色彩是什么？把它描述出来。

_____

_____

_____

_____

_____

_____

_____

_____

5．编码色彩

游走在自然山水之间，小草青青、百花争艳、蓝天碧海、金色麦浪、红土高原……让人目不暇接，心旷神怡。

我们不仅通过眼睛来观看和区分色彩，更重要的是，我们通过心灵来感受色彩，接受和传递色彩的不同蕴意。

6．色彩是人类视觉语言中最重要的因素

观赏壮美的河山，倾听小鸟的歌唱，呼吸花朵的芳香，品味

美酒佳肴，举手之间，触到了玫瑰花的刺，感受到气温高低的变化……

通过各种感觉器官认知周围的世界，视觉、听觉、嗅觉、味觉、触觉是我们获取外界信息的主要途径。

人们在研究中发现，我们获取的信息来源于人的各种感官，其中视觉信息占 83%，听觉信息占 11%，嗅觉信息占 3.5%，触觉信息占 1.5%，味觉信息占 1%。①

在各种感官信息中，来自视觉的信息最多，也最重要。

从某种意义上说，视觉信息就是视觉语言。色彩、形状、空间、大小、文字、图片等，都是人类的视觉语言。

形状、大小、空间等视觉语言，为人类建构了维度空间的概念，使人将自己与外部对象世界相区别。文字、图片等视觉语言，表达了最丰富的人类情感，但这种表述只有在消除了语言与文化的障碍后，才能实现人类的沟通与交流。

作为视觉语言的色彩，经过长期的历史积淀，在与各民族文化相融合表现出民族特征的同时，也表现了共同性的特征，既体现了外部世界的丰富性，也体现了人类情感的丰富性，同时突出体现了其交流与沟通的无障碍性，实现人类心灵的沟通与交流。

红橙黄绿青蓝紫，七色构成的色彩世界，是人类交流的开始。

原始社会，人类对生命的感知，是从红色的鲜血和火焰开始的。那时，人们第一次感受到生命存在的价值和意义，也体会到生存和发展的艰辛。以后，色彩成为人类发展中一个重要的部分。

出生后的婴儿，对世界的感知也是从色彩开始的。在黑与白

---

① ［德］哈拉尔德·布拉尔姆著，陈兆译《色彩的魔力》第 185 页，安徽人民出版社，2003 年版。

的交替和刺激中，婴儿的视觉发育、成长，丰富多彩的色彩世界，吸引了他们的视线。成人常常对幼小的孩子专注于电视、特别是广告画面感到惊异，想当然地以为自己的孩子具有超强的理解力，实际上，孩子是为电视和广告画面中闪烁变换的色彩所吸引。

夏天，最兴奋和快乐的总是女孩子们。她们用最灿烂、最妩媚、最迷人、最动人心魄的色彩装扮着自己，在这绚丽多姿的色彩中，世界充满了活力与生机。

因此，在人类传达信息的视觉语言中，色彩成为最重要的因素。

7. 色彩是人类交流的共同语言

人字的结构是相互支撑，人的世界就是交流与沟通的世界。

不同的语言文字，造成交往的困难；不同的风俗习惯，产生沟通的障碍；不同的民族文化，形成交流的偏见……

而消除障碍与偏见，建立人际沟通的传通系统的，就是富于创造力、表现力和生命力的色彩。画家用色彩描绘的世界，跨越国度，没有民族与地域的区别，表现了人类的共同追求与理想。

在漫漫的历史长河中，红、黄、蓝、绿、橙、紫、棕、黑、白……在生活中是运用最多、最广的色彩，它们给人以不同的联想和感受，传递和表达着丰富的情感。

二、色彩——体现了人类的心灵感受

色彩，是我们通过眼睛看到的一种光色现象，但它又不仅仅只作用于我们的视觉。从原始人最早的感知开始，色彩就被赋予了不同的文化内涵，表达了人类的不同情感，也体现了不同的礼仪意义。

（一）感受色彩

教堂里，一对新人正在举行婚礼。新娘身披白色婚纱，手捧鲜花，挽着新郎的手；新郎身穿黑色礼服，紧紧握着他的新娘的手。这是最常见的西方人的婚礼。

餐厅门口，身着白色婚纱的新娘和穿着黑色礼服的新郎在迎候着亲友们的到来。客人们一一就座后，一身红色旗袍的新娘与新郎一起来向客人们敬酒……

今天，人们在保留传统婚礼习俗和喜庆色彩的同时，也将西方人的喜庆色彩带到了中国人的婚礼上，这是东西方文化融合的结果。

1. 色彩是人的情感的体现

色彩尽管在不同的民族和地域具有其独特的内涵，但其所具有的跨越时间、空间的共同性特征也最为突出。

我们来看看生活中最常见的色彩所承载的共同内容。

红色是最古老的色彩，黑格尔说它是"最具象的颜色"。说到色彩，人们最容易想到的就是红色。红色是生命、爱情与权力的象征，以其醒目、刺激的特点，成为以交通标志牌为代表的几乎所有禁止牌的专用色。

橙色是红色与黄色的混合，既有红色的醒人眼目，又有黄色的明亮耀眼，充满阳光，不受约束，开朗、大方、温暖、安全、成熟、欢乐和感情真挚，特别受青年人的喜爱。

黄色是最明亮、最耀眼的色彩，是温暖、舒适、财富、收获的象征。黄色在中国古代是皇家的专用色，是一种地位与等级的象征。现代人也用黄色的丝带或手帕表示平安。黄色具有强烈的穿透力，因此，黄色灯光也成为雾雨天气车辆行驶时互为警示的标志。

绿色是春天的色彩，象征希望、活力、青春、正直、稳定，让人赏心悦目。在无边无际的洪水中经历了太长时间的漂流，所以当飞来的鸽子衔来绿色的橄榄枝时，诺亚知道和平、宁静的生活到来了。有绿色，就有希望。

蓝色表现了宁静、完整、清凉、亲密与忠诚。满山的蓝色勿忘我小花，看似普通、不起眼，却蕴涵着深刻的意义，是忠诚的最形象写照。"蓝色海洋文明"是产生于古希腊的西方文明，是包容、开放、发展的象征。"蓝领"是结实、耐磨、耐脏的衣服，代指体力劳动者的阶层；来自美国西部风靡全球的牛仔裤的牛仔蓝，消除了人与人之间的各种界限，将不同年龄、不同性别、不同民族、不同社会职业的人融为一体。

紫色是红色和蓝色的混合，是最特别的色彩，神秘、朦胧、柔弱、寂寞、忧郁、哀痛、高贵，捉摸不定，充满魔法与魅力。在古典小说中，穿紫色衣服的人常常是忧郁、孤傲的贵妇。紫色薰衣草代表了浪漫、美好但不为世俗所接受的爱情。

棕色是红色和黑色的混合，是脚下土地的颜色，坚实、稳固、结实、安全、温暖、浓郁，充满力量。人们常常把棕色的土地看做我们的母亲，因为它给我们以温暖和力量。

黑色是所有元素颜色的综合，象征着高雅、悲伤、沉稳、坚定、超脱、与众不同，也表现了对生命的否定。西方人的丧服是黑色的，以表达深沉、肃穆的哀伤之情。黑色也具有深不可测、隐秘、阴谋的象征意义。

白色是所有光的综合，象征纯洁、无限、自由与解脱。走上婚礼殿堂的新娘，都要穿上飘曳的白色纱裙，迎接这神圣的时刻。战场上打出的白旗是全世界都懂的语言——投降。"白领"指城市中工作在高楼大厦，以脑力劳动为主，收入丰厚，既努力工作、又快乐享受的高级打工一族。

……

色彩的丰富的意义，也会因为时间、地点、心境的不同而不完全相同。有多少色彩，就有多少对色彩的感受。

你最喜欢的色彩是什么？你是如何感受它的？

_____

_____

_____

_____

_____

_____

_____

2. 色彩在情境构成中具有重要作用

自然和社会环境，只有加入了人的因素，才变得丰富多彩，富有朝气。当人的心理因素、心理感受融入周围的环境后，就产生了情境。

色彩在情境的构成中起到了重要作用。

你可以做这样一个实验：

将煮好的同一种咖啡倒入不同色彩的杯子中，分别端到客厅里让同一个朋友品尝，他对咖啡却作出了不同的评价：蓝色杯子的咖啡温和，灰色杯子的咖啡太浓，红色杯子的咖啡味道浓烈、香气淳厚。

之所以产生不同的认识，在于色彩带给人不同的感受。

在中国人的茶道中，淡绿、稠黄、暗红、薰黑，不同色彩的茶汤借助不同形状、不同色彩、不同质地的茶杯，表现出人们对生活的不同感受与体味。电影《绿茶》里，透明玻璃杯里上下飘浮、涡状旋转的绿茶在画面中多次出现，一幅青山绿水图跃入眼帘，体现了一种绿茶心情。

当我们与色彩面对面时，我们的生活、周围的环境，都发生了变化。

美国心理学家为了探测色彩与环境及人的工作状态之间的关系，进行了相关的测试研究。他们将重量 3 磅的物品放入不同色彩的包装中，让被测试者评估包装物的重量，结果每一种色彩评估出来的重量都不相同，黄色包装物重 3.5 磅，绿色的重 4.1 磅，蓝色的重 4.7 磅，红色的重 4.9 磅，而黑色的则评估为重 5.8 磅。

这一结果被人们成功地运用于工作环境中。使用橙黄色机器的工人，劳动效率明显地提高了；与搬运深色箱子相比，当包装箱漆成浅色时，搬运工人的牢骚显著减少，疲劳度也大大降低了。

不同色彩的环境中，人对冷热的感受也表现了极大的差异。在漆成蓝绿色的空间里，15℃时人们就感到了寒冷，而同样的感觉在橙色的房间里是2℃，冷热之间的悬殊竟达13℃。

利用色彩在情境中的作用，我们可以将个体的情感融入其中，表达出色彩丰富的内涵。

3. 色彩是各种场合和活动中礼仪的重要内容

在各种场合和活动中，色彩成为礼仪的重要内容之一。

在古代，色彩礼仪是地位与权势的标志。在中国古代，黄色是皇室的专用色，黄色锦袍上的花纹也有明确的规定，官员不能乱用，更不用说老百姓了。在古代西方，鲜艳的色彩只有贵族阶层才能享用，一般的平民只能使用灰暗的色彩。

今天，色彩不再是权力、地位和财富的标志，而在特定场合和活动中具有了某种象征意义。

红色、黑色和白色，是应用最多的礼仪色彩。

红色是喜庆的色彩。在开业庆典、剪彩仪式上，大幅标语、气球、彩带，几乎都离不开红色；结婚典礼、生日寿宴，主人要穿戴红色的服饰，客人们要送上"红包"；传统节日春节来临时，人们穿红衣，戴红帽，贴红联，挂红灯，喝红酒，一片节日气氛。

黑色是肃穆与庄重的色彩。婚礼上，新郎要穿黑色的礼服；出席重要会议，男士们也选择黑色的服饰。西方人的葬礼上，无论男女老少，都穿着黑色礼服，中国人在亲人去世时，手臂上戴黑纱，都表示了对逝去者的怀念和哀悼。

如果在参加葬礼和追悼会时身穿红色服饰，或是戴着黑纱去参加婚礼，都是极不礼貌的行为。

随着社会的发展和文化的融合，传统与现代、东方与西方的情感意义的结合赋予了色彩以新的礼仪内容。

在中国传统的色彩礼仪中，白色一直与哀痛联系在一起，去世人的后代披白麻，布置灵堂用黑白两色，表示对死者的哀思。随着西方文化的传播，西方婚礼中象征纯洁的白色婚纱，今天也成为中国人婚礼上新娘的必备服饰。

除了红、黑、白三种色彩，其他色彩在不同场合也具有特定的涵义。想一想有些什么？把它记下来。

(二) 魔力色彩

清晨，火红的太阳缓缓升起，白雾渐渐散去，小鸟粉色丝带般的歌声在林间回荡，呼吸着绿色的空气，金色的阳光温柔地抚摸着身体。华灯初上，五光十色的霓虹灯闪烁着，夜幕中的街市充满生机，餐桌上，绿的、黄的、橙的，各色食物散发出不同色彩的香气，让人垂涎欲滴，品尝着红色的葡萄酒，旋转的彩灯将人的脸映照得奇异斑斓……

太阳每天升起，我们的生活每天在继续，世界是色彩构成的，色彩不断，生活不断。

色彩充满魔力，人们对色彩的选择不仅与性格相关，而且与人的心境、修养及审美情趣相关。这也成为色彩礼仪中的重要内容。

1. 色彩与性格

性格是人类个体区别于他人的独特本质，是个体思想与情感的核心。在美国心理学家泰勒·哈特曼的研究中，他认为驱动性格发展的动机与色彩的象征意义十分吻合，并将人的性格分为红、黄、蓝、白四种色彩。(见泰勒·哈特曼《色彩密码》)

如同赤橙黄绿青蓝紫七色构成了世界的上千种色彩，尽管人的性格独具特色，各不相同，红、黄、蓝、白四种性格色彩，已完整地概括了人的性格的主要内涵，

红色象征权力。红色性格的人表现了对权力的渴望，争强好胜，勇往直前，坚定果断，具有强烈的独立意识和倾向。

黄色象征温暖与情趣。黄色性格的人热爱生命，享受生活，自我中心，纯真、好冲动，热力十足，乐观积极。

蓝色象征忠诚与亲密。蓝色性格的人诚实、体谅、忠心、恳切，注重情感，追求完美，富于自我牺牲精神，对友情忠贞不

渝。

白色象征纯洁与安宁。白色性格的人宽容、有耐心，沉默倔强，优柔寡断、缺乏雄心，胆怯、孤僻恐惧，不轻信别人，也不轻易表露自己的情感。

人们对色彩的选择表现出其性格的影响。

一般而言，红色性格和黄色性格的人，感情比较外露，喜欢红色、黄色、橙色、绿色等鲜艳、明快的色彩；蓝色性格和白色性格的人，感情比较含蓄、内敛，因而喜欢蓝色、紫色、白色、灰色等较柔和、舒淡的色彩。

想想看，你的性格色彩是什么？它与你喜欢的色彩有联系吗？

_____

_____

_____

_____

_____

_____

2. 色彩选择

人对色彩的选择是多样的，受到多种因素的影响。

色彩与心境

在日常生活中，心境不同，我们对色彩的选择不同，礼仪也会受到影响。

在事业成功、工作顺利、家庭幸福时，人们喜欢明亮鲜艳的色彩，这些色彩与我们愉快的心情相吻合；但是当事业处于低谷、个人感情遭遇挫折、人际关系紧张时，暗淡、低调的色彩会成为我们的首选。

色彩与审美

审美是人类的精神活动，在人类的艺术实践和日常生活中随处可见。

色彩是人的一种感受，是人的审美修养外化的表现，人的审美观不同，对色彩的选择就不同。

色彩与环境

人是社会的人，人的行为受到社会条件的制约，在不同环境下，人们对色彩的选择也不尽相同。

环境功能不同，色彩的选择不同。幼儿园是孩子们尽情游戏、快乐生活的地方，选择五颜六色的色彩搭配，有助于婴幼儿的智力发育与性格形成；学校教室是学习的环境，白墙、黑板、原木色或深绿色的桌椅，就成为其主要的色彩；办公室是人们工作的环境，式样简单的家具、质朴的色彩，就成为其最好选择。

环境性质不同，色彩的选择就不同。红色、黄色等鲜艳明媚的色彩，成为节日、喜庆环境的装点，无论是中国人的春节，还是西方人的圣诞节，人们都喜欢用红色来点缀自己的生活，让节日充满喜庆。肃穆、庄重的环境离不开黑色。

色彩与角色

在生活中，人们是以不同的角色出现的，角色不同，人们的色彩选择不同。

庆典剪彩仪式中，礼仪小姐的红色着装与整个气氛相协调。

黑色由于其沉稳、高雅、脱俗的特性，常常成为公司高层管理人员着装的首选色彩；结婚庆典中，新郎的礼服也选择黑色。

军绿色一直是军人着装的主选色彩，许多国家的军服都以此作为主导色彩。

色彩与时代

色彩不仅体现了人们的主观感受，而且也刻上了深深的时代烙印，色彩礼仪也充分地体现了这种特点。

在中国革命的发展中，红色一直是革命和进步的代名词，红军、红区、红旗，也成为具有革命意义的称谓。

"文革"时期，个性被压抑，色彩的选择也极为有限，军装的绿色、咔叽布的蓝色成为当时最具时代特征的色彩，因此当时的法国记者把勤劳的中国人称为"蓝蚂蚁"，那是一个色彩单一的世界。

改革开放以后，随着社会经济的发展，生活丰富多彩，色彩也变得复杂多样。走在城市的街道上，映入眼帘的是红橙黄绿青蓝紫各种色彩，这是一个色彩丰富的世界。

所以，我们在选择色彩时并非随心所欲，而是受到主客观因素的制约。因此，把握了色彩与心境、色彩与审美、色彩与环境、色彩与角色、色彩与时代等因素的关系，我们就能有目的地对色彩进行选择，把握相关的色彩礼仪。

色彩在生活中的应用很广，你作过这方面的尝试吗？有什么效果？

_____

_____

_____

_____

_____

_____

第二节　品味服饰

服饰是随着人类文明的发展而发展的。

服饰是一种物体语言符号，具有突出的时代特征，表现了人的审美要求，是流行时尚的标志，是自我形象的体现。

掌握服饰的着装技巧和原则，特别是掌握服饰的配色技巧和原则，有助于我们在人际交往中体现良好的服饰礼仪。

一、服饰——人际交往的物体语言符号

服饰产生之初，主要是以实用为目的，原始人以此抵御寒冷气候。随着人的自我意识的萌芽，服饰也具有遮羞的作用，这是最早的服饰礼仪。随着人类文明的发展，服饰具有了审美作用；作为人际交往中的物体语言符号，服饰也突出地体现了文化意义，承载着丰富的礼仪内容。

（一）解读服饰

1. 服饰的产生与发展

服饰包括服装和饰物，指人们穿着的服装和佩带的饰物。

最初的服饰出现于原始社会时期。对原始人来说，不断获取食物是维持其生存的重要条件，同时，抵御寒冷气候造成的伤害，也成为他们必须解决的难题。正是在这样恶劣的生活条件下，人类发现了火并学会了使用火，他们将食物加热煮熟后食用，也将各种野兽的皮毛用于身体的保暖，服饰御寒的实用性突出地表现出来。

那时，人的自我意识初步形成，出于男女之间的羞耻感，人们将树皮、树叶串连起来，像裙子一样缠绕着身体。由树皮和树叶做成的服饰就具有了遮羞的作用，这也可以说是最早的服饰礼仪。非洲一些部落中男子们围在腰间的兽皮、夏威夷民间舞蹈中的草裙，都是这种早期服饰的遗存。

几千年来，人们长期致力于纺织技术和印染技术的发展与改进，为人类服饰的发展奠定了基础。黄道婆改进纺织技术，织女巧手织出五彩锦绣，一直是中国人引以为骄傲的事。随着人类生产力的提高和染织技术的不断改善，人们学会对各种植物和动物原材料进行加工，制造出柔软、光滑、色彩多样的各种布料，丰富了人类的生活。

此后，随着社会的不断进步和发展，除了早期的实用性外，服饰的其他特性不断表现并发展起来。

在这一过程中，服饰也成为人们炫耀自我、吸引他人关注的重要手段。各种色彩、不同质料、不同风格的服饰，成为生活中靓丽的风景。一年一度的流行时装款式发布，成为人们追逐时尚与潮流的风向标。

今天，实用性已成为服饰的天然属性，表现自我、张扬个性、吸引异性、体现流行与时尚，成为服饰的重要特征，服饰满足了人们的高层次需要，如人的成就感及审美等方面的需要。

服饰起源的说法很多，如羞耻说、防御说、性吸引说等等。分析一下，你认为哪种观点更符合实际？这些说法与服饰礼仪有什么关系？

_____

_____

_____

_____

_____

_____

_____

2. 服饰是一种物体语言符号

如果说人类对自然的感受主要是来自于色彩、形状及空间，那么，人类对自我的感受就是通过服饰得到的。

研究发现，在人类进行的交流中，1/3是由语言符号完成的，其余2/3是借助非语言符号实现的，如手势、动作、音符、表情、服饰等。

服饰是引人注意的非语言暗示，是一种物体语言符号，是人与人之间交流沟通的、不需借助语言文字就能完整表述意义的中介，它通过色彩、款式及其组合，由人的视觉感知得到。

在非语言符号中，服饰虽不像手势、动作和表情，直接表露嬉笑怒骂，喜怒形于色，但其跳动的色块、变化的组合，表现了人丰富的内心世界，生动地传递出各种信息。

服饰传递着四季的信息。五颜六色的轻巧服饰，表现了春的信息；夏天是女孩子们最喜欢的季节，她们裸露着双腿，穿着吊带短裙，把自己的美丽尽情地展示出来；当寒冷的冬天到来时，厚重的皮装、蓬松的羽绒服、长及小腿的大衣，也体现了与冬季相一致的步伐。

服饰传递着角色信息。西装革履常常与绅士风度联系在一起，毛皮服饰是高贵与地位的象征，名牌服饰也成了高收入阶层的代言词。职业套装是白领阶层工作时的必备；休闲牛仔成为人们工作之余轻松、快乐的选择；运动时有充满活力的运动装；而超爽凉快的沙滩装，则是人们海滩度假时的打扮……

女性也因对服饰的不同选择而表现了多变的风格：穿上传统、典雅的裙装，举手投足之间体现了淑女的妩媚动人；身着套装特别是衣裤套装，女性干练、严谨和泼辣的气质一览无遗；套上牛仔、T恤，潇洒、自信、轻快也随之而来……

服饰体现了人的丰富的内心情感。服饰本身没有情感，只有当着装者穿上它时，其情感注入，使平淡、普通的物体充满了生气，法国女作家乔治·桑具有独特的个性和丰富的情感，为了表现对贵族社会的叛逆，她经常身着男装出现，体现出卓尔不群的气质。

服饰承载着丰富的礼仪内容，是人际交往中形象的礼仪语言。不同时间、地点、场合穿着不同的服饰，体现了个人的修养与气质，也体现出对他人的尊重。

如何理解服饰是一种物体语言符号？在日常生活中，你注意服饰礼仪吗？

_____

_____

_____

_____

_____

_____

3．服饰具有突出的时代特征

战国时期，赵国与北方游牧民族胡人部落战事不断。看到胡人着装轻巧而赵人长袍宽大、铠甲笨重，穿戴烦琐，赵武灵王决心进行服饰改革。改革的步骤就是向胡人学习，改宽袍为短衣长裤，同时学习骑马射箭，训练了一支英勇善战的骑兵。此后，赵国国力逐渐强盛，成为战国七雄之一。经赵武灵王改革后的服饰，也成为汉民族的传统服饰之一。这就是历史上有名的胡服骑射的故事。

赵武灵王之所以要穿胡服学骑射，是因为他看到服饰已成为决定国力强盛的重要因素之一。

此后，服饰以其鲜明的风格和特色，成为社会文化发展中的重要力量。

不同的时代，服饰具有不同的特征，表现出人们的共同追求和情感。

古代社会，与色彩一样，服饰也是地位和权力的象征。在中国封建社会，服饰穿着有着严格的限定，官员的服饰是官职高低的标志，服饰成为礼仪的重要构成部分。

"文革"时期，人的个性、情感备受压抑，蓝色中山装、绿色军装，成为具有时代特色的服饰。

20世纪80年代，一部电视连续剧《渴望》，喊出了人们埋藏心底多年的情感，也使"惠芳服"一度成为城市妇女追逐的时尚。

今天，随着人们物质生活的提高和精神生活的丰富，五彩缤纷的色彩呈现在我们的生活中，服饰也发生了巨大的变化，表现出复杂多样、款式多变的特点，体现了人们追求个性、表现自我的新趋势。

经济越发展，社会文明程度越高，服饰也就越富于变化，越具有个性特色。当然，在突出服饰个性的同时，也不能忽视服饰着装的礼仪。

服饰具有突出的时代性。你认为今天的服饰特征是什么？在你的日常生活中你是如何体现这一时代性的？

（二）体会服饰

著名影星索菲亚·罗兰在未成名之前，由于经济拮据，买不起时装，因此一套黑色的裙装就成为她仅有的最好的服装。她给黑色裙装配上价格便宜但风格迥异的不同小饰物，在不同的场合出现，成为当时人们竞相模仿的对象。

服饰反映了人们的审美要求；是流行时尚的标志，也是自我形象的体现。

1. 服饰表现了人们的审美要求

审美是人们对美的体验和态度。诗歌、音乐、绘画、书法、建筑、雕塑、舞蹈、戏剧等艺术作品，表现了人们的审美要求和趣味。

如果说音乐、绘画、雕塑、舞蹈、戏剧等艺术作品中，人的审美追求更多体现为满足人的精神需要的话，那么，服饰、建筑等则与人们的现实生活密切相关。特别是服饰，在我们每个人的生活中都是必不可少的物品，它能遮体御寒，具有实用性；又以其丰富的色彩，装点着我们的生活，具有审美价值。

在人们的审美体验中，与现实生活联系最密切、最直接体现人的审美要求的，就是服饰。

从服饰的演变和发展中，我们可以看到人们审美观的变化。

唐代是中国古代最鼎盛的时期之一，在开放、发展的经济条件下，人们表现出健康、积极的审美观，杨玉环的丰腴、妩媚成为美的代表，因而唐代服饰也以宽大、精致、艳丽、典雅为其突出特点。但是时代不同，人们的审美观也会发生变化。当人们以瘦为美时，紧身、收腰的服饰也成为一种流行，更有甚者，当人们以赞赏的眼光看待病态美时，"三寸金莲"一度成为中国妇女最引以为骄傲的事，而各种绣花、精致的小脚鞋，也成为服饰发展中的一种时尚。

闭塞的社会，审美情感难以直接表露，服饰往往比较保守，如女性服饰中高高的领口、紧绷的袖口和一拖到地的长裙，都是这一社会特征的体现。

经济发达、社会开放的时代，人的审美情感和审美理想得到了最突出、最完整、最个性化的体现，服饰也以其缤纷的色彩、富于变化的款式，呈现在我们面前。低领、开叉、吊带、露背的上装，超短、紧身、拖曳的裙子，直筒、瘦身、宽大的裤子……一种款式跟着另一种款式出现，一种流行很快被另一种流行所取代，时尚色彩、奇特设计的服饰，传统特点与现代元素的结合，都成为人们追求个性的表现，甚至连传统的军服，也以其在规范化、归属感、共性中寻求个性的特点而成为青少年喜爱的色彩，风格多样，变化无穷，没有哪一种色彩能独占鳌头，没有哪一种款式能让众人追捧，体现了人们审美追求的多样化，表达了人们对自由美好生活的向往。

服饰如何表现人们的审美观？在选择服饰时如何表现你的审美取向？

_____

_____

_____

_____

_____

_____

_____

2. 服饰是流行时尚的标志

流行是一定时期社会人群中对新奇物质及精神生活的共同追

求，是人们共同的审美趣味和倾向，表现在人们的语言表述、艺术欣赏、建筑装饰、家居陈设、服饰穿着等多方面，包括流行话语、流行音乐、流行色彩、流行发型、流行服饰、流行商品，等等。

服饰不仅表现了突出的时代特征，而且在引领时尚流行潮流方面，始终是走在时代的前列。服饰是流行时尚的重要标志之一。

在古代，服饰的流行主要表现了上层社会贵族妇女对服饰审美的共同追求，它是由具有影响力的贵族妇女首先穿着某种服饰，通过群体内人们的竞相模仿形成的。今天，传播媒介对影视明星、体育明星的服饰穿着的大力介绍，成为服饰流行的风向标，通过社会成员对明星的模仿，形成了服饰的流行与时尚。

当然，服饰的流行主要是通过女式服装的设计体现的。

曾经两度革新女装，对 20 世纪女装设计影响极大的夏奈尔，在现代服饰流行与时尚的发展中，无疑走在了时代的前列。

1913 年，夏奈尔对女装进行了首次革新性尝试，她用普通面料制成简单的运动装，率先穿男性化服装，此后，这种上下装分开的衣裤，通过其细致的变化与迎合潮流的设计，成为流行女装的重要组成，表现出精明干练、充满朝气、乐观积极的职业女性形象。1954 年，夏奈尔对女装进行了第二次革新，选用高档面料，设计出简单独特的款式，赋予女装全新的形象，引领了服饰流行的潮流。

此后，世界顶级设计师，都以贴近生活，表现女性的妩媚、健康为设计理念，成为服饰流行时尚的代言人，同时也以其对时装界的重要影响力，成为知名的服饰品牌，如夏奈尔、伊夫·圣洛朗、范思哲等。

服饰流行是一种有节奏的模仿和变革，当人们对繁复变化的追求达到极端后，人们又会重新回到对简单、自然风格的追求，呈现一种周而复始的变化。一段较长的时间后，服饰就会以与原来相似的特点重新成为一种流行。

生活中你追逐服饰的流行与时尚吗？你如何理解流行时尚？

有的人应聘时穿上暴露太多的服装。

3. 服饰与自我形象

影片《蝴蝶梦》中，曼德里庄园举行盛大的化妆舞会，当不知情的女主人在管家的别有用心的引导下，穿着已故前女主人穿过的白色纱裙出现在众人面前时，人们目瞪口呆。刻意改变自我风格的女主人公尝到了自己酿就的苦酒。

服饰不仅表现了个人的审美情趣，而且成为人们评判个体的重要标准。

通过服饰，人们可以了解到服饰穿着者以下方面的情况：收入多少、消费能力、文化水平、审美趣味、兴趣爱好、可信任程度、社会地位、社会阅历、事业成功与否、德行修养，甚至家庭经济、社会情况及受教育背景等，都可以通过人的服饰穿着展示出来。

由于服饰对自我形象影响很大，因而公众人物常常精心选择自己的服饰设计师，无论是正式场合、新闻发布会，还是非正式场合，与歌迷、影迷见面，甚至是私人聚会，都特别注重自己的形象设计，在服饰着装与面部造型上力求形成统一的风格，树立良好的公众形象。

服饰着装是建立良好第一印象的开始。

人际交往中，第一印象具有重要意义，人们常常凭借第一次见面时对方留给自己的印象，对对方及双方今后的交往作出评价。第一印象给人先入为主的感觉，影响到人们后继的行为，第一印象好，对对方的评价就高；对对方评价不高，则会中断双方的联系和交往。这种来自首次见面形成的印象，心理学上称之为首因效应。

如果你即将参加某公司进行的面试，你如何进行着装准备？

二、服饰——礼仪的基本要求

服饰是个人修养的外在体现，也是礼仪的基本要求。
服饰着装及配色的技巧，是服饰礼仪的重要内容。

（一）服饰着装礼仪

小说《飘》中描写"陶乐"面临困境，高额的税款让人难以承受之时，郝思嘉决心去见白瑞德。因为没有一件像样的衣服，郝思嘉用母亲留下的苍绿色天鹅绒窗帘改做了一件鲜艳大方、时髦迷人的新衣服。

穿衣服，我们每人每天都在做，但并不是都能做得好。如果我们不讲求着装的原则和技巧，再昂贵的名牌也与普通服装毫无差异，难以显示其高贵品质。每年媒体都会评选娱乐圈年度最差着装，获得此项"殊荣"的常常是些大腕明星。如果我们具备一定的服饰知识并掌握了着装技巧，那么我们每天完成这一程序时，就会穿出自己的特色，形成自己的着装风格。

所以，学会挑选适合自己的服装，并能根据特定的时间和场合进行着装，也就是掌握一定的着装技巧，不仅能让我们自己愉悦，给周围的人带来快乐，而且也符合服饰礼仪的要求，体现出礼仪文化的内涵。既然如此，何乐而不为呢？

1. 服饰要符合个性原则

当我们对服饰的色彩和款式作出选择后，穿在身上的服装和相关的配饰也就有了生命，而每一个人的着装风格及特点也就凸显出来。因此，服饰的选择首先要符合个性原则。

个性原则强调服饰与个体的气质、性格、外貌特征相一致，包括着装者的个性、年龄、职业、体形和肤色。

个性是个体区别于他人的最显著的特征。它一直是心理学家研究的重点，可以有多种划分标准，包括我们上一节里提到的红、黄、蓝、白四种色彩性格。选择服饰时，以外向性格和内向性格作为标准，既简单又切实可行。一般而言，外向型性格的人可以选择活泼、富于变化的款式，艳丽、跳跃的色彩；内向型性格的人则宜选择稳重、简单的款式，色彩选择上不宜对比太强烈。

年龄不同，服饰的选择也就不同。年轻人可选择设计奇特的款式，大胆组合的色彩，配以复杂的装饰，如吊带背心、超短裙、露背装等；中老年人则以简单的设计和稳重的色彩为主，配以明快、鲜艳色彩的饰物点缀，而过短的裙子，过多的花边、图案则不太适合。

服饰的选择也要适合不同职业的特点。工作时间，同样是年轻人，服饰的选择就不相同。公司白领、教师、公务员等应以职业装为主；非正式场合，记者、大学生的着装则可以相对随意一些。

每个人的体形不同，服装款式、色彩和装饰物的选择也有区别。太瘦的人，深色衣服和收腰的款式都不适合，而应选择较浅的色彩和略为宽松的款式。体形很胖的人，不适宜穿全黑的衣裙，因为黑色的厚重感会让你看起来更沉重；也不能穿紧身的衣裤，因为那样会让你的身体变得十分臃肿；这类体形的人适合选择色彩轻盈、款式略宽松的服装，加以少许点缀。

根据个性选择服饰，能使自己充满自信，在人际交往中做到彬彬有礼，给人以良好的印象。

星期天下午，一帮朋友到王敏家里吃饭聊天。王敏一身休闲打扮，大家也都穿得很随便。晚饭后，朋友们在客厅里谈天说地，谈人生，谈未来，谈现实，很是高兴。很长时间后，半天没露面的女主人出现了，她的一身职业套装引起了大家的注意。谈兴正浓的朋友们纷纷起身告辞，王敏怎么说都留不住朋友们，她弄不明白自己是什么地方得罪了这些朋友。

几天以后，王敏见到朋友甲，说起那天的事，责怪朋友不该那么早就走，把她精心准备的茶点都浪费了。朋友甲解释说："那天要不是你急着有事出门，我们还想多玩一会儿呢。"王敏急忙说："我没有要出去呀！"朋友甲说："你那么一身打扮，还说没事？"

请你帮忙分析一下，王敏的问题出在哪里？为什么？

_____

_____

_____

_____

_____

_____

2．服饰着装的"TPO"原则

服饰着装的"TPO"原则就是着装的时间、地点、场合原则。

每一个个体在社会工作和生活中，常常以不同的角色出现。刘欣是一个孩子的母亲，在广告公司担任客户经理，她身兼多种角色。在公司，她是部门领导，这是职业角色；在家里她是妻子和母亲，这是家庭角色；在客户之间，她是广告公司能干的女主管，这是社会角色……当她以不同的角色出现时，不同的服装就成为体现不同角色的重要标志。

时间——根据时间选择服饰（Time）。上班时间选择职业装，外出游玩选择宽松舒适的休闲装，娱乐时间则可以穿得前卫一些。

地点——根据地点选择服饰（Place）。在家又没有客人来访时，以家居服为主；到运动场锻炼，应穿着适合运动的服装；去星级酒店，一定要穿正式的服装，而不能穿背心、短裤。

场合——根据场合选择服饰（Occasion）。正式场合，如记者招待会、新闻发布会，学术交流活动，应穿着正式的服装，如男士着西服，女士着套装；参加晚宴，应着礼服；出席婚礼，穿着一定不能比新娘更抢眼。

如果按这样的原则选择不同的服饰，相信你的着装一定是得体的。

李丽在电脑公司工作了三年。平日里一身职业套装的她，性格稳重，待人诚恳，和同事相处融洽。周末公司组织员工外出郊游。同事们或牛仔T恤，或运动装，都穿得很随便。李丽的着装，让大家像看外星人一样瞪大了眼。她身着一条粉色拖地长裙，脚上又尖又高的黑色皮鞋，手里还提着一个小巧精致的时装包，走在山路上，一会儿树枝挂住了裙子，一会儿鞋子又陷进了泥地，一头大汗，把她精心打扮的妆容也抹花了……

分析上面的例子，看看李丽着装的问题是什么？为什么？

(二) 服饰配色礼仪

服饰是个人形象的具体体现。在服饰穿着中，人们首先看到的是服饰的色彩，从某种意义上说，服饰色彩的搭配，是服饰着装中最重要、最关键的因素。

1. 服饰的四季色彩搭配

四季色彩理论是近年来流行于欧美地区和日韩等国的全新色彩理论。从全新的角度诠释色彩，解决了人们在装扮用色方面的难题。

四季色彩理论是由卡洛尔·杰克逊女士提出的。卡洛尔·杰克逊女士创办了全球最权威的色彩咨询机构——CMB 公司，被人们称为"色彩第一夫人"。

四季色彩以大自然春夏秋冬的色彩特征为标准，将生活中的常用色分为四组色彩群。每一组色彩群都由各种原色及其过渡、混合的多种色彩构成，按基调不同进行冷暖划分，形成相互和谐、协调的对应关系。由于每一色群的色彩都与大自然的四季色彩特征相吻合，因此用四季来命名四组不同的色彩群。

在四季色彩划分中，"春""秋"两组色彩属暖色系，"夏""冬"两组色彩属冷色系。

春季型人肤色较浅，其服饰的色彩基调应选择暖色系中的明亮色调，如明亮的黄色，橙红、桔红，而不能选择太旧或太暗的色彩，给人厚重感的黑色就不适合春季型人。

夏季型人肤色偏白，以蓝色为底调的轻柔淡雅的颜色是其服饰色彩基调，如深浅不同的蓝色、紫色，乳白色，给人以高雅、安详甚至神秘的感觉。

秋季型人肤色较深，其色彩基调应选择以金色为主调的暖色系，如棕色、金色、橙色，给人以高贵、典雅的感觉。

夏季型人和秋季型人，都不适宜使用黑色等太深、太暗的色彩以及反差、对比强烈的色彩。

冬季型人肤色白中带青，最适合采用原汁原味的纯色和无彩色，如红色、黑色、白色、灰色、蓝色，适宜进行色彩的对比搭配，这样的色彩选择，凸显个性，表现出超凡脱俗的气质。

运用四季色彩理论进行服饰的色彩搭配选择，能使你在人际交往中塑造良好的自我形象，成为受人欢迎的一员。

结合四季色彩理论，分析一下，看看你属于哪一色系？找出最适合你的色彩作为你的服饰用色的基础。

_____

_____

_____

_____

_____

_____

_____

2．服饰的色系搭配

由于四季色彩理论较复杂，不经过认真学习和实践积累，一般人很难掌握。这里，我们给大家介绍一种更容易掌握的方法，这就是按色系进行服饰色彩搭配，容易判断，简单实用，只要你做生活中的有心人，你就能在实际操作中运用自如。

根据每一种色彩的基底色不同，我们可以将常见的色彩归到暖色、冷色、中性色这三个色系中。

暖色系是以黄色为基底色的色彩，如红色、黄色、粉色、金色、橙色、棕色等，给人以暖的感觉。冷色系是以蓝色为基底色的色彩，包括蓝色、绿色、紫色等，给人以冷的感觉。中性色系是指无基底色的色彩，主要有黑色、白色、各种深浅不同的灰色等。

根据色系进行服饰色彩搭配，一定要从上到下都照顾到，包括上衣、下装、袜子、鞋子及其他配饰的搭配，讲求整体的效果。

根据色系进行的服饰搭配主要有同一色系搭配、同类色搭配、主色调搭配、对比色搭配等。

同一色系的搭配，是指同一色系中的色彩进行搭配，如暖色系中的、黄色与绿色、橙色与棕色，冷色系中的蓝色与紫色，中性色系中的白色与黑色、白色与灰色。这种搭配，因为选择了同一色系中较接近的色彩，和谐明快，有动态感。

同类色的搭配，是利用同一类颜色的深浅、明暗进行搭配，如深蓝色与浅蓝色，深灰色与中灰色，色彩逐渐过渡，层次清晰。

相邻色系的搭配，是不同色系但相邻色相的色彩搭配，如粉色与白色，浅蓝与白色，深蓝与黑色，色彩协调，给人以清新动人的印象。

主色调搭配，是以某种色彩为主色，服饰大面积为主色，配以小面积辅助色、点缀色或调和色，既色彩鲜明，又具变化，服饰生动、新鲜。采用这种搭配方法时需要注意的是，选择的色彩最好不超过三个，因为色彩过多，会显得杂乱、无主次、无层次。

对比色搭配，是采用色彩的冷暖对比、色彩纯度变化对比。如红色与黑色、金色与黑色、蓝色与灰色、紫色与灰色。对比色搭配运用得当，会使人具有独特的魅力与气质，但运用不当，则会给人以俗气的感觉。

运用色系搭配的方法，为自己的服饰进行不同的色彩搭配，看看什么样的色系搭配最适合你。

_____

_____

_____

_____

_____

_____

_____

3．服装与饰物色彩搭配

精致、漂亮、独特的配饰是服饰整体的重要元素，它们的出现，为各种款式、不同色彩的服装增色不少。

饰物包括帽子、围巾、领带、发卡、首饰（项链、戒指、手镯、胸针等）、包、眼镜等，其色彩应注意与服装主色的搭配。

饰物的配色，以服饰的色彩搭配为总原则，一般情况下，身体上部的饰物，应选择比服装颜色浅的色彩，鞋子则宜选择深于服装颜色的色彩。

帽子、围巾、包等饰物在配色上要选择与服装总体协调，颜色明度比服装颜色浅，可在同一色系、同类色、相邻色系中进行选择，也可作为辅助色、点缀色与服装主色调搭配。

鞋子应选择与服装同色，在没有同色鞋时，可选择明度比服装颜色暗、属同一色系的鞋子，一般原则是颜色宁深勿浅，但需要注意的是黑色鞋不能与浅粉色服装相配。

首饰包括项链、耳环、胸针、戒指、手链等，由不同材质制作，具有不同的色彩，在人的总体形象中起到了画龙点睛的作用。

首饰的常见色彩主要有金色、银色、黑色等，金色配暖色系服饰，银色配冷色系服饰，黑色则可根据实际情况灵活掌握。首饰的选择宜少而精，以简洁为原则。

眼镜和墨镜既是生活中实用的物品，也极富装饰性。不同质地、不同形状、不同色彩框架的眼镜、墨镜，能起到修饰五官、提升气质、表现时尚的作用，在色彩选择上也以要与服饰整体相协调。

掌握了服饰着装与服饰配色的原则，你就能在人际交往中表现出良好的素质与修养，体现服饰礼仪的基本原则。

日常生活中，你喜欢佩戴各种饰物吗？你的选择标准是什么？

_____

_____

_____

_____

_____

_____

_____

第三节　体验化妆

化妆，不是简单的梳洗打扮，而是现代文明的标志和象征，表现了对自己、对他人的尊重。

化妆，也是一种礼仪。

一、化妆——人际交流的情感符号

人类社会早期，人们就开始用来自植物、动物的天然色彩来涂抹自己的脸部和身体，这是最早的化妆。

化妆是人际交流的情感符号，给人以自信，是人的社会行为的表现。

（一）认知化妆

在生产力水平低下的古代社会，为了维持人类的生存与发展，人们将自然界中的各种天然色彩涂抹在脸部和身体，表示各种不同的意义，化妆也就在此基础上产生了。

1．化妆是人际交流的情感符号

在人际交流中，语言、文字、表情、动作、行为、服饰、色彩都具有完整的意义，体现了丰富的礼仪内涵。

如果说色彩是人类交流的共同语言，服饰是人际交往的物体语言符号，那么，化妆就是人际交流的情感符号。

化妆，是使用化妆品装点颜面。化妆不仅起到遮瑕修饰的作用，更重要的是，通过脸部线条的勾勒和多种色彩的过渡与渲染，使我们的面部表情生动立体，表现人丰富的内心情感。

不同的脸部妆面，传递不同的情感意义，在人际交往中，其礼仪内容也不相同。"横眉冷对"体现的是愤怒的情感；尖利的眉峰和唇峰，给人以拒人千里之外的感觉；圆润柔和的线条，表现的是平静的心境。

化妆所表现的各种情感信息，通过人与人之间的交往，完整地传递出来。

2．化妆能增强人的自信

又是一个匆忙的早晨，完成了最后一道"程序"——涂上紫色的唇膏，与冷色调的着装很协调，一切都很满意，小吴这才风一样地奔了出去。

脸，是最能反映人的物质状况与精神状况的部位。人生的得意写在脸上，岁月的沧桑印在脸上，五脏六腑的变化体现在脸上……我们每天关注最多的也是脸。

在每天的工作和生活中，当我们面对家人、同事、陌生人时，你有没有想到过，你是以怎样一副面孔出现的？

人们发现，由于职业关系，飞机乘务员、司仪、主持人等引人注目的人，会有较一般人突出的自信与风度，这是因为她们经常化妆的原因。

化妆，使我们以饱满的精神风貌去面对人生，是对自我价值的肯定。在长期的习惯的养成中，人的自信也就逐渐地培养起来。

在西方国家，不化妆就走出家门，"素面朝天"去见人是一件非常不礼貌的事。

在我国，长期以来封建思想的影响，束缚了人们的行为，化妆一度成为"狐狸精""花瓶摆设"的代名词。随着物质条件的改善和社会文明程度的提高，越来越多的人意识到化妆在人际交往和个人发展中具有重要作用。

化妆在日常的人际交往中，体现了一个人的礼仪修养。得体的化妆，能让人充满自信，树立起良好的个人形象，给人留下好感。

生活中的你化妆吗？你如何通过化妆表现你的情感？你如何看待情感与化妆的关系？

（二）体验化妆

化妆是文明社会人们素养的表现。当我们工作、与亲朋好友相见、参加聚会时，化一个清新自然的彩妆，不仅表现了我们的良好形象，而且也是对对方的尊重。

在西方，女性出门化妆已是一种习惯。

今天，越来越多的女性在关注名牌服饰，注重穿着的同时，也开始注意整体形象的塑造，而化妆就成为其中画龙点睛的一笔。

1．化妆是审美要求的具体体现

化妆产生于遥远的古代社会，经历了漫长的发展，成为今天人们生活中重要的部分。

在不同时代经济条件下，化妆体现了人们不同的审美需要。

古代，描眉绣凤实际上是当时人们审美要求的反映，"簪花仕女图"中的古代女子粗粗的眉毛是那时的一种时髦；丹凤眼和樱桃小口也曾是一种流行。

现代社会，化妆的变化异常迅速，体现了社会发展的新趋势。

20世纪50～60年代，浓眉大眼成为正面人物的象征；80～90年代，纹眉绣唇受到众多女性的追捧。今天，在高科技发展的条件下，人们一方面借助先进手段实施人造美女工程，通过"一劳永逸"的化妆，使自身形象趋于完美；另一方面，在回归自然的旗帜下，人们也把自然、清新的妆面作为化妆的重要原则。同时，以追求个性与时尚为出发点，人们的妆容也强调超前、动感、独特，体现了化妆审美向多元化的发展。

2．化妆是一种社会行为

在公司招聘秘书的考试中，小王以笔试第一名的成绩顺利进入面试。面试那天，小王一早起来便开始打扮。桌上堆满了各种化妆品，差不多用了一小时，小王化完了妆，穿上最显气质的套装，来到公司面试。主考人足足愣了有十秒钟，随便问了两个问题，就说面试结束了，小王有一种不祥的预感。果然，小王最终未被录取。不久以后，小王从父亲的好友处知道了自己落榜的原因——浓妆艳抹的妆容。想到自己经常参加学校的演出，自认为妆化得不错，不曾想把舞台妆当成了生活妆，影响了自己的前程。

从表面上看，"对镜贴花黄"的化妆是一种个人行为，但从本质上讲，化妆乃是一种社会行为。

人是社会的一分子，个体的一切活动都离不开人群，离不开社会。

过去许多人家都种着一种俗称"指甲花"的小花，女孩子们用它红色的花瓣来涂染指甲，争先恐后地把一双漂亮的手露出来。今天，堆满货柜的化妆品满足了人们的各种需要，使每个人都能以最完美的形象出现在众人面前。

明星总是以最光彩照人的形象出现在公众面前，这是他们树立良好公众形象、保持长久艺术生命的基础。

对普通人而言，尽管交往的范围有限，但仍然是在群体中生活的，因此，借助化妆获取他人的认同与好感，也是一种社会行为。

化妆的目的不仅在于保持最佳的精神状态，而且表现出对交往对象的尊重。

你如何理解化妆与自信？生活中的你是如何做的？

_____

_____

_____

_____

_____

_____

二、化妆——礼仪的重要内容

爱美，是人的天性，完美的形象，离不开完美的化妆。化妆，是礼仪的重要内容。

（一）化妆礼仪原则

今天是同学聚会的日子。大学毕业一晃已是 25 年，很多人多年不见。为了这次聚会，近 50 岁的张玲作了充分的准备。在校时默默无闻的她，今天将使同学大吃一惊。她穿上一身色彩鲜艳的红色套装，用厚厚的蓝色眼影重重地勾出了眼眶，画好唇线，抹上深紫色口红。当出现在大家面前时，她所希望的情景并没有出现。

这是一次失败的化妆。张玲在化妆时忽略了自己的年龄，服饰色彩与脸部色彩冲突，不但没能以全新形象出现在同学面前，而且还成为人们评论的话题。

因此，在日常交往及人际沟通中，化妆礼仪是不可忽视的内容。

1．根据个性选择妆容

化妆要考虑个人的年龄、职业、文化素养等方面的因素。

年轻人化妆，可选择较鲜艳的色彩和较前卫、大胆的造型；中老年人则应选择较自然的色彩和生活淡妆。

职业不同，妆容的选择也就不同。教师、高级白领工作时宜选择淡雅、清爽的职业彩妆；艺术工作者则可选择较浓的妆束。

受教育程度高的人，喜欢清新自然的生活妆；受教育程度较低的人则喜欢勾画大眼、浓妆艳抹。

2．根据服饰色彩选择色系

一般情况下，脸部化妆色彩的选择应以服饰色彩相一致；当然，某些特殊场合，也可采用与服饰色彩对比强烈的色系，突出脸部造型，给人以时尚、前卫的感觉。

在服饰主色调确定后，以此选择眉毛、眼影和唇膏，服饰为暖色系，脸部妆容也以暖色系为主；服饰为冷色系，脸部化妆以冷色系为主。

如果服饰为两种以上的色彩搭配，进行脸部化妆时，以靠近脸部的脖颈部或肩部的服饰色彩为主，是暖色则以暖色系相配，是冷色则以冷色系相配。

3．根据场合选择造型

脸部彩妆造型要根据你所出现的场合进行选择。

到公司上班化职业彩妆；居家休闲化淡妆或不化妆；参加晚宴化用色较重、较多的晚妆、浓妆；娱乐放松、酒吧聚会，可以用大胆的色彩组合、夸张的造型使妆容时髦、前卫。

4．根据时间选择化妆

在不同的时间，由于自然光和灯光的光线不同，使脸部妆容呈现出不同的深浅明暗，因此对化妆的要求也不同。

白天，强烈的自然光照射下，脸部造型清晰明亮，化妆时宜表现清淡、自然、大方的特点；晚上，灯光下的人显得朦胧、模糊，化淡妆基本没有效果，可选择大胆、浓厚、前卫、时髦的妆容。

应邀去酒吧参加朋友的生日聚会，请你为自己设计一套完整的造型。

_____

_____

_____

_____

_____

_____

_____

（二）彩妆礼仪

走在城市的街头，你经常可以看到迎面而来的女士，纹过的眉又粗又浓，眼圈黑黑的像熊猫眼似的，两颊通红，玫瑰色的口红丝毫没有增加女性的妩媚。

对大多数女性朋友而言，化妆是每天的必修课，但她们常苦于不懂化妆，又找不到人教。

其实，化妆既是一种技巧，更是一种礼仪。明确了化妆的基本要求，掌握了化妆的方法，不断实践，每个人都能运用自如，画出靓丽动人、清新自然的妆容。

脸部化妆造型是通过眼部、脸部和唇部几个主要部位的化妆完成的。

1．眼部化妆

人们常说，眼睛是心灵的窗户，是情感的体现。眼部化妆能完整地展现人的内心世界，突出人的风度、气质。眼部化妆的目的是为了使人的双眼具有立体感，突出眼部轮廓，令人神采奕奕、精神焕发。

眼部化妆是彩妆中最重要、最细致、最关键的部位，也是最不容易化好的部位。

眼部化妆时，首先根据脸形修出漂亮的眉型，修眉时注意眉头、眉峰、眉尾的位置。

眼影是对眼周部分进行的有一定面积的色彩勾勒，使眼睛具有立体感。由于眼影需要多种色彩重叠、过渡才能完成，它也是眼部化妆中最困难的部分。画眼影时，色彩重叠越多，眼周轮廓越清晰，眼部化妆也越自然。

眼线是用眼线笔沿上下眼眶，贴着睫毛根部画出很细的线，以填补睫毛之间的空隙。眼线的作用在于勾勒眼部轮廓，使眼睛有神采。

东方人睫毛较短，长得很疏，使用睫毛膏能使女性眼睫毛变得又翘又密，有些睫毛膏还有使睫毛增长、增密的作用。睫毛膏的使用，能增加女性的妩媚动人。

2．脸部化妆

人的脸型各不相同，有的是圆脸，有的是长脸，还有的是方脸，化彩妆时，可以通过很多方法来弥补脸型的不足。

脸部化妆的作用就在于修饰脸型。

可以使用修容膏、盖斑膏或粉底，通过颜色的深浅差异和过渡来修饰脸型。

腮红是修饰脸型的既简单又快速的方法。用腮红刷上腮红时，根据不同的脸型，使用不同的刷法，就能弥补脸型的不足。

3. 唇部化妆

唇部化妆并不是简单地涂上口红，而是要在勾勒唇型的基础上，以口红突出唇部的线条。唇型的选择可参照不同时期的流行特点和自己的面部实际确定形状，画出漂亮动人的唇型。

口红色彩的选择，一定要根据服装的色彩进行，暖色系服饰配暖色系口红，冷色系服饰配冷色系口红。对女性而言，在经济条件允许的情况下，应该多准备几支口红，以备在不同的场合、不同的时间、不同的环境中使用，不能用一支口红包打天下。

你认为彩妆适合什么场合？

_____

_____

_____

_____

_____

_____

（三）化妆的其他礼仪

完整的形象，不仅包括得体合适的服饰、清新动人的妆容，还包括协调的发型和香水的使用。

1. 发型修剪

在修剪发型时，根据发质的粗细、浓密、柔硬的不同，选择不同的发型。

发型具有修饰脸型的作用，头发的长短和梳理方法不同，或直发或卷发，对脸部轮廓具有良好的修饰作用，因此选择发型时要考虑脸型。

身材的高矮胖瘦不同，对发型的选择也不相同，进行发型修剪时应注意整体形象的和谐。

2．香水的选用

香水是一种主观感受，表现了人的丰富的情感。

香水常包含数百种不同的成分，由于构成的成分不同，香味及其在肌肤上的持久性也不同。

香水在不同时间段散发出来的不同的香味，可分为首调、中调和基调。

首调是香水给人的第一印象，是人们闻到的最初的气味，又称前味；中调是香水的核心，一般在涂抹几分钟后才会挥发和表现出来，又称中味；基调是最具持续力的气味，也是香水的最终印象，是在涂抹数小时后仍能维持的香味，又称后味。

香味的种类，依据构成成分及香气不同可分为：花香类、青草类、乙醛类、东方情调类、森林类、麝香类等多种。

当然，香水的使用也要注意时间、地点和场合。工作时间、工作地点，应选择清新淡雅的香水；休闲时间、娱乐场合，则可选择浓郁的香水。

你认为在化妆中哪些是不符合礼仪要求的？列举出六条。

_____

_____

_____

_____

_____

_____

第六章　青年交往礼仪

不知礼，无以立也；
不知言，无以知人也。

在今天这个充满机遇和挑战的时代，许多年轻人都希望自己能够获得成功，成为一个不平凡的人。健康心理学研究表明，人一生的活动都在致力于发展和实现自我，人们定下奋斗的目标，向着目标不懈努力，最终获得成功。但是，要获得成功，不仅要靠自己卓越的才能，还要靠良好的人际沟通。歌德说："人不能孤独地生活，他需要社会。"良好的人际关系有助于建立一个和谐、融洽的人事环境，有助于学习、工作的顺利进行。本章将从青年的交际特点入手，讲述人际交往中个体的内在素质培养、人际交往的礼仪以及校园礼仪问题，希望能够对青年的人际交往提供一些帮助。

第一节　青年交际的特点

随着年龄的增长，年轻人对社会人生都有了自己的看法，他们渴望摆脱父母的束缚，参加到各种社会活动中，结交各类朋友，成就一番事业。他们积极、热情，富有活力，充满创造力。

一、青年的特点

青年阶段，是人的生理、心理逐渐走向成熟的阶段，也是人生中记忆力最强、想象力最丰富的时期。

（一）青年成长中性格具有多样性

"性格"一词来源于希腊文，原为雕刻的意思，后来转变为标记、特性。心理学认为，性格是一个人较为稳定的对现实的态度以及与之相应的习惯化的行为方式。

在日常生活中，人们的性格多种多样。在青年阶段，人们虽然已经具备了一定的性格特征，但是还没有完全定型。所以，他们表现出来的性格特点有时内向，有时外向；有时热情，有时孤僻；有时乐观，有时悲观；有时勇敢执着，有时会畏缩怯懦……年轻人要使自己的性格变得完善，必须通过长期的磨炼。

当小海伦·凯勒由一个正常孩子变得又盲又聋又哑时，她才仅仅19个月。生理的巨变，彻底摧毁了小海伦，她变得暴躁、野蛮、不可理喻，父母对她束手无策，只好把她送到了波士顿的一所盲人学校。在那里，小海伦遇到了她生命中的天使——安妮·沙莉文。安妮用她无比的爱心与坚定的信念，唤起了小海伦内心深处的自尊、自强与自信。虽然仍然失明，小海伦凭着触觉——手指尖学会了与外界沟通，凭着坚韧的信念，海伦·凯勒进入了大学校门，成为世界上第一个受过大学教育的聋哑盲人。由软弱、自卑到自强不息，海伦·凯勒——这个克服了常人无法想象的厄运的伟大女性，凭着自己惊人的毅力和坚强意志，改变了自己的性格，创造了自己的人生。

（二）青年成长中气质具有一定的可塑性

气质是人身上的一种比较稳定的心理特点，古希腊时代，著名的希波克拉底医生就根据日常观察，按人体内的四种汁液——血液、粘液、黄胆汁和黑胆汁在身体中所占优势的不同，把人的气质分为胆汁质、多血质、粘液质和抑郁质。并认为其中胆汁质有强烈的兴奋过程和较弱的抑制过程，反应迅速，行动敏捷，语言热情，但粗枝大叶，容易冲动而不计后果。多血质思想灵活，容易适应环境变化，活泼好动，善于交际。他们的脾气来得快去得也快，注意力容易被吸引，但是兴趣容易转移，行为缺少持久性。粘液质寡言少语，善于忍受，情绪稳定。对工作仔细但不够灵活，环境适应力较低。抑郁质情感细腻，善于观察，但是忍受力差，较脆弱，敏感多疑，孤僻。

四种类型的气质，都各有长处和不足。气质是与生俱来的，但并非不可改变。改造自己的气质，要有意识地克服这种气质类型的消极方面，发挥它的积极方面，形成以积极因素为主导的稳定的、良好的个人气质。一般来说，胆汁质的人要注意克服暴躁、粗心、感情用事等缺点，培养自制、冷静、细心的品质；多血质的人要克服兴趣易变的毛病，注意培养精益求精的品质；粘液质的人则要克服冷漠、保守的毛病，养成敏捷果断的性格特征；抑郁质的人则要改掉孤僻冷漠的缺点，培养自信活泼的好品质。

在人际交往中，青年人如果想要广交四方朋友，就应该先了解不同的人气质类型的特点。例如，胆汁质的人容易冲动，软硬不吃，交往时要注意不要和他一争高下，可以采取冷处理的方式；多血质的人要培养他们的自制力和耐心细致；对粘液质的人要有耐心，不要性急；对抑郁质的人要体贴关心，要多肯定、赞美他们，给他们信心。

（三）青年成长过程中强烈的求知欲

青少年成长时期，有强烈的求知欲望，浩大的世界，让他们充满了好奇。由于没有固定的思维模式，他们很容易接受各种各样的新生事物。由于认知水平的限制，又使得他们在接受的过程中缺乏选择和鉴别能力，很容易受大众传媒、流行文化等因素的影响。

要克服青年身上的这些缺点，最有效的途径就是阅读，通过阅读改变自己的知识结构，提高自己的鉴别力。

书籍是人类智慧的凝结，是写作者对宇宙、社会、生活以及对人生的独特体验，是作者的探索、思考和感悟。古今中外的文学名著无一不是这样的。在这些书籍中，蕴含了人类最伟大的思想和最细腻的情感，拥有它，阅读它，感受它，理解它，可以涤荡性情，开阔胸襟，丰富学识。读书多了，就懂得了生活、做人的道理。

阅读可以丰富人生阅历，净化人的心灵，提升人格。正如培根所说："读史使人明智，诗歌使人巧慧，数学使人精细，伦理学使人庄重，逻辑和修辞使人善辩。"读书可以改变一个人的气质，读书可以使你从一个无人注意的丑小鸭变成一个万众注目的焦点。

二、青年交际的特点

（一）青年交际中的情绪化特征

青年时期是人的一生中生理、心理全面发展的时期，这个时期，人的生理发育日趋成熟，对世界、社会、人生的看法开始初步形成，但是由于社会经验、人生阅历的不足，他们的思想与成年人相比，还明显不够成熟，。在人际交往中，常常会带有较强的情绪化在里面。

1. 情绪的不稳定性

人际交往是一种融合过程，对每一个人来说都有相对的约束作用，只有学会克制自己，保持情绪的稳定性，才可能被别人接受。

情绪，是指人对客观事物是否符合或是否满足自己的需要而产生的一种态度体验以及相应的行为反映。情绪的产生与个体所处的环境有关，与周围的人有关，与个体对自我的认识有关。在我们身边，有很多年轻人会发出这样的抱怨："我想我一定是出了问题。有时候，我热情开朗，对世界充满了爱；有时候，我冷漠孤僻，厌恶透了这无聊的生活。""有时候，我对前途充满信心；有时候，我觉得事事不如意，对未来心灰意冷。""有时候我觉得自己很需要朋友，有时候又觉得朋友可有可无。"……

这就是我们常说的情绪反应。因为年轻，青年们比较容易受外界的影响，对情绪的控制比较困难。他们对生活充满向往，但想法里不可避免地带有很多空想的成分。他们热情、容易激动，但情绪变化较快，很容易大起大落。他们对外界事物非常敏感，一旦有一些观点、事情或行为与自己的想法相符合，便积极回应，甚至狂热地拥护；如果不符合自己的信念，就毫不犹豫地全盘否定。

有一句歌词"像雾像雨又像风"可以说是青年情绪多变性的逼真写照。当他们离开父母的呵护，走入社会或进入大学开始独立生活时，面对与自己的想象完全不同的生活、环境、人际关系，情绪波动非常大。顺利的时候，指点江山，"万物皆备于我"；遇到困难时，捶胸顿足，"天下人皆有负于我"。有时候他们充满激情，充满朝气，充满了征服的欲望；有时候又充满悲观、自责、自卑和失望。因为这种不稳定，许多年轻人在社交场合显出不被接受的无奈和无助，解决这种问题的惟一途径，就是应该自觉地掌握社交礼仪。

2. 青年在交际中比较容易冲动

青年在交际中，不稳定的情绪状态常常会产生较大的负面作用。

男生甲从卫生间端了一盆水回寝室，在走廊上不小心撞到了男生乙，水泼到了乙的身上。乙拉长了脸："没长眼睛吗?"甲不甘示弱，与乙大吵起来。争吵中两人动了手，在围观同学的劝说下，两人暂时住手。甲回到宿舍后，觉得打架时自己吃了亏，越想越气，于是拿了一把刀冲进乙的寝室，一刀捅进了乙的腹部。乙当场丧命。这是发生在某大学男生宿舍的真实一幕。这场命案可以说与青春期青年的容易冲动的情绪有着极大的关系。由于年轻，他们精力非常旺盛；由于自我意识的发展，他们对外界的反应非常在意。案例中的甲并非不懂法律，但是面对争吵失利给他自尊心带来的伤害以及可能出现的他人的负面评价，使他冲动地剥夺了乙的生命，而他自己也从天之骄子变成了罪犯。

对于不稳定情绪，年轻人一定要学会自我调控。在成长过程中，每一个人都有许多需要完善的地方，而年轻人更是如此。如何增强在各种场合的应对能力？怎样才能处理各种复杂的问题？除了加强理论学习和思想修养，还应该学习并掌握必要的礼仪知识。在上面的那个案例中，如果学生甲知道尊重对方，有礼地向对方道歉，就不可能激起对方的冲动，就会避免这场血案。由此可见，青年人掌握必要的礼仪，不仅仅是为了加强社会交往，还可以有效地利用礼仪化解纠纷，处理矛盾。

（二）青年交际中的个性化特征

1. 现代青年强调个性化生存

每个人都是以独立的个体形式存在着，"人心不同，如人面焉。"个性是个体在社会生活和社会交往中表现出来的稳定的、经常影响其行为的心理特点，是人的心理特征和品质的总和。

随着自我意识的增强，现代青年越来越讲求独特的个性，个性化生存成为了一种时代潮流。和中国传统的崇尚权威、讲究中庸不同，今天的青年讲求创意，善于思考，勇于表达自己的观点，他们自尊、自信，不服输也不盲从。

年轻人对个性的追求表现在他们对自己的外在形象的设计上，于是追求穿衣打扮个性化。他们认为，世界上没有两片完全相同的树叶，世界上没有两个完全相同的人，为什么不让人一眼就发现自己在外形上的与众不同呢？

青年的个性还表现在对人和事的态度上。当问到一些学生："为什么喜欢谢霆锋？"这些年轻人说："因为他帅。""因为他爱犯错误。""因为他富有活力。""因为他敢于去爱。"……答案各种各样，最为重要的一点是谢霆锋有个性。谢霆锋做了他们想做而不能做的事。和父辈们相比，现代青年有较为强烈的自我意识，他们有自己的判断能力，敢于明确表达自己的意见，坚持自己的立场。

除了对自身的容貌、形体、衣着打扮的注意外，现代青年还特别重视对自己知识、能力的培养。他们热爱学习，崇尚科学，追求智慧，更讲究真才实学，注重由内而外的气质美。他们通过征服知识从众人中脱颖而出，通过学习使自己变得更加自信，更加独立。

2. 现代青年在人际交往中注重展现自我

今天，被信息包围的年轻人，深深了解人际交往对一个人的前途的影响。因此，他们在人际交往中，勇于表现自我，展示自己的交际魅力，希望能够建立和谐的、于己有利的、健康的人际关系。

勇于表现还只是一种愿望，善于表现才能达到目地。而善于表现就要借助于必要的礼仪。

根据来自高校的调查表明，大学生的人际关系问题仍然很突出。出现这个问题的原因与青年人鲜明独特的个性有关。现在的很多年轻人都是独生子女，因为没有兄弟姐妹，从小在长辈们的呵护下、在众星捧月般的环境中长大，他们骄纵任性，考虑问题大多以自我为中心，很少顾及他人的感受。他们比较缺乏宽容心，喜欢表现，希望能够吸引他人的注意。

从小到大，白露可以说是一帆风顺。在家里，是父母的掌上明珠，在学校是老师宠爱的有能力的好学生。白露从小学就一直担任学生干部，高中时担任本省的学联主席，由于学习和工作成绩突出，还曾经受到党中央领导的接见。高考结束后，她如愿进入了自己理想中的大学。

进入大学后，她积极地参加了学院的学生会，并且破例担任了很少由新生担任的宣传部副部长一职。工作不久，白露就抱怨宣传部长能力低，嫉妒心强，比不上自己；宣传干事不干活，爱提意见，不听指挥，工作难开展。一年级学期末，学生会改选，白露参加了学生会主席的竞选，结果，第一轮投票她就以最低票落选。

这是白露从有记忆以来最惨痛的经历，对于这次失败她认为完全是一些同学对有才华学生的妒忌的结果。

你如何看待这个问题？

个人气质测试

每个人都有自己的气质类型。这里列举在我国目前应用较广的，由心理学家陈会昌编制的气质测量方法，供大家自我测试时参考。

下面60道题。可以帮助你大致确定自己的气质类型。在回答这些问题时，你认为很符合自己情况的，在题后面记2分，比较符合的记1分，介于符合与不符合之间的记0分，比较不符合的记 –1 分，完全不符合的记 –2 分。测量时间 15 ~ 20 分钟。

气质测量 60 题

1. 做事力求稳妥，不做无把握之事
2. 遇到可气的事就怒不可遏，想把心里话全说出来才痛快
3. 宁肯一个人干事，不愿很多人在一起
4. 到一个新环境很快能适应
5. 厌恶那些强烈的刺激，如尖叫、噪音、危险的镜头等
6. 和人争吵时，总是先发制人，喜欢挑衅
7. 喜欢安静的环境
8. 善于和人交往
9. 羡慕那种能克制自己感情的人
10. 生活有规律，很少违反作息制度
11. 在多数情况下情绪是乐观的
12. 碰到陌生人觉得很拘束
13. 遇到令人气愤的事，能很好地自我克制
14. 做事总有旺盛的精力
15. 遇到问题常常举棋不定，优柔寡断
16. 在人群中不觉得过分拘束
17. 情绪高昂时觉得干什么都有趣，情绪低落时又觉得干什么都没有意思
18. 当注意力集中于一件事时，别的事很难使我分心
19. 理解问题总比别人快
20. 碰到危险情境，常有一种极度恐怖感
21. 对学习、工作、事业怀有很高的热情
22. 能够长时间做枯燥、单调的工作
23. 感兴趣的事情，干起来劲头十足，否则就不想干
24. 小事就能引起情绪波动

25. 讨厌做那些需要耐心、细致的工作

26. 与人交往不卑不亢

27. 喜欢参加热烈的活动

28. 爱看感情细腻、描写人物内心活动的文艺作品

29. 工作学习时间长了，常感到厌倦

30. 不喜欢长时间谈论一个问题，愿意实际动手干

31. 宁愿侃侃而谈，不愿窃窃私语

32. 别人说我总是闷闷不乐

33. 理解问题总比别人慢些

34. 疲倦时只要短暂的休息就能精神抖擞，重新投入工作

35. 心里有话宁愿自己想，不愿说出来

36. 认准一个目标就希望尽快实现，不达目的，誓不罢休

37. 学习、工作同样一段时间后，总比别人更疲倦

38. 做事有些莽撞，常常不考虑后果

39. 老师讲授新知识、技术时，总希望他讲授慢些，多重复几遍

40. 能够很快地忘记那些不愉快的事情

41. 做作业或完成一件工作总比别人花的时间多

42. 喜欢运动量大的剧烈的体育活动，或参加各种文娱活动

43. 不能很快地把注意力从一件事转移到另一件事上去

44. 接受一个任务后，希望把它迅速完成

45. 认为墨守成规比冒风险强些

46. 能够同时注意几件事物

47. 当我烦闷的时候，别人很难使我高兴起来

48. 爱看情节起伏跌宕、激动人心的小说

49. 对工作抱认真严谨、始终一贯的态度

50. 和周围人的关系总是处不好

> 51. 喜欢复习学过的知识，重复做已经掌握的工作
>
> 52. 希望做变化大、花样多的工作
>
> 53. 小时候会背的诗歌，我似乎比别人记得清楚
>
> 54. 别人说我"出语伤人"，可我并不觉得这样
>
> 55. 在体育活动中，常因反应慢而落后
>
> 56. 反应敏捷，头脑机智
>
> 57. 喜欢有条理而不甚麻烦的工作
>
> 58. 兴奋的事常使我失眠
>
> 59. 老师讲新概念，常常听不懂，但是弄懂以后就很难忘记
>
> 60. 假如工作枯燥无味，马上就会情绪低落

确定气质的方法如下：

1. 每题得分填入下表相应的得分栏

2. 算每种气质类型的总得分数

3. 确定气质类型

（1）如果某气质类型得分均高出其他三种 4 分以上，则可定为该气质类型；如果该气质类型得分超过 20 分，则为典型型；如果得分在 10~20 分，则为一般型。

（2）两种气质类型得分相近，其差异低于 3 分，而且又明显高于其他两种，高出 4 分以上，则可定为这两种气质类型的混合型。

（3）三种气质得分相接近而且均高于第四种，则为三种气质类型的混合型，如多血 – 胆汁 – 粘液质混合型或多血 – 胆汁 – 抑郁质混合型等等。

胆汁质	题号	2	6	9	14	17	21	27	31	36	38	42	48	50	54	58	
	得分																总分
多血质	题号	4	8	11	16	19	23	25	29	34	40	44	46	52	56	60	
	得分																总分
粘液质	题号	1	7	10	13	18	22	26	30	33	39	43	45	49	55	57	
	得分																总分
抑郁质	题号	3	5	12	15	20	24	28	32	35	37	41	47	51	53	59	
	得分																总分

需要说明的是，利用短时间的问卷测验来确定气质类型有一定的局限性，只能算一种大致的确定。

第二节 青年交际中的内在素质培养

在人际交往中，我们很羡慕那些仪表、举止、言谈等都很得体的人，他们由内向外，充满了魅力。这种魅力与内在的文化、思想、道德的修养是紧密联系在一起的。

怎样提高自己的内在素质？一般来说可以从以下几方面入手

（一）加强对自我的约束

人们都希望能成为"表里如一"而非"金玉其外"的人，希望能成为真诚守信而非虚情假意的人，希望能成为外在行为与内在道德有机统一的人。这一切只有通过对自身的约束才能真正达到，只有"见贤思齐""吾日三省吾身"才能够达到。

我们讲"老吾老以及人之老，幼吾幼以及人之幼"，但无法规定公共车座位上坐着的妙龄女郎一定要给站一旁蹒跚老者让座；我们讲社交场合中的得体举止却无法阻止音乐会上此起彼伏的手机铃声、接电话声、呼朋唤友声；我们讲尊师礼仪却无法杜绝给老师起"绰号"的陋习。

在人际交往中，应该有一套符合年轻人特点的行为标准，这种标准要以理论修养为内核，以礼仪修养为包装。它应该带给人们心灵平静、心理健康，使人与人和睦相处。

（二）建立自信

自信是一个人在社交场合得体表现的心理保证。只有对自己充满信心的人，才能得体地运用礼仪。

每个人都是一座巨大的宝藏，问题在于我们如何去挖掘它。《致加西亚的信》的作者阿尔伯特哈伯德曾讲过一个叫《钻石就在你身上》的故事：

一百多年前，美国费城有几个高中生因没钱上大学，于是他们只好请求博学多才的康惠尔牧师教他们知识。善良的牧师答应了他们的要求，同时他又想到还有许多年轻人没钱上大学，于是他决定为这些人办一所大学。他四处奔走，可五年筹集到的钱还不足一千美元，而当时办一所大学需要 150 万美元。

一天，他发现教堂周围的草坪十分枯败，便向园丁询问原因。园丁说："这是因为你总拿自己的草坪和别人家的作比较的原因。我们常常羡慕别人家的草坪，希望那就是自己的，却很少动手整理自己的草地。要知道别人的草地背后一定蕴藏着别人的劳动。"

园丁的这番话让他大受启发，他把自己的启示融入到他富于哲理的演讲中，他告诉人们，有些人，终其一生在寻找宝藏，却不料钻石就在你的身边。有个农夫，很想在地底下挖到钻石，但是在自己的地里一直无法挖到。于是，他卖掉了土地，四处寻找可以挖到钻石的地方，最后仍然两手空空，一无所获。相反，买下这块土地的人，始终坚持不懈地在这片土地上挖掘，最后找到了宝藏。康惠尔告诉人们：财富需要自己去挖掘，依靠自己去奋斗，因此财富只属于在自己土地上不断耕耘的人。七年后，他靠演讲赚了 800 万美金，创建了美国著名的高等学府——康惠尔大学。

应该相信自己的能力，每个人都是最可宝贵的财富。只要明确目标，经过努力学习，不断地加强修养，遵循必要的行为规范，有机地融入所生活的群体，每个人都可获得成功。

（三）培养积极进取的勇气

人的一生，什么都可能碰到，有玫瑰、阳光、欢笑，但也有荆棘、泥泞和哭泣。当你面对困难的时候，最为重要的就是不能失去勇气。机遇只属于有勇气的人。有句歌词这样唱道："不经历风雨，怎么见彩虹？没有人能随随便便成功。"挫折并不可怕，可怕的是丧失了积极进取的勇气。

有人说："人生的意义不在于拿到一副好牌，而在于如何打好一副坏牌。"真正的成功属于那些身处逆境却永不言败的人。

畅销全球的科普著作《时间简史——从大爆炸到黑洞》的作者斯蒂芬·霍金是被科学界公认的继爱因斯坦以后最伟大的物理学家。令人难以置信的是，霍金是一个丧失语言能力、全身上下除了面部表情外只有三个手指头能动的残疾人。在 21 岁时，被确诊为患有不可治愈的运动神经病，医生断言他只能活两年半。但他以执着的信念和坚定的信心粉碎了医生的预言。他曾被选入伦敦皇家学会，被任命为卢卡逊数学教授——伟大的牛顿曾入选的学会和获得过的荣誉职位。霍金的病痛是常人难以想象的，他所经历的磨难也是常人难以承受的，而他对人类所作的贡献也是超乎常人的。在霍金到中国参加国际数学家大会弦理论国际会议时，他在回答记者提问时说：“我热爱生活，享受生活，我从音乐和我的家庭得到巨大的快乐。”“霍金很喜欢音乐，甚至在音乐声中摇晃自己的轮椅与家人跳舞。他对音乐的熟悉决不比常人低，帕伦克的《格罗里亚》、勃拉姆斯的小提琴协奏曲、贝多芬的弦乐四重奏、披头士的《请你让我快乐》以及反映中国古代公主悲剧的《图兰朵》是霍金常听不厌的曲目。”（《走近霍金》）从这些描述中我们可以看到霍金伟大刚毅的性格。巨大的勇气和意志力，对生活的无限热爱，正是他战胜困难，无坚不摧的动力所在。

（四）爱心与宽容

中国的传统文化中，特别讲究“仁”的精神，所谓“仁”，就是孔子在《论语·阳货》中所说的“恭、宽、信、敏、惠”。“仁”，不仅是中华民族的追求，同样也是其他民族的理想，基督教的教义中就有这样的话语：“要爱你的敌人。”你想要别人如何对待你，你就应该如何对待别人。

在这个世界上，最能打动人心的就是爱。在人际交往中，用仁爱之心对待他人，用互爱的原则处理人际关系，你会获得意外的回报。

有这样一个故事：一次，太阳和风为争论谁最强大而争吵起来。风先说：“我们来比试比试吧。看，那儿有一个老头。我们俩谁让他更快地脱掉大衣，谁就最强大。”于是，风呼呼地吹了起来，越吹越大，可是老人反而把衣服裹得更紧了。风渐渐停了下来——它放弃了。这时太阳出来了，它温暖地抚摩着世间万物——大地、树木、老人。不久，老人觉得热了，他脱掉了大衣。太阳对风说：“温暖与友善比暴力和粗鲁要强大得多。”

无论世界怎么变化，爱心永远不变。无论时光怎样流转，怀着爱心与人交往，一定会赢得双份的回报。孔子不是说："人而不仁，如礼何？人而不仁，如乐何？"

　　有爱心的人必定宽容，因为他对世界、人生怀着深厚的情感。宽容的人一定有爱心，因为他有宽广的胸怀。"泰山不让土壤，故能成其大；河海不择细流，故能就其深。"因为不拒绝一粒粒的土壤，泰山才如此巍峨险峻；因为有容纳千万条细流的博大的心胸，大海才如此浩淼无垠；因为有比大海更浩大的包容心，雨果才说"这个世界，比大海更为广阔的是天空，比天空更为广阔的是人的心灵"。

（五）学会感恩

　　你会感恩吗？拿出纸和笔来，写出你今天抱怨过的和感谢过的人、事、物。

　　你发现了吗？每一天，我们抱怨的东西是如此之多：工作、学习、金钱、社会、同事、领导、老师、学校……我们的感谢却是如此之少。我们很少会珍惜我们现在拥有的亲情、友情、爱情，我们漠视阳光、水分、食物，我们把健康、自由、和平视作理所当然。

　　"不要为你所没有的抱怨——要珍惜你所拥有的。"在西方，人们常说"带着感激之心生活"，每年都要过感恩节，感谢上天赐予人类的一切。感恩节每年只有一次，生活中我们却不应该一年才感谢一次。每天起床，你是否想过，谢天谢地，我拥有健康，我拥有快乐，我拥有食品。你是否满怀感激地想到过抚育你长大的父母、给予你知识的老师？你是否满怀感激地珍惜自己所有的一切？你是否会心怀感激地面对生活？当你得到别人的帮助时，当你受到了应有的尊重时，当你得到了恰当的礼遇时，你是否会更加热爱生活？

练习：

请认真填写下表，每天翻看一遍。

我感谢的人	我感谢的事	其他

（六）消除嫉妒

嫉妒是人们对才能、名誉、成就、地位或境遇比自己好的人心怀怨恨。嫉妒心是人们不甘落后，企图压倒别人、控制别人时生发出来的一种消极心理。嫉妒心强的人比较偏激，虚荣心较强，也好出风头，他们总希望能在事事、处处占上风。在学习中嫉妒比自己强的人，在日常生活中嫉妒相貌出众的人，平常的交往中嫉妒人际关系好的人，工作学习中嫉妒被领导、老师赏识的人。嫉妒者往往对自己缺乏正确的评价，在与人交往时很难表现得彬彬有礼。

嫉妒之心，人皆有之，问题在于如何正确对待这种心理。有的人能力不足却事事要与人一争高下，失败之后，不知自省却怨天尤人，甚至不择手段诋毁他人。有的人能够化嫉妒为积极进取的动力，他们认为，别人的长处并不会减损自己的价值，自己的特长别人不一定拥有。这些人往往能够通过冷静分析，发现自己的优点和不足，增强自信；他们能够在与人交往中恰当地运用赞美，在充分肯定别人的同时，正确地面对自己的失败，把嫉妒化为前进的动力，不断地鞭策自己。

(七) 建立诚信

诚信是人类最推崇的品质。假如你想在人际交往中成功，你必须恪守诚信的原则。

犹太人是世界上最富有的民族之一，在谈到他们经商的成功经验时，很多人都会谈到诚信。他们认为没有了金钱，可以再赚回来；一旦失去诚信，就相当于失去了人的第二生命。

诚信是人格的试金石。人自涉世之初到生命终结，与人交往，如果对人坦诚相待，真诚守信，便能得到相同的甚至超值的回报。

春秋战国时期。季札佩带着吴王赐予的宝剑出访邻国。在徐国，徐国国君对宝剑赞不绝口，艳羡之情溢于言表。季札因为还要继续前往其他国家，便暗暗在心中对徐王许下诺言：等到结束行程之后，一定把宝剑送给他。半年多后，季札来到徐国，可徐君已经病逝，于是季札便把宝剑挂在了徐君墓前的树上。季札重义守信的美名也因此流传青史。

一言九鼎，言出必行，一直是中国人推崇的美好品格，古往今来，多少人为诚实守信写下了动人的篇章，流传千古。孔子说："君子喻于义，小人喻于利。"又说"人无信不立"，告诫我们后人要信守承诺，言出必行。

第三节　掌握交往的礼仪

礼仪是个人在待人接物中表现出来的修养。礼仪的学习和使用可以提升自我，并且可以帮助你实现人生的价值。

刚刚步入社会的青年，要获得良好的人际关系，必须认真学习交际礼仪。

一、社交场所的礼仪

在社交场合中人的一举一动、一颦一笑都会给人留下深刻的印象。良好的举止可以折射出一个人的学识水平、内在气质和道德修养。

（一）婚礼礼仪

婚礼，一般来说，场面热闹盛大，主人宾客都希望营造一个幸福喜庆的浪漫氛围。在这种场合，参加婚礼的人要注意自己的着装。婚礼上的着装比较正式，应该选择符合喜庆的衣饰，如果不修边幅、精神萎靡地出现，会给人以不礼貌、不尊重人的印象。

当别人和你交谈时，要落落大方，不要忸怩作态，也不要滔滔不绝，更不能向对方刨根问底。谈话时要特别注意手势的规范和手势的含义，在交谈中尤其不能用手指指人。

要注意体贴周到，顾全大局，扩大交往。不要只和一两个伙伴交头接耳，窃窃私语，而对其他参与者熟视无睹。

要注意调整自己的情绪，即使情绪低落，也要保持脸上的微笑，不要摆出一副曲高和寡、拒人千里之外的面孔。

在婚宴上的讲话也要注意礼仪，一般来说，要对新人表示真挚的祝福，常用语有"恭喜恭喜""白头偕老""永结同心""早生贵子"等等。

婚礼的程序一般包括：新郎新娘入场，双方父母致辞，新人向父母行礼，新人向来宾致谢，新人对拜，新郎致辞。在这一过程中，要注意微笑倾听，并适时地给予掌声，表示祝贺与赞美，不要一味地大嚼大吃，呼朋引伴，喝五吆六。

(二) 丧礼礼仪

亲人离世，悲痛至极，所以作为至交亲朋参加丧礼，一定要注意必要的礼仪要求。丧礼一般庄严肃穆，来宾表情应该严肃凝重，服饰色调以深蓝、黑色、白色为主，女士要注意不穿华丽的服装，不浓妆艳抹。到达灵堂后，首先要对死者表达哀思，向遗体或骨灰盒深深三鞠躬，鞠躬的速度要缓；如果逝者是亲戚长辈，要行跪拜礼，一般是掌心向下恭恭敬敬磕三个头。参加丧礼时，不要穿梭于人群中，说笑嬉闹，即使有要事相谈，也只能用较低的语调。参加丧礼，还要注意用亲切的话语对去世者家人进行安慰，如说些"节哀""多多保重"的话。

二、应酬礼仪

(一) 招待客人的礼仪

"有朋自远方来，不亦乐乎？"在人际交往中，邀请人来做客是最常见的人际交往形式，高朋满座、笑语盈门是人生的一大幸事。"主雅客来勤"，待客和做客，是十分讲究礼仪的。

善于待客的主人会让客人有宾至如归的感受，这样，客人才能够高兴而来，尽兴而归。

为了对客人表示尊重，在客人到来之前要把室内外的环境清理一下，让人感到赏心悦目。如果是在家接待客人，要注意全家人合作，营造和谐融洽的家庭气氛。如果家里发生了矛盾，要调整好自己的情绪，不要在客人面前相互指责或互不搭理，使得气氛尴尬。此外还要注意茶具的清洁。在家里接待客人一定要衣着整洁，不能身穿睡衣或汗衫背心迎接客人，这是待客的基本礼貌。

当客人对环境路线不熟悉时，主人应当为客人引路。在为客人引导时，主人一定要讲礼仪。若两人并行，应以右为尊，请客人走在自己的右侧，要与客人保持步伐一致，并适当作些介绍。拐弯时，应先行一步，伸手指引，提醒客人。

如果三人并行，中间为上，右侧次之，随行人员应走在左侧。到了门口，要为客人开门。主人开门时要注意：如果门是朝外开的，主人应把门向自己的方向拉开，请客人先进；如果门是向里开的，应把门推开，自己先进，并扶住拉手，不让门动，再请客人进去。进入房间后，将门轻轻关上，请客人入座。

客人就座后，应向客人敬烟，上茶，递糖果，削水果。值得一提的是，上茶时要注意不要把有缺口和裂缝的茶碗拿出来使用，使用一次性杯具最好。茶水温度七十度左右，太凉的茶水会引起来客的不快，茶水最好浓淡适中。俗话说："茶满七分，酒满杯"，"酒满敬人，茶满欺人"。因此给客人倒茶时只要七分满就行了。

送别客人时，要以礼相送。客人提出告辞，主人要挽留，中国人讲究含蓄美，有时客人提出告辞，只是在作一次试探。所以客人提出告辞时，切不可就急忙起身送客。如果客人一定要走，则不必强留。

送客时应主动为客人开门，待客人走出后，你再随后出来。可在适当的地点与客人握别，如电梯口、大门口、停车场或公共交通停车点等，并叮嘱客人路上小心，欢迎下次再来。等到客人消失在视线中，才返回，否则会很失礼。

（二）拜访礼仪

到别人家拜访最好是和对方预约一下，不要搞突然袭击，让对方措手不及。万一别人已经有约会，这样就会弄得很尴尬。约会定下后，不能随意失约，如果是临时有事来不了，一定要及时通知主人，另约时间。因急事来不及事先通知对方的，见到对方时，应首先道歉，说明原因，并请求谅解。约好拜访时间，不要早到或迟到。

到别人家拜访，一定要注意自己的仪表。男士要注意服饰清洁整齐，外表精干，不要仪容不整、邋邋遢遢地出现在主人面前。

到达主人家门口，要稍稍整理一下头发和服装，在主人家门口的垫子上擦擦鞋底，然后再敲门。敲门时用手指轻轻扣三四下即可；如果主人家装有门铃，那么按两三下即可，按门铃时间不可太长，节奏也不可太快。

落座以后，注意坐姿要大方自然。主人奉上茶来，要欠身说"谢谢"。主人敬烟要表示谢意，切记不能拒绝主人的烟而只抽自己的；如果觉得自己应该请其他人抽烟，可在下一轮里拿出来敬给他人。如果主人家没有烟灰缸，说明主人不抽烟，应尽量克制；如果实在要抽，应先征求主人的意见，如果有女性在场，应该先问她是否介意。烟灰要弹到烟灰缸中，果皮不要乱扔。交谈中，注意不要大声喧哗，不要东张西望。

拜访者一定要有时间观念。如果你是一个健谈的人，一定要提醒自己适可而止。作为客人，要注意主人传达的微妙信息，如果主人谈兴正浓，不妨延长一下拜访时间，打断别人的兴致是不礼貌的。如果主人在交谈中频频看表，那么就应该尽快结束谈话，起身告辞。不要等到主人暗示时间不早还浑然不知地说"我没事"。

告辞时要感谢主人的热情款待，如果主人要送出门来，要请主人"留步"，如果主人在目送，则说"请回"。

三、交通的礼仪

(一) 电梯内的礼仪

在电梯里没有其他人的时候，自己先进入电梯，按住开的按钮，再请其他人进入。到达目的地后，按住电梯的"开"的按钮，请朋友或其他人先下。

如果进电梯时，电梯内已经有人，那无论上下都应由老弱孕残或位尊者优先进出电梯。进电梯要奉行女士优先的原则，男士可为她们挡门，按钮，女士应微笑点头致谢。

如果刚巧见到有人急奔而至想搭电梯，门又即将关上，请伸手为其挡门，举手之劳可以为他人节省许多时间。

在电梯内，一定要注意以下事项：

先上电梯的人应靠后面站，以免妨碍他人乘电梯，并且应该面向电梯口方向或中心，不可面朝四壁，也不要盯着他人看。如果电梯内已有很多人，后进的人应面向电梯门站立，不要往里挤。

身上背了包袱或拿了许多东西，进出电梯一定要小心，以免无心碰触他人引起不愉快。

电梯内空间狭小，应保持安静，不可高谈阔论或大声喧哗、嬉笑吵闹。电梯内禁止吸烟。移动电话响起，要尽量压低声音接听，尽快结束通话，切忌谈笑闲聊，滔滔不绝。

站立在电梯按钮旁的人，有义务替其他同乘者服务，其他人应该表示谢意，最好不要伸长手臂去按按钮。

(二) 乘车礼仪

1. 乘坐轿车的礼仪

乘汽车时，通常遵循的原则是右为上，左为下，后为上，前为下，但如何落座，具体要根据开车的人来确定。如果是搭乘出租车，或者是有司机驾车，以后座右侧的座位为最尊位，即上宾席，左侧位次之，再其次是后排中位，司机旁的座位为最卑。但若是主人或者朋友亲自驾车，则副驾驶位置为上宾席，其他次序为后座右位、后座左位、中位。

上车时比较优雅的姿势是扶着门，把身体放低，轻轻移进车子，低着头，拱着背，钻进车里的姿势是不太得体的。

下车时一般是先伸出一只脚站稳后，再让身体徐徐站直。错误的姿势是先伸出头来，然后再十分艰难地钻出来。

2. 乘坐公共汽车的礼仪

当汽车进站时，要按顺序上车，尽量让老弱妇孺先上，不要仗着身强力壮拼命往上挤。对上车不方便的人，应伸出援助之手。

上车后，不要与人争抢座位，不要用包去占位子。见到老弱孕残以及抱小孩儿的乘客，应主动给他们让位。在车辆运行中，要注意拉好扶好，防止踩踏、碰撞他人。在车厢内不要吸烟，不要乱扔果皮杂物。与熟人朋友共同乘车，要注意不要旁若无人地大声谈笑；与恋人一起乘车，注意行为举止不要过于亲密。下车时如果车上人太多的话，要提前挪到后门，并礼貌地对需要让路的乘客说："劳驾，请让一让。"

四、人际交往的礼仪

（一）女性之间交往的礼仪

有人说，三个女人一台戏。有人说，女人之间没有真正的友谊。有人说，女人关注的焦点永远是异性。这些说法应该说都有一定的道理，但是都算不上正确。

女性都很渴望拥有朋友，女性之间也很容易成为朋友。也许是一句话，也许是一个微笑，也许是一个细小的举动，你就会获得一位朋友，女性就是那么容易接近那么容易满足。拥有朋友，这是多么好的一件事，在茫茫人海中，你多了一些可以和你一生同行的伙伴。

在女性之间的交往中一定要注意下面这些的礼仪：

1. 对年长的女性

在交往中，无论何时何地年轻女性对中老年妇女都要表示出对她们阅历见识的尊敬。在她们发表意见时，要认真倾听，并表示："我还年轻，什么也不懂，请多指教。"这样会给对方留下谦虚、真诚、有礼的印象。在与她们交谈的时候，注意她们流露的一些信息：如家庭、子女、丈夫，可以不失时机地夸奖她的子女和家庭。一般来说，母亲们都认为自己的孩子是最优秀的。

当年长者进屋的时候，要主动站起来打招呼、欢迎。遇到和中老年女性同时进门或者同时出门的情况时，要主动地站到一边，请年长者先通过，并说"您先请！"

年轻女性称呼年长女性要使用尊称和敬语，任何时候都不能直呼其名。

2. 对年轻的女性的礼仪

同年轻女性交往，要积极、主动、热情。在人际交往中，"热情"是最能打动人、对人最具吸引力的品质之一。一个充满热情的人很容易把自己的良性情绪传染给别人。其次，在与她们交谈时注意适当地给予她们真诚地赞美。赞美年轻女性要注意掌握分寸，夸大其辞的赞美只会招致别人的反感甚至警惕。赞美的最佳方式是间接赞美，如赞美她们的服装、小饰物、发型、香水、拎包等，赞美她们注意细节、眼光独到、格调高……这样的交谈往往容易拉近双方距离。

　　同年轻女性交往，要关心她们的感受。对于缺乏自信的女性，要给予适当的鼓励，如"我觉得很好""我认为你很不错"等等。此外，姓名对任何人而言都是最悦耳的声音，努力记住对方的名字，在下次打交道时清楚准确地叫出对方的名字，这是对他人的尊重和重视，同时也是你细心、有教养的标志。"哎，那不是×××吗？"这样的语句是没有礼貌的表现，除非是对你非常熟悉的朋友。

　　在女性交往中，要多替别人着想，不要对同性冷嘲热讽，挑三拣四。如果处处刻意打压别人抬高自己，这样的人势必失去最后一位朋友。

(二) 异性间的交往礼仪

1. 女性同男性交往的礼仪

　　中国有"男女授受不亲"的传统，即使在今天，异性间的交往仍是一个值得注意的问题。

　　年轻男女交往，一定要重视礼仪。首先要注意仪容得体。在与男性交往时，女性要注意妆容浓淡相宜，穿着要端庄得体，特别注意不要穿过于暴露的衣服。

　　其次，女性在与男性交往时要注意自己的举止言谈，要注意措辞文雅。中国人讲究男女有别，尽管社会在进步，但还是应该注意合乎礼仪的言谈举止，不要讲粗俗的话或玩笑，不要打打闹闹。

　　第三，在同异性交往时，对男性细心周到的帮助要微笑致意并说"谢谢"，不要轻易拒绝男性为你服务的好意，对男性彬彬有礼的行为视作理所当然是没有教养的表现，过分的矜持或清高都是不礼貌的行为。

2. 男性同女性交往的礼仪

青年男性在与女性的接触中，一定要注意养成"Lady First"的意识。通常，男性应该为女性开门，为女性提较重的包袱或皮箱，让女士先走，为女士让座等。

在男性与女性的交往中，男性要注意避免不必要的身体接触。

与女性交往一定要守时。男性的守时观念常常是与信用联系在一起的，如果因故不能按时到达约定地点的话，一定要打电话说明情况，与女友另约时间，千万不能让人家在约定地点苦苦等待。

与女性交谈时要避免询问年龄。与女性在马路上行走时，男士要走在靠近车辆的一侧，而让女士走在靠里的一侧。这是西方的古老传统，以前的路多是土路，一到下雨天，道路泥泞不堪，每当马车走过，便会溅起泥浆，男士走在外侧，可为女性遮水挡泥。

与女士一同乘车时男士应该为女士开车门，等女士坐好后，关上车门，绕过车后，再开门上车。进电梯时要先帮女士挡住电梯门，女士进入后，自己再进入。然后按"关门"按钮，再按楼层。

3. 恋爱礼仪

男女相恋，两情相悦，本无可厚非，可是在大庭广众之下，就一定要注意自己的行为礼仪。在公共场合，要注意不要当众做一些过于亲昵的动作，中国的文化传统讲究的是含蓄之美。

恋爱中的青年男女，要注意相互尊重。人与人交往，讲求的是平等、尊重，男女相爱，还应该给对方一定的交往空间，不能让男朋友（或女朋友）成为生活的重心。对对方关注过多，你可能会失去自我，失去自信。

单纯真挚的爱情，是人生最珍贵的财富。男女双方交往，要以礼相待，要尊重社会的公序良俗，不要轻易越过禁区。人的一生有很多个阶段，一定要把握住自己，在不同的年龄、不同的阶段做不同的事情，不要预支生活中的快乐与悲伤，在年纪很轻时就尝遍了未来婚姻家庭生活的喜怒哀乐。

五、校园礼仪

大学是多少青年梦寐以求的地方，在这里，无数学子挥洒辛勤的汗水，放飞理想。大学，这神圣的殿堂，以博大的胸怀，接纳着一批批求知若渴的青年俊才，以深厚的文化底蕴征服了数以万计学生的心。

大学同时也是传承中华文明地方。在大学校园中学习礼仪，推行礼仪，对全社会而言具有极强的示范意义。

校园礼仪包括了学生学习生活的方方面面，本部分主要侧重讲在不同场合与老师、同学相处的各种礼仪。

（一）课堂礼仪

中国历来都有尊师重教的传统，教师是人类心灵的导师，是人类文明的传承者，是"传道、授业、解惑"的人。古语有云："一日为师，终身为父。"而古礼则认为"天""地""君""亲"之后就是老师。

岑老师兴奋地抱着一大堆精心准备的教案走进教室，离上课时间还有两分钟。教室的座位上零零落落地坐着几个女生。上课铃声响过，岑老师开始讲课。这时，迟到的学生零零散散地进来，门一次次被打开、关上，他的话音一次次被打断。大约十分钟后，迟到的同学到得差不多了，他悄悄舒了口气，顺着思路继续讲下去。正在他妙语联珠、挥洒自如的时候，岑老师发现坐在教室后边靠墙位置的一个男生正在悠闲地翻看报纸。在他的干涉下，男同学收起了报纸。这时他注意到坐在角落里的几个学生一直旁若无人地在看英语，一个女同学低着头"滴滴滴"地在发短信。霎时间，岑老师心中打翻了五味瓶似的，情绪全无，这节课最后草草收场……

你遇到过类似情况吗？除此之外，还有哪些不符合课堂礼仪的行为？

_____

_____

_____

_____

_____

上课迟到是对老师和同学的不尊重。

马斯洛在他的需要层次理论中把人的需要分为生理需要、安全需要、社交需要、尊重需要和自我实现需要五个层次，每个层次代表着一类要求，上一个层次的需求只有在下一个层次的需求得到满足后才能得以实现。所谓尊重需要就是希望自己的能力、成就被人承认，希望得到他人的尊重和肯定。尊重需要的实现，才有可能满足自我实现的需要。

人们在寻找自我价值时，常常会依赖别人的评价，如"朋友认为我是一个诚实勇敢的人""同学认为我才华横溢"……我们很看重别人对自己的评价，肯定的评价意味着对我的价值的肯定，否定的评价意味着不被认同。来自外界的正面评价能激励人们战胜困难、无坚不摧，而负面的评价则会使人懦弱、自卑，有时甚至连最简单的事情也无法办到。每个人都希望被重视、被肯定，没有人喜欢被忽视、被否定。千万不要用语言或者行为否定别人的自我价值感。

回到刚才那个案例，岑老师一下变得情绪低落也就很容易理解了：上课铃响了，学生稀稀拉拉，迟到的人很多，这可以说是岑老师遇到的第一个外界反应；良好的教学气氛没维持多久，课堂上对他视若无睹、悠闲读报的学生是第二个外界反应；埋头学英语的是第三个外界反应；发短信的学生是第四个外界反应。这一连串的外界反应都可以说是对他价值负面评价的表现，它使得岑老师的自我价值感受损，让他有了强烈的受挫感，觉得自我价值没被同学认可，。从这个案例中我们可以得出这样的结论：

课堂礼仪的第一要义就是：尊重老师，维护老师的自我价值感。此外，课堂礼仪还包括：上课前提前到达教室；上课时间一定要关闭手机、传呼机；不交头接耳，不做其他和本门课无关的事；不随意在课堂上走动或者进进出出，实在需要出去，必须先征得老师的同意；不在课堂上抽烟，吃东西，嚼口香糖等；主动帮老师擦黑板；不无故旷课、迟到，迟到要在征得老师同意后才能进教室；衣着清洁整齐，不穿拖鞋进课堂。

思考：

我是谁？我的自我价值有哪些？请将你的答案填入下列空格中：

_____

_____

_____

_____

_____

_____

（二）寝室礼仪

寝室是同学学习之余活动最多的场所。对于同学来说，几个人同处一室，一住也许就是四年。这四年，在人的一生中是非常宝贵的，一起从懵懵懂懂的孩子长成大人，一起经历生活的苦辣酸甜，一起经历感情的起落浮沉。也许，大家从此以后便会成为一生相濡以沫的朋友。

相逢是首歌，相处是学问，这学问最关键的地方就是体谅别人。

请看下面这则案例：

他为何要频频搬家

大学期间，同学关系比社会上要简单，同学间也好相处。可为何小林却在两年间搬了四次家，成为不受室友欢迎的人？

故事一：由于个性不同，一个宿舍的同学性格爱好也各不相同。一个宿舍中，有的同学喜欢阅读，有的同学喜欢音乐，有的同学喜欢聊天。同室相处，本来只要大家互相体谅，彼此照应，一般不会出现大的冲突。而小林与众不同，只要他在宿舍，不管什么时候，都把电脑打开播放音乐，而且从来不戴耳机。

故事二：几个人同处一室，总会有一些小摩擦，只要心胸开阔一些，矛盾总会化解。小林的上铺睡觉时翻身会有一些动静，原本无可厚非，可小林却觉得难以忍受，只要上铺的同学有一点响动，他就在下边吼道："你能不能轻一点？"

故事三：年轻人在一起聊天、开玩笑原本很正常，可到小林这儿就出问题了。他可以随意调侃别人，可一旦同学和他开玩笑，他马上翻脸，有时还出言不逊。

故事四：小林有个绰号叫"泥鳅"，为什么呢？原来，每次轮到他值日打扫卫生，他绝对"开溜"。

故事五：有时候小林和大家特别"亲热"，比如他经常随意翻阅别人的书籍，刨根问底探究别人的秘密，甚至趁室友不在偷看人家的日记。

这就是小林频频搬家的秘密。①

在生活中，你还遇到过些什么类似的情况？记下来。

_____

_____

_____

_____

_____

_____

有这么一个故事：一个一无所有的青年流浪到一个偏僻小镇，受到了镇长杰克逊的热情款待。时逢下雨，镇长门前的小路泥泞不堪，来往的人图干净便纷纷从镇长的花圃上踩过。年轻的

_____

① 本案例出自鲍秀芬编著：《现代社交礼仪基础》，机械工业出版社，2003年。

流浪汉很替镇长生气，就冒雨守在花圃边，不让人们通过。这时，镇长挑来一筐煤渣，将它铺在泥泞路上。泥泞的路不再泥泞，人们也不再踩花圃了。杰克逊镇长意味深长地说："看到了吧，关照了别人，就是关照了自己。"如果多站在他人的角度想一想，很多矛盾自然迎刃而解。

在寝室礼仪中，为别人着想应该放在第一位。如果事事讲个性，任性而为，不愿为他人考虑，势必引发寝室矛盾，毕竟人与人是完全不同的个体。与室友相处，要注意发现他的喜好忌讳，优点缺点，不要明知故犯。要尊重同学的隐私权，不要窥探、追问别人不想说的事。如果你是上铺，有同学来访，要坐到你的下铺的床上，一定要征得主人的同意；交谈声不要打扰其他同学的学习或休息。

同室居住，有时同学间会谈一些比较亲密的话，比较私人化的事情，比如情感方面的困惑，人际关系上的烦恼，对学校、老师的意见，记住一定要替人保守秘密。人与人相处，最忌讳的就是到处当"小喇叭"，到处宣扬同学的秘密。答应替别人保密，就一定要信守承诺，即使同学没有提出要求，也应该为同学守口如瓶，毕竟，作一个守信的人的前提并不是必须要有言语的承诺。

你会向同学吐露自己的隐私吗？你相信同学会为你保密吗？你是如何对待他人跟你讲述的私人话语的？

(三) 图书馆礼仪

在图书馆，一定要注意保持安静。到图书馆之前，要注意自己所穿的鞋子，最好换一双软底没有响声的鞋。在办理借还书手续时，同管理员交谈要尽量压低声音。在图书馆里看书，一人一个座位，不要占用太大的桌面，不要用书包、课本到处占位子。在图书馆学习时，最好把手机调到振动档，接电话时应走出房间。通话不要太大声，应尽快结束通话。

在图书馆借阅的书籍要保持清洁，不要在书上乱涂乱画，不要毁坏所借书籍，阅读完后应尽快归还。

(四) 食堂礼仪

到食堂用餐，一定要遵守秩序，自觉排队，不插队，不敲打碗筷。买完饭要在食堂就餐，应寻找空位就座。如果餐桌已经有人，要礼貌地询问："请问这里可以坐吗？"

进餐时要注意自己的举止，不要发出太大的声响。吃饭时应闭嘴咀嚼，不能有咂嘴声，不要用勺或叉在碗里刮出响声，不要在饭碗里刨刨拣拣，不要随意往地上扔东西。吃完饭后，应把自己丢弃的食物带走扔进垃圾筒。

饭后如果要用牙签剔牙，应用左手挡着嘴，不能一边走一边剔。

第七章　求职应聘礼仪

路漫漫其修远兮，
吾将上下而求索。

求职应聘古今中外都有过，只是形式大同小异，目的都是一个，不拘一格选拔人才。在此过程中，简历及自荐信是引领求职者跨进应试大门的关键一步，它以书面的形式表现着作者的文化修养、政治立场乃至做人的原则。而面试则是求职者充分展示自我才华，让招聘方全面认识求职者素质及各方面才能的大好机会。求职者的衣着、谈吐、行为方式都将给招聘方留下深刻印象，并最终影响面试的结果。因此求职应聘活动不仅是对礼仪技巧的掌握，更是一种文化的深刻写照。一个没有深厚文化底蕴的人，哪怕技巧做得再好，如果没有发自内心的内在需要，恐怕也只能是被人拒之于千里之外。故我们在探讨技巧问题时绝不可把礼仪仅作为一种技能来言说，而必须将文化素养的培养内化于心，方能真正获得如鱼得水的效果。

本章旨在通过对简历、自荐信的制作要点进行简要归纳，结合案例及其练习提高大家的写作技能，帮助大家走好求职应聘的第一步。之后就面试中如何给招聘方留下良好的第一印象，如何在服饰、言谈、举止行为等方面做得尽善尽美提供一些可资借鉴的参照，并提醒大家在应聘中应该注意的一些禁忌事项。

第一节　简历、自荐信的制作

一、简历："投石问路"，迈好关键一步

一份关系着自己前途和命运的简历写好了，闭目沉思，它描述了一个什么样的人呢？是有个性、自信、充满朝气、经历不凡，还是很寻常、朴实抑或儒雅、文质彬彬、不肆张扬的一种？是文笔流畅、思路清晰、语言准确、生动活泼的呢？还是语不惊人誓不休、语辞夸张华丽、思路混乱的呢？古人说：见字如见人。且不论它讲的是书法还是文本，但字里行间透露出的信息你

可不能低估。简历虽简，可千万不要小视它啊！

求职过程中，"投石问路"的技巧至关重要，尤其通过书面进行的求职竞争通常需要认真准备。一份清晰而有特色的简历想必是难以让人忘怀的；再加上与之附在一起的自荐信或简介信，用词得当，轻重缓急把握有度，尺幅之间尽显华彩，其人的概貌便已初显端倪；最后将通讯联系的方式、地址周全地附之于后，面试机会就非你莫属。下面就此作一简要介绍。

（一）写好简历的必备要素

通常人们会以为简历就是将自己的经历做一个简单的介绍，无须花什么力气，但随着就业形势的日趋严峻，简历的写作技巧要求也越来越高。主要应注意如下一些问题。

1. 个性化

有个性的简历会闪闪发光，就像有个性的人能脱颖而出，吸引众人的目光一样。尤其在西方文化影响日趋深厚的今天，个性化越来越受到人们的重视。尽管在讲究统一性、集体性、顺从性的国人眼中，个性化也得到了更多的关注，因为个性有时其实就蕴藏着创造力，它符合人的自然本性，任何违背自然的东西都必将遭受毁灭已成为人类的共识。

许多求职者或许都知道这个道理，但却屡屡为达此效果而颇感踌躇。那么究竟如何使自己的简历与众不同呢？

首先，必须明确简历的写作目的是为了成功地推销自己。而要顺利地达到这一目的，一要能引起阅读者的兴趣和好奇心，有试图一见的欲望和好感；二要能不着痕迹地让招聘者认为：我就是他需要的最合适的人选，雇佣我他尽可以放心。

其次，写作时应注意突出特点、重点，从而显现个性。由于简历的格式、书写规则等因素的限制，有的人生怕失去肯定自己过去成就的机会，于是把自己原来工作中的每个细节都忠实地记录下来；有的人或以时间顺序为轴细说经历，以显示自己的不凡。殊不知这样的写法却使很多人的简历千篇一律，缺乏主次、轻重，更无生机可言。因此，个性化的写作必须能让人从形式单一的简历中，于字里行间读出你所独有的经历和经验，发现你所具有的他人身上所没有的特质，从而让幸运之神找到你这个人才。

当然必须说明的是，个性并不等于惟我独尊，更不等于狭隘、自私、容不下他人，它应当包容着所有的真诚做人的根本和对中华传统美德的继承，是一个真正的有文化修养的人。

2. 真实性

读出一个真实的你来，这可能是招聘方最大的愿望。曾经有人问许多有经验的招聘者：什么样的人是最好的求职者？他们回答说："大多来找工作的人的举动像是伪装的，他们没有留下真正关心工作的印象。"虽然这说的是在面试中出现的现象，但说明如果你不是全身心地去热爱你所想要从事的工作或事业，你就是再好的写手也不可能掩饰你内心的最真实的一面。

因此请你真诚地去面对你将要谋取的任何一份工作，谁也不愿用一个夸夸其谈，却眼高手低或不敬业的所谓人才，所以我们必须解决思想这个根本的问题，才能奢谈真实地写作。

简历往往不可能绝对真实，合理的包装无可厚非，但虚假的制作却让人生厌。原本谦虚的人变成了自吹自擂的大话专家，原来不多话的人却连篇累牍地写出许多繁文赘字，原本内向的人变成以自我为中心的人，原本有信心的人则变得小心翼翼。这是许多简历制作者的一大弊病，尽管他们也是迫不得已，但这样做的结果却往往事与愿违。

请记住写出一个真实的我来，未必不是好事！

闭眼细思量，你如何在简历中写出一个真实而有个性的我，试着描述出来。

3．"度身简历"

为了提高办事效率,现代求职者会根据不同的岗位设计多份简历,分门别类地投送,在经历的陈述中重点强调与求职有关的工作经历和业绩,低调处理不相关的工作、技能、培训经历和业绩。

某大学设计专业的学生,在应聘工程设计师助理的职位时,把专业特长及曾获得专项奖学金放在最为紧要的位置,计算机和英语等级证书则置于相对次要处。而在应聘秘书一职时,他又把计算机系统操作、普通话、秘书资格等级证书等有助于其应聘秘书职位的文件放在显要位置,以引起高度重视,进而达到能进入面试的目的。

你以为这样做合适吗? 你有什么更好的办法或者建议?

_____

_____

_____

_____

_____

_____

_____

职业顾问认为:"简历'度身制作'有助于提高招聘效率。"专家们认为,对求职者而言,假想制作简历就是在推销自己,你就是产品,而简历就是广告。一千个顾客就可能有一千种要求,不可能对同一份广告表示满意。因此求职者要针对不同的顾客策划出不同的广告[1]。但中华英才网人力资源专家则认为,这种方

---

① （《公关世界》2003 年第 7 期）。

法固然有它的好处，但求职者切忌不能使之成为不诚信的工具，故意突出或隐瞒自己的过去。一旦被查出，对今后的前途相当不利。

我们以为"度身制作"是时代发展的必然结果，要想在现代市场的竞争中立于不败之地，就必须有较强的适应能力。简历制作只是我们跨入社会的开头一步，只有迈好了这第一步，才可能有良好的前景。因此只要是真实的经历，合理的包装、制作也就有它存在的理由。

（二）简历的内容

1．个人材料

包括姓名、性别、年龄、身高、婚姻状况、身体健康情况、有意义的早期背景、有助于求职的个人爱好等，或与你身份相关的其他内容。

2．职业目标

旨在说明你希望承担的工作（开始时的层次或长期的目标），以及你正寻求的具体职业或职业类型，你对职业责任、要求的看法等等。

3．教育背景

依次列出你就读过的学校、时间、获得的学位、文凭以及证书，重点在最高学历、与你的职业目标有关的专业培训以及在此期间获得的各种奖励。

4．工作经历

介绍你的工作经历，如工作单位、雇主姓名、起止日期，并阐述清楚工作的性质、职业名称等。注意强调与你职业目标有关的工作经历。大多数学生由于缺乏此项经验，则可将其从事过的暑期或兼职工作以及志愿参加的一些有意义的工作、社会活动都尽可能列出。如果产生了较大影响和良好效果的经历就更应该以平淡的方式把它叙述出来，但切记不要显得洋洋得意。

5．证明材料

如果你是在就业介绍机构登记求职的，对你人品的证明材料——完整的证明文件或职业介绍档案可在此处获得。如果你是从广告或其他渠道获得招聘意图而前去求职的，有的招聘单位有可能要求提供 2～3 个证明人，则你必须说明可能提供的证明材料以及可提供的证明人的地址、电话号码。但事前必须物色好证明人，并征得他们的同意，记下他们的地址和电话号码。

6．工作日期

最好在你递交的简历上注明你可以开始工作的日期。

（三）简历的种类

1．历史型

这是经历有限那一类求职者较常使用的格式。其特点是顺序明确，容易让人了解你的受教育情况以及工作的历史。如果你认为最近所受的教育或工作经历更为重要、有意义，那么把它列在你的简历前面，再依次往前追溯其他经历的时间顺序。填上起止日期，以便说明你从事各项活动时间的长短。

写作此类型简历，应该注意有主次、轻重之分，避免让无足轻重的内容冲淡最有意义的部分。因此，最佳方案是先列出自己的受教育情况和工作经历，再选择与你谋求职业直接有关的内容。

2. 功能型

此类型的方法能有效突出你的职业功能。因此，使用此法时，要把你最有意义的经历放在显著位置，通过强调职业名称和具体的工作业绩来证实你获得这一职业的资格。这种方法比历史型写法更能有效地强调你职业生涯中的兼职、志愿或其他临时工作的经验，也将更有利于你的求职得到重视。

3. 分析型

在分析型简历中，通过对所经历过的工作经验和职业生涯的回顾，将具有共同特点的工作经历进行分门别类的归纳，以显示它们对某项具体职业所可能发挥的作用。进而达到强调具体的职业技能和拥有的专业知识的目的。比如所学专业、工作过的部门、相关的社会交往或公共关系活动的情况等等。

4. 想象型

此类型简历最难完成。其基本目的是要通过简历的与众不同，使你在众多的申请者中脱颖而出。使用这种方法，同样要介绍其他类型简历所涉及的要素，只是要尽可能以一种新的面貌和方式来表达和传递信息。它需要充分的计划和具备创造性的写作才能，并且敢于与传统方式背道而驰。要实现这一目标通常使用创造性或戏剧性方法，它们包括别出心裁的图示、标题、彩色纸张、墨水以及引用其他雇主或名人、导师的话等。使用此法，在递交简历前，最好了解清楚雇主的一贯行事风格。如果是涉及广告、戏剧、美术等行业的雇主则大可不必担心，但若是较为保守的公司则可能因为你过于标新立异而把你拒之于门外。

以上几种类型只是根据前人经验总结出来的部分规律，要想真正写出好的简历，赢得你所想要的工作，可以借用一句俗语：

打铁还要靠本身硬。只要你拥有丰富的人生、敬业的精神、诚信的做人之本，你就一定能如愿以偿。

（四）简历范例

"大查理，有枪。愿意旅行。"这是一名枪手的简历，它短到可以写在名片上，但是却十分适用。要想将你的简历与雇主手上的公文、报告、待办事项、晚餐约会，以及其他人的简历一起争抢他有限的工作时间，那么请你向它学习。当然这只是就它的简明扼要而言，下面以一例做一个范本。

> 功能型简历
>
> 个人情况：张军，男，35岁，云南昆明人，中共党员，理学硕士。
>
> 职业目标：省林业局负责林业管理的行政官员。
>
> 职业经历：
>
> **林务规划员**　曾在云南省西双版纳州林业局，参加提供种植、勘察、鉴别、制定管理计划和提供市场信息，制定森林发展规划及管理国家森林等工作。
>
> **行政职务**　云南省西双版纳州林业局森林管理科科长/州林业局局长，负责西双版纳州林业局林业管理及服务。
>
> **社会任职**　全国林业学会副会长，省林业学会会长，全国森林保护委员会副主任。
>
> 教育情况：1993年，本科毕业于云南农业大学。专业：普通林业学，获理学学士学位。
>
> 1996年，毕业于北京林业大学研究生院。专业：林业管理，获理学硕士学位。
>
> 2000年，到美国明尼苏达大学森林学院进修一年。

根据以上各种类型，试选一种喜欢的类型写一份简历。

（五）投送简历

1. 有目标投送

一份没有目标的简历，通常都只能收获失望。因为没有收到邀请就贸然送出的简历，成功率非常低。

一般只有在你未来的人事主管或有决定你去留权力的领导者与你会面、交谈后，才会对你的简历感兴趣。如果是应邀而写，它正是证明你能力的好机会，请认真对待。如果可能的话，最好亲自将简历送过去，向对方介绍清楚，并追踪其下落。这样的效果往往比你料想的要好。

2. 随意性投送

所谓随意是指当你确定了所选择的工作后，向一些招聘单位发送的求职简历，它没有任何邀请，也无任何关系人，有较大的随意性。这类简历就更需要投送者精心制作出自己的特点来，才有可能引起招聘单位人力资源部门的注意。

3. 注意事项

- 太过"另类"的简历不可取，那会吓退用人单位。
- 太夸张的简历不可信，那会碰壁，失去下一个机会。
- 投送时一定要注意应有的礼仪，勿因细节而失去大局。

如果当面投送正是表现自我的良机，要善于把握与人沟通的机会，展示自己，但一定要掌握好分寸。

下面一例很有借鉴意义。

一位普通高校公关专业毕业的本科生前往深圳求职，当他拿着精心设计的求职书排到一招聘单位的办事处门口，终于把求职书递进去时，老总却把求职书递了回来："对不起，我们需要的是研究生！"他在瞬间的愕然之后迅速从尴尬中反应过来，"是的，研究生可能更专于某一方面，但现代管理需要通才，要博而不只是精！"老总被他的话打动，感兴趣地看着他，于是他更加滔滔不绝："其实，现代管理的一个重要方面就是协调好各方面的社会关系。钢铁大王卡耐基以百万年薪聘请并不懂钢铁的斯瓦伯为总经理，看重的正是他的公关能力，而斯瓦伯上任之后也确实为卡耐基公司带来了巨大的利润。由此可见管理能力与专业学历实在是两码事。"他硬着头皮侃侃而谈，当他意气风发走出面试间时，已经茅塞顿开："在这种场合，身份、学历及过去的一切都是次要的，最重要的是你面对招聘者时所表现出来的气质、谈吐、智慧及能力。求职从某种意义上来说就是如何在面试时展示最佳的自我。"初试锋芒，他已经找到了推销自己的自信和方法。

相信你也会有所启发。

二、自荐信：对简历的详细补充

（一）概念与作用

自荐信是指自荐人向用人单位介绍自己情况，以谋求某一职务或岗位的书信，又称自我推荐书。这也是适应就业竞争需要而产生的应用文体。它是对简历的一个更为详细的补充，有助于用人单位更多地了解求职者的才能、特长，进而决定是否给求职者面试的机会，甚或是录用。因此自荐信同简历共同在求职应聘道路上书写着自己人生的重要的一页，是求职者不可缺少的书面材料；它也是竞聘者找到理想的工作、实现自我价值的桥梁；更是用人单位对其进行考核并决定是否录用的重要依据。

由于求职人数太多，简历又太简单，没有更多的发挥余地，因而自荐信的写作技巧也就显得尤为重要。在许多国家甚至有专门替人写自荐信的行业，且收费昂贵。我国在高速发展的今天，新一代逐渐成长起来，就业竞争也越来越大，要想顺利地把自己推荐出去，就必须充分地认识自己，并恰到好处地写好自荐信。下面就谈谈写自荐信的技巧。

（二）书写格式、写作内容及技巧

自荐信的书写格式，一般由标题、称谓、正文、结尾语、落款、附录几部分组成。内容及技巧均包容于其中。

1．标题

标题可直接标明文种"自荐信""自荐书""求职书"，位置居中。

2．称谓

在标题下一行顶格书写用人单位的名称（须用全称或规范简称），如果是写给单位领导，则应根据收信人的身份、地位给予恰当的称谓，并在其姓名后加上职务或尊称。

3．正文

另起一行空两格写，主要内容包括：自荐的缘由及提出竞聘要求，自荐人的基本条件、愿望表述及被聘后的打算、请求语等。

自荐的缘由，提出竞聘要求 首先，开门见山说明自荐的缘起，即为什么要向该用人单位自荐，是通过何种途径获得该用人单位招聘信息的。之后，根据用人单位所需和自己所长，提出所要应聘的具体岗位名称或职务，注意不可同时要求多个职位。该部分内容用语要精当、准确，力戒繁冗，意图表达要清楚，不含糊。

自荐人的基本条件 其中包括姓名、性别、年龄、籍贯、政治面貌、文化程度、职业、读书及工作经历、社会实践活动、获奖情况等要素，简明扼要地介绍清楚即可。这部分类似于简历的写法，但一定要干净、利落，不必像正规简历那样详细。

着重介绍自己的知识结构、实践经历、业务能力、工作成绩、基本素质、兴趣爱好等内容。这一部分是求职成败的关键，也是用人单位较全面了解应聘者各方面才能，诸如团队精神、协调能力、与人沟通等才能的主要平台，因此必须写得既充分又具体。

知识结构方面，可以适当地将自己所学过的一些与应聘专业相关的主要的、有特色的课程作个说明，与之无关的公共课、基础课可以不写。

实践经历方面，对于大学生而言，主要涉及勤工俭学、课外活动、义务工作、参加各种团体组织、实习经历和实习单位的评价等。这部分内容要写得详细些，将你在社团及活动中做过的主要工作、取得过的成绩如实地加以表述，从而显示出你的能力和综合素质。

在能力和素质部分，一定要重在"用事实说话"，把自己的能力准确地表述清楚，切忌笼统、琐碎地说一些无关痛痒的语词，像"我有较强的组织能力""有一定的创造能力""我很善于与人沟通"这类语句都太含混，不具体。其实，只要把这些换成具体的事实以及其所产生的结果如何加以表述，一切能力尽在其中"暴露无遗"。

再则，将自己得到过的较大的奖励列出来，一些无足轻重的小奖励最好不写。最后，给自己以适当的评价，表明你的自信心。如"我会胜任秘书工作的，请相信我"，"我有信心和能力做好公关工作"等。

兴趣爱好，既是你的特长的展示，也是你的工作、生活态度的写照，可以列出最有代表性或自己最强项的特长，一般列两三项足矣。

愿望表述及被聘后的打算　竞聘者应对自己所竞聘的职位有一定的了解，充分表达自己竞聘的愿望，愿望表述必须清晰、坦荡，直截了当说明希望做什么工作，切不可含糊不清："你觉得我适合做什么？""我什么都可试一试。"这样一来，前面的好印象很可能就"顿时化作倾盆雨"，一切付之东流。更不能用抒情的方法来表达愿望："我愿化作一棵小草，默默地为大地奉献一份绿意；我要鼓起生活的风帆，充满激情地去迎接每一个挑战。"请记住，你面对的不是散文杂志的编辑。

也可假设自己已被聘任，对应聘岗位提出自己的设想、目标以及实现的具体措施，但目标要客观，有可行性；措施要具体可行，有操作性。

请求语　请求语旨在表明竞聘者企盼用人单位予以回复的愿望。如："我恳切希望能到贵公司发挥所长，请给予我一个学习、锻炼的机会，热忱地期待您的回复。""如蒙厚爱，我当加倍努力工作，积极进取，倾我所学，为您所用。请贵单位领导予以研究并能尽快作出答复为盼。"

总而言之，自荐信的内容应针对应试工作的需要来量身定做，要摆正自己的位置，明确你所要得到的究竟是个什么职位，它对你意味着什么？这样才能有的放矢。同时，还应注意措辞的严谨和语气的合度，以显示出你应有的素养和礼貌。

4. 结尾语

另起一行空两格写"此致"，再转行顶格写"敬礼"。

5. 落款

在结尾语下一行偏右处写上姓名，姓名下面写年、月、日。

6. 附录

一般在自荐信后，常附有竞聘者的个人简历，学历证书复印件，奖励证书复印件，各科成绩表，发表的文章、论文目录等，这是招聘方考察竞聘者的重要依据。

此外，还要注明自荐人的通讯地址、邮编、电话号码或电子邮箱，若最近时期可能有变化的通讯方式，要注明并留下一个固定不变的联系渠道，以便招聘方能及时与你取得联系。

下面是一份学生习作，请仔细阅读后根据文后题目要求做练习。

自 荐 信

尊敬的领导：

我是云南某大学文学与新闻传播学院广告专业的本科应届毕业生，我叫王立，男，今年23岁，愿到您们公司广告部从事文案工作。

2000年，我考入云南某大学文学与新闻传播学院广告专业，在校期间各方面都表现良好，取得了良好的专业成绩。大学四年专业而系统的广告专业学习，使我非常深刻地感受到不断创新的精神和广博的知识对于一个广告人的重要性。所以，我也从不忘记多去吸收各方面的知识为我所用。

在思想方面，我始终不忘提高政治觉悟，不断开拓，创新自己的思维方式，积极努力的向党组织靠拢。

当然，空有理论是不够的。我在假期里也经常参加一些社会实践，以此来丰富我的实践经验，为将来走向社会打下坚实的基础。

"良擒择木而栖，士为知己者用"，若能为您所用，我自信能够在很短的时间内胜任贵台广告部的文案工作。我热诚地期待着您们的答复。

　　此致

敬礼

王立

2003 年 12 月 29 日

请就此份自荐信分析其利弊。并可就另纸试着写一份。

_____

_____

_____

_____

_____

_____

_____

（三）写作要求及注意事项

1. 实事求是，诚信为本

写作自荐信要本着诚信的原则，实事求是地叙写自己的专业特长和主要成绩，决不能任意夸大或缩小，更不能无中生有，凭空捏造。否则一经查实，将会造成无以挽回的后果，使自荐的目的落空。

2. 简明扼要，突出重点

针对所求职位要求，重点展示自己适合此职位的才干和资格，突出自己的专长和特殊技能，切忌平均用墨，主次不分，盲目罗列优点。

3. 掌握分寸，恰切有度

自荐信是让用人单位了解自己的一种途径，在阐明自己竞聘的有利条件时，既不能曲意逢迎，故作谦虚；也不可自吹自擂，骄傲自大。既要有效地介绍自己，又不致有"王婆卖瓜"之嫌。一定要掌握好自我推荐的度，既不过于自谦，又不过于自誉。

4. 语言简洁、朴实，但又不乏特色和文采

一定要明白自荐信的实际功用，它不是文艺性的文体，因此语言要简洁、明确、直接，让繁忙的用人单位领导或老板一目了然你的全部意图，并留下深刻印象。通常招聘单位在招聘时节都会收到大量的类似信件，一份自荐信和简历一般只用一分钟就看完了，再长的时间也不超过三分钟。要想让你的资料能在相关人员手上多停留点时间，一要简短，二要有特色。

再则，自荐信可手写，也可打印。打印固然清楚美观，手写也不失为展现自己一手工整、漂亮、规范的钢笔字的机会。因漂亮的书写才能而获得用人单位青睐的情况，也是常有的。

5. 注意礼仪，彰显良好素养

行文中随时注意语气真诚，用词准确，思维清晰而又有严密的逻辑性。称谓和结尾的用语既谦恭，又不失自我应有的尊严。进而很好地彰显你真诚的与人交流的能力、有礼貌的文质彬彬的

儒雅之气以及良好的素养和特有的气质，而这都是通向成功的必备条件。

第二节 面试应对礼仪

网络时代，招聘的方式尽管已多样化，但面试这种最基本、最实用的形式并未离我们远去，它依然是招聘方选取人才最主要而直接的方式之一。那么，面试对你而言，它将意味着什么？是挑战？是命运之门向你关闭抑或敞开？一切将取决于你如何应对。

本节将针对面试中一些必须注意的细节展开讨论，诸如：如何给招聘方留下良好的第一印象，如何展现自己的语言天赋，如何举止优雅得体，如何将自己的内在素质和外在气质有机结合，从而帮助大家很好地展示自己的才华。

一、第一印象

"第一印象"是社交活动中每个个体留给他者的一种感官认识，在经过他人借助已有的人生经验、理性判断等各方面的分析、推理、综合、归纳后，就会产生并留存下对某一个体的较为明晰而深刻的痕迹和认知。

"第一印象"可从内在和外在两个方面来认识，但它们又较为具体而直接地体现在服饰、言语、行为方式等各个方面，虽然"第一印象"不能概括一个人的全部品质，但对于竞争日益激烈的当代人来说，确实不可"以事小而不为"！

（一）内在形象的自然流露

内在形象在此主要是指应聘者发自内在的无任何掩饰的行为

举止，它不同程度地折射出应聘者的素养和让人看不见的内心世界，表现出他所特有的气质与性格，因此眼光犀利的招聘者都很善于透过细节去发现每个人的内心。就此而言，没有真正爱心和内涵的人是装不出来的，即便一时骗过他人，但稍不经意就会露出真面目。故要想真正成为生活中的强者，必须从一点一滴做起，做一个名副其实的知书达理者。

某幼儿园招聘一名老师，应聘者无数。面试这天，一个个温文尔雅、衣着得体的应聘者纷至沓来，他们面带微笑，沉稳地向幼儿园应聘现场走来。忽然，一小女孩哭哭啼啼地出现在幼儿园大门外，哭喊着："妈妈！妈妈！"大家都很同情小女孩，可眼看规定时间就要到了，怎么办？

如果是你，将怎样面对此情此景？你会怎么做？

分析：

第一印象不仅要注意外在美，更要注重内在美。应该从做人的根本做起：时时刻刻做一个有高尚情操和爱心的人，一个有益于社会的人。

在美国某大企业的招聘现场，许多国家的留学生前去应聘。应聘者们一个个进去，出来，又进去，又出来，终于轮到一个中国留学生。他坦然地走进应聘现场，只见偌大的空间里，光线暗淡，仅有一束强光直接照着应聘者的座位。"请坐。"一个声音传了过来，这时逐渐适应暗屋的他，才发现在离他不远处较高的平台上坐着主考官。坐在强光下的他，被照得浑身不自在，并且还得仰视着考官回答问题。就在他感到强烈的不被尊重之际，考官提出了问题。他毅然地站了起来，但不是回答问题，而是要求考官首先应该尊重每一位应聘者；其次营造一个平等的对话环境，而不是审讯式的问话，他才接受面试。话刚说完，考场的灯光全亮了，主考官满意地点点头，并热情地祝贺他："你被录用了！"

这是一位中国留学生的真实经历，请将你的看法概述于下：

_____

_____

_____

_____

_____

_____

分析：

人不可有傲气，但不可无傲骨。这是中国的一句古话，但在现代社会中依然有其存在的价值，上例为我们作了最好的诠释：不论何时何地，人必须自己活得有尊严，才能赢得别人的尊重。

这是一个特别的招聘现场，众多的应聘者被带进了一个豪华、敞亮的餐厅，任务是美美地吃一顿自助餐。大家一听乐了，不就是吃饭吗？于是大家纷纷上场，尽情地显示自我。有的人心存疑虑，小心地吃着，不时抬头观察四周，可什么也没发现，于是开始斗胆行动起来。有的人历来就胆大，管他三七二十一，先吃饱再说，于是该出手时就出手，能多拿就决不手软。该喝就喝，决不放过尽情享乐的时机。顿时餐厅里，吃态万千：大块嚼肉者有之，上下嘴唇碰击有声有色者有之，喝酒的滋滋声，喝汤的呼呼声，此起彼伏，好不动听。不一会儿，风卷残云般结束了战斗，自然面试已初见分晓。

如果是你面临此情此景，将怎样行事？

_____

_____

_____

_____

_____

_____

_____

分析：

面试方式千千万，关键是你能以不变应万变，这就非一日之功也！只要心中有杆秤，注意平时的修炼，你就能经受各种考验。

（二）外在形象的主观设计

应聘者的外在形象，主要指应聘者着装后的形象，具体体现在服饰的穿着和发式等方面。外在形象的好坏直接影响到主考官对你的判断和取舍，因此，一定要注重外在形象的设计和礼仪。一方面得体的着装可以弥补自己身体的某些不足，树立光彩照人的形象，帮助主考官对你另眼相看；一方面求职应聘时，得体的着装也是求职者对用人单位、主考官的礼节与尊重的体现。中国有句古话叫"礼多人不怪"，伊丽莎白女王则说"礼节与礼貌是一封通往四面八方的推荐信"，足见礼节在任何地方都是不可缺少的。

我国历史上曾有这样一个故事：元世祖忽必烈召见应聘官员，其中有一个叫胡石塘的学士，因为生性比较粗心，所以自己的帽子戴歪了也没发现。忽必烈看见他，就问："卿有何才?"胡学士答："治国平天下之学。"忽必烈忍不住笑了："自己头上的帽子都戴不平，还能平天下吗?"胡学士因为一顶戴歪的帽子而葬送了自己的前程，难道不足以警醒讲究文明礼貌的现代人吗?

请不要轻视服饰作为一种表明个体素质和性情的符号，因为它无时无刻不在透露着你自己并没有表露的、至关重要的细节。

如果说"第一印象"较为全面地体现了求职者的内外在形象，尤其是内在形象的不自觉流露，那么形象设计和造型则更多地体现了求职者对其外在形象的包装，同时也深刻地表现着求职者文化素养的高低以及对礼仪重要性的认识深度。

相对而言，具有生气和热诚的特质会洋溢于四周，就能感染别人。因此，建议你把自己设计得坦诚而富有生气，简洁而又大方，庄重而不乏典雅。女性温柔而不造作，细致而不乏胆识；男性阳刚而不褊狭，粗犷而不乏周全。当然，要达此标准绝非一日之功，但你必须尽力而为。下面主要就面试时的服装礼仪加以介绍。

(三) 女性面试时的服饰礼仪

女性面试时的服装礼仪主要体现在以下几个方面：

1. 服装的款式

面试时的着装，款式应简洁、大方、合体。任何前卫、休闲和个性化的服装都与求职环境不相符合。因为雇主招聘的是能认真为他工作的职员，而不是一门心思只顾打扮的佳人。须注意着装裙子太长，显得不利落；裙子太短，或低胸、紧身，或太过暴露的服装又显得轻佻、不庄重。所以最明智、最合适的选择是职业套装。

2．服装的面料

面料的选择与季节有密切的关系。春秋套装可用较厚实的面料，夏季选用真丝等轻薄的面料。衣服的质地不宜太薄太透，否则有不踏实、不庄重的感觉。花样也应该偏于素雅，不宜太花哨。服装不论新旧，都该熨烫平整。

3．服装的色彩

服装的色彩选用及其搭配，将显示你的素养、品位和对自己气质的把握水平。一般不宜穿抢眼的颜色，只要能表现出青春的气息和典雅的格调，效果就达到了。

4．丝袜

丝袜被称为女性的第二层肌肤，其颜色的选择与服饰的搭配同样也显示着你的品位，以透明近似肤色的颜色为宜。并注意随时检查是否有脱线或破损，最好带上一双备用。

5．鞋子

穿鞋，最好穿式样简单、无过多装饰的皮鞋，跟不宜太高，颜色注意和套装的颜色一致。如不知道怎样配色，穿黑色皮鞋即可。

注意：面试时不要穿凉鞋及时下流行的厚底鞋。

6．包

随身携带适合自己服装和气质的包，既能满足实际的需要，将必备的东西带到考场，以防万一，又能很好地作为一种装饰，显示自己的风格。

7．化妆

化妆是必要的，但必须明白切不可浓妆艳抹。根据自己的肤色和五官特征扬长避短地施以淡妆，可使自己增添信心，也能让他人感觉到你的认真和庄重的态度。

如果香水能带给你更多的自信和良好的感觉，请用清新、淡雅的香型，切勿用香气过于浓烈和奇异的。

头发要梳洗干净、整齐，适合自己的身份、年龄、服饰，前额刘海不要超过眉毛，以免显得没有生气，发饰也不宜过多。

8．饰物

佩带饰物一则数量不能过多，二则应注意与服饰整体搭配，关键要能恰倒好处。一朵别致的胸花，不经意中既传达了主人热爱生活、生气勃勃的精神面貌，又真切地表现了拥有者的审美情趣，但须注意昂贵的珠宝和饰品绝对不要佩带。

9．整装

一切准备就绪，出发前最好再细心地从头到脚检查一遍，衣领袖口是否有破损、污渍，拉链、扣子是否拉好、扣好，衣服是否有褶皱，鞋子是否已干净光亮，裤脚是否已整齐。

懂得服饰礼仪，将有助于你脱颖而出，但这只是获取面试成功的一部分因素，更重要的还是靠自己的学识和能力。

为你的第一次面试做一个着装设计。

_____

_____

_____

_____

_____

_____

_____

（四）男性面试时的服饰礼仪

男性面试时的服饰礼仪主要注意以下几个方面：

1．服装的款式

面试时的着装，春、秋、冬季最好穿着合体、正式的西装，夏季则要穿长袖衬衫，系领带，勿穿短袖衫或休闲衬衫。

需注意的是：冬季人们常把西装和羊毛衫（背心）配穿。一要讲究颜色的搭配，西装的颜色是主体色，羊毛衫是衬托；二要注意毛衫不要太厚，否则会显得臃肿而不干练。

2．服装的质地

西装不一定要很好很昂贵的，面料不要太华丽的，但也不要买廉价的质地太差的西装。

3．服装的色彩

西装的色彩要选用给人稳重感觉的深素色为主的，如藏青色、黑色、深灰色、深蓝色等。与之配套的衬衫最容易的选择是白色，因为白色衬衫比较容易选择领带。也可以选择条纹衫，碎花和格子图案的衬衫最好不要穿，容易给人花花公子的印象。若衬衫有领扣，一定要在打好领带后把领扣扣好。

4．领带应选用丝质的

领带的图案可根据自己的喜好加以选择。最方便的选择是单色，它能够和各种西装、衬衫的颜色相配。此外，单色为底，印有规则重复出现的小圆点的领带，显得格调高雅，斜条纹的领带能表现出精明的意味，也都可以选用。领带要打得端正。领带的系法要注意和衬衫的领型相配，小领和普通领的衬衫可以打单结，有领扣和领子较宽的衬衫可打小三角结。

领带在胸前的长度以达到皮带为好，短了不协调，长了不利索。领带夹已过时，最好不用。如果一定要用，应夹在第三和第四颗扣子之间。

5. 袜子的颜色最好与西装的颜色相配

袜子的颜色最好与西装的颜色相配，白色袜子只能与白色西装搭配，否则穿其他颜色的西装配白色袜子会显得你没有品位。

同样，与休闲式穿着相配的花袜子也最好不要穿，它不适合面试这样的场合。

6. 穿鞋

穿鞋，最好选择正式的硬底皮鞋，不论新旧，一定要擦拭得干净、光亮。黑色皮鞋可以和任何色调的服装搭配。

注意：休闲鞋不宜与西装搭配。

7. 皮带

皮带被称做男人服饰的"眼睛"。一般选用黑色皮带与西装相配，皮带头样式一定要简单。

注意不要将休闲腰带和西装搭配。

8. 头部

男士参加面试，一定要注意脸部的清洁，胡子要刮干净，头发要梳洗干净、整齐，服饰要适合自己的身份、年龄。如果戴眼镜的话，一定要与自己的脸型相配。镜片要擦拭干净。

9. 饰物

若佩带饰物，数量不能多，应注意与西装色系整体搭配，不然会给人杂乱无章、格调不高的感觉。笔一定不要插在西装上衣的口袋里，西装上衣的口袋是起装饰作用的。

10. 整装

一切准备就绪，出发前最好从头到脚检查一遍，衣领袖口是否有破损、污渍，拉链、扣子是否拉好、扣好，衣服是否有褶皱，鞋子是否已干净光亮，裤脚是否已整齐。

一位电脑编程员，技术无可挑剔，却不被上司赏识，欲跳槽。准备去一家颇有名气的大公司求职。他的妻子让他穿上质地最好的西装去面试，可他认为自己的资历和能力已经足够用人单位看好，况且自己又不是去"选美"，所以随便地穿了件皮茄克去面试。然而，求贤若渴的用人单位却并未录用他。事后，那位主考官说："他其实并没有把我们公司放在眼里，这可以从他与我们初次见面时的着装上看出来。一个不懂得尊重主考官的求职者，很难想象他今后能够尊重上司并且与同事和睦相处。而我们公司的兴衰往往取决于下属对上司的信任和尊重以及同仁们的齐心协力。所以，虽然他有着令人心动的能力，但是恐怕并不适合我们公司。"

由此案例，可资我们借鉴的是什么？你对此有何看法？

_____

_____

_____

_____

_____

_____

分析：

求职面试时，穿着一套得体的服装，配合你讲述你的求职心态、工作能力、性情乃至为人处世的方方面面，共同表达你对主考官或对用人单位的尊重，是十分必要的。

由上可知，选择适当的服饰，穿出潇洒的效果，将有助于你脱颖而出或获得成功。可能的话，最好事先把面试的服装试穿一下，找到自信的感觉，以免面试有不舒适的感觉。当然这仍然只是获取成功的外因，更重要的还是靠自己的综合素质及才干这些内因发挥作用。

语言和行为举止都是第一印象中不可缺少的要素之一，鉴于它们又都具有自己的特殊个性，故下文单独展开论述。

二、语言的魅力

语言作为一种重要的交际工具，在面试中既是主考官了解应聘者的主要方式，也是应试者表现自我的有效载体，要想获得理想的实现，应聘者必须把握好说话的分寸，从而有效地展现自己的深厚文化底蕴和良好的素质。

（一）接听面试通知电话

从接听面试通知电话开始，面试就已经开始了。

正确的方式应该是：态度热情，语气温和，反应迅速，做出回答。

具体做法是：一接听电话首先说"您好"，待明白对方意图，确认清楚面试的时间、地点及其他要求后，对通知方表示感谢，待对方挂断再放下电话。这一切都是为了使对方确认接电话者的基本素质是良好的。

错误的方式是：态度生硬，语气冷淡，反应迟钝，说话含糊不清，没有礼节性地表达谢意，就先于对方将电话挂断。

一天，一位下岗妇女正在家里打扫卫生，一阵急促的电话铃声响了起来。

她拿起电话听到一位男子的声音，"请问是文华公司吗?"

"你打错了。"

"哦，对不起!"搁下电话，她继续忙碌着。

"滴铃铃"电话又响了。她接起了电话，又是刚才那位男中音，问的依然是先前的问题。她也依然重复了那一句话。

过了一会儿，电话又响了。她有些不耐烦地拿起来，只听见对方说："对不起，请问你的电话是多少号?"她耐着性子说了句"这是私家电话，你打114问你要打的电话吧!"对方似乎很歉意地挂了。

她坐在电话机旁正纳闷呢，电话又响了，"喂，对不起啊大姐，我有急事要办，可114就是打不通，你能不能帮帮忙打去问问，我一会儿再打过来。"放下电话，她开始有点生气了，"这什么人哪?"她自言自语地说着，拿起了电话。

114很快就接通了，那个男人想要的电话号码也问清楚了。

刚放下电话，那已熟悉的男中音又从电话的那头传了过来，她把电话号码告诉了对方。

男中音于是问道："你是王秀丽吗?"

她吃惊地答道："是，你是哪位?"

"你是否到文华公司申请当接待员?"

"是啊! 有什么问题吗?"

"那恭喜你了，你已被我公司录用了，明天你就可以来上班……"

这是一次没有事前通知的特殊的面试，应聘者在全然不知情的情况下参加了面试，应该说招聘方巧妙地找到了他所想找的真正适合接待员这一岗位的人选。

你以为这种形式说明了什么？

_____

_____

_____

_____

_____

_____

（二）说好第一句话

面试过程中，招聘者会从应聘者的每句话中捕捉其潜在的意义，因此应聘者说的每句话都应该慎重。

人们常说："好的开端是成功的一半。"的确，有了好的开头，自信也就随之而来，有时甚至还可能有超水平的发挥。因此，确保一开始就能给主考官留下一个自信、有能力、有朝气、活泼开朗的感觉是很重要的。

常用的开场白是："非常感谢您（贵公司）给我这次面试的机会，如果贵公司聘用我，我一定会努力工作，有出色的表现。"

（三）经典问题的巧妙回答

求职面试中，问题五花八门，关键是看你怎么去应对？这当中主要有三个环节必须把握好：

一是你必须听清楚并明确主考官提的问题是什么。

二是你必须尽快对主考官的意图作出反应。

三是迅速理清应答的思路和要义。

常见的面试问题：

● 你为什么要来应聘本公司？与之同类问题可能是：你的专业与你应征的岗位相去甚远，为什么选择来本公司？

● 请客观地评价一下你自己或讲一件你最成功的事情，讲一个你失败的经验，你有什么长处或缺点？

● 如果你的上司很刁蛮，很难相处，你怎么办？相类似的话题还可能是：你准备怎样与未来的同事和上司相处？

● 你为何离开前职？或者你为什么要换工作？

● 你希望自己三五年后，能达到什么职位？

● 有关薪酬问题，你有什么考虑（要求）？

● 你在以往的工作中，有没有未经许可拿过公司的东西回家呢？

● 营业员王小姐由于工作失误，将2万元的笔记本电脑以1.2万元价格卖给了李先生，王小姐的经理怎么与李先生沟通，试图将钱要回来？（微软公司的行为面试题）

● 单位有出国培训计划，用以奖励表现优秀的员工。如果你的表现是优秀的，可是领导觉得你手上的工作不能中断，如果让你去培训了；工作将会受到影响，于是把进修的机会给了别人，你会怎么办？（外企的行为面试题）

● 给你一个特殊的背景和几件物品，由你选择其中的某三件，在有限制的条件下，去完成某个使命。比如在沙漠中，你和你的三个同伴迷路了，现在你要利用你所选择的三件物品走出沙漠，并且尽可能大家一起走出来，你该怎么办？（湖南卫视"新青年"栏目电视招聘现场的面试题）

类似的例子还很多，在此只能略举几例以供参考。下面以一个具体的案例对以上所提到的三个环节作一演示。

这是一份来自"联合利华"应聘现场的案例①：

---

① 转引自《公关世界》2003年6期。

问题："你觉得自己在大学时代最失败的一件事情是什么？"

回答："我感到最失意的是六级没考好。我的失败原因是因为我是一个完美主义者，考试中所有的选择题我都想做得最好，最终没有从整体上把握好这次考试。这次给我的教训是：要学会把握事态的主要脉络，而不拘泥于细节。"

试析主考官意图

- 你怎样认识自我？
- 你是否具备一种对事情深入思考的能力？

应对要义

- 既要实事求是，又要实话巧说，讲究表达的艺术性。
- 讲自己好的一面（成功的、长处等）时，可以暗示招聘方这些特长将会给公司带来利益。
- 讲自己缺点时，不要模棱两可，否则会引起主考官的反感。

就此案例分析其回答的优劣。你还有更好的答案吗？

_____

_____

_____

_____

_____

_____

_____

（四）说好最后一句话

要想在面试结束后给招聘方留下完美的印象，临别时的最后一句话同样不可忽视，请一定记住礼貌地强调自己对这份工作的渴望及能够胜任的信心，然后面带微笑地谢谢面试官的接待及对你的考虑。

例如："非常感谢您（贵公司）给我的指点，希望今后能有机会多多向您学习，也希望有机会为贵公司效力。如果我能被聘用，一定会努力地工作，并完成好公司交给的所有任务。请多考虑我的情况。希望得到好消息，再见！"

切忌答完问话后，就匆匆起立不打任何招呼便离开面试考场，即使觉得发挥不够理想，也一定要坚持不懈地努力做好每个环节，以显示你做事的风格和做人的基本原则。

（五）注意事项

1．注意倾听和询问

倾听就是要对对方说的话表示出兴趣。这既是一种美德，也是你对别人最起码的一种尊重，更是了解对方的最好机会。古人云"知己知彼，百战不殆"，这不仅适宜于战场，也同样适宜于应聘活动。

主考官的每一句话都可以说是非常重要的，你在认真倾听的过程中，同时注意记住说话人所讲内容的重点，并了解说话人的意图所在，而不要仅仅注意说话者的表情或语调。

认真倾听或许还可从招聘者的口中了解到许多事前你未必知晓的信息，于是你可以迅速地作出判断，并作出较为满意的回答，但千万别与面试官抢话。在聆听对方谈话时，还要注意自然流露出敬意，以显示你的教养和懂礼。

一个好的聆听者会做到以下几点：

● 用目光注视说话者，保持微笑。

● 身体微微倾向说话者，表示对说话者的尊重。

● 集中注意力，了解说话者谈话的主要内容。

● 适当地作出一些反应，如点头，会意地微笑，提出相关的问题。

● 记住说话者的姓名。

询问在面试过程中一样有着十分重要的意义，主动的交谈或询问能很好地表明你对应聘单位的了解和关心程度，有技巧的提问还可以传达出你的知识面以及对该公司的背景、动向等方面的关注。适当地传递出招聘方需要的信息，同时也展示出你的能力和风采。

2．避免同考官争论

求职者特别要注意避免在那些与应聘无实质关系的问题上同面试官发生争论，因为任何争论都会令对方感觉不愉快。当然如果是涉及产品质量或相关技术方面的问题则必须坚持应有的原则、立场。

有的面试者为了测试对方的人品或性格，故意制造一些有争议性的问题，让你不得不与之争辩，从而在这个过程中去了解你的处世态度和应对原则，有时甚至考你一个知识性的问题，你明明答对了，他仍坚持说你错了。

面对这样的情形，应聘者一定要表现得沉着冷静，巧妙应对，避免争论的发生。

下面这个案例或许能给人启发：

一大学毕业生前去应聘，接待他的小姐登记完他的简况后，不礼貌地问到："咦，你是农村的？"他不卑不亢地答到："农民的儿子质朴、能吃苦、诚实，这是城市青年所没有的优点。""看你的模样又斯文又白净，不像农村出来的青年啊！"小姐笑着说。"多谢你夸奖，这说明我适应性强嘛！"男青年巧妙地有礼貌而又不客气地回答了她。

你以为这个回答怎样？你有什么妙对吗？

———————————————————
———————————————————
———————————————————
———————————————————
———————————————————
———————————————————

分析：

在招聘者面前，要敢于面对真实的自己，不要试图隐瞒自己的不足或弱势。有时坦白承认自己的不足或弱点，巧妙而不失分寸地以守为攻未必不是良策。相反更加能够衬托出你的机敏、智慧。

3. 向主考官要名片

面试结束后，可大胆地去向主考官索要名片。因为一张小小的名片中一样可以了解到许多信息，诸如主考官的联系电话、职务等，有些名片上还有公司简介及业务范围等，都将可能为你今后提供意想不到的帮助。

三、举止要得体

一家医疗机构为了选拔护士长进行了一次面试。一位笔试中的佼佼者前来应试，她一会儿拍案而起，一会儿用脚敲打地板或不停地抖动双腿、双脚，有时身体还直晃动。她以为自己稳操胜券，可结果却是落选。

这个例子值得注意的经验是：

———————————————————
———————————————————
———————————————————

分析：

　　衣着和语言都不可忽略，形体语言同样重要，它往往起到此时无声胜有声的作用。人们常常称赞某人举止得体，有儒雅风范，其实就是对一个人形体语言的认同。

　　形体语言是指人的动作和举止，包括姿态、体态、手势和面部表情。在面试中，应聘者应该特别注意自己的站姿、坐姿、走姿、握手以及面部表情、目光等方面。

　　（一）站姿

　　站姿因其看似简单，所以往往不被人们重视，其实一个人的站姿给人的印象非常重要。

　　某大学讲台上站着一位婀娜的女士正在试讲，她发亮的双眼炯炯有神，吸引了众多渴求知识的目光。她口齿伶俐，滔滔不绝，旁征博引，再加上不停翻飞的手势，让同学们眼花缭乱。

　　兴许是有些累了，她不自觉地靠在讲桌旁继续着讲演，右手不知不觉地作为支点支撑着那个并不太大的头，左脚也情不自禁地呈45°角向右腿交叉了过来，并不时地抖动着。

　　一节课讲完了，同学们报以热烈的掌声，她深情地鞠躬表示谢意。可她最终没有被该校录用。

　　你以为原因何在？

　　分析：

　　保持良好姿态的女性是引人瞩目、受人尊重的，反之则让人以为其缺乏涵养、品位不高。

面试在此等候

请勿喧哗

坐姿不雅，举止不得体。

正确的姿态是：站立时身体挺直、舒展、收腹，眼睛平视前方，手臂自然下垂，给人以端正、庄重、稳定、朝气蓬勃的感觉。

错误的姿态是：歪头、扭腰、斜伸着腿、抖动手或腿。给人的印象是轻浮、没有教养。

（二）坐姿

坐姿在面试中，尤其应该引起重视。因为面试时，主要是坐着与主考官进行交流的，坐姿不雅，立即就给招聘方留下不好的印象，并将直接导致主考官对你往后的表现大打折扣。

正确的坐姿是：

从入座开始，动作要轻而缓，不随意拖拉椅子，身体不前后左右晃动，背部要与椅背平行，沉着而安静地坐下。

落座后，上身要保持直立状态，既不前倾，也不后仰。双手自然下垂，肩部放松，五指并拢。如果是沙发或较柔软的椅子也应力求坐直身体，尽量控制自己不要陷下去。

男女的坐姿还有一定差别：

男士可以微分双脚，这样给人以自信、豁达的感觉，双手可以自然放置；女性一般要双膝并拢，或者小腿交叉端坐，这样给人以端庄、矜持、稳重的感觉，双手一般要放在膝上。

错误的坐姿是：

拖拉椅子，发出较大的声音。

一屁股坐在椅子上。

坐在椅子上，耷拉着肩膀，佝胸驼背，给人萎靡不振的感觉。

半躺半坐或瘫坐着。

跷着二郎腿，或者腿还自觉不自觉地颤动、晃荡。跷腿幅度大，反映出一种优越的心理地位，有些"自高自大"的意味，很易引起考官反感；跷腿幅度小，又很容易让人认为你信心不足，内心深处不安，反又被人轻视。面试时一定要有意识地提醒自己，千万不要跷腿。

女性若双膝分开，叉开腿坐着，将给人以放肆和缺乏教养的感觉。

（三）走姿

走姿也表现着你有无自信。

自信的走姿应该是：

身体重心稍微前倾，挺胸收腹，上身保持正直，双手自然地前后摆动，脚步轻而稳，两眼平视前方。步伐要稳健，步履自然，有节奏感。

需要注意的是：若同行的有公司的职员或接待小姐，你不要走在他们前面，而要走在他们的斜后方，距离一米左右。走路时不要东张西望，左顾右盼，或者背着手，一晃一晃的，更不能走起路来发出很大的响声。

（四）握手

握手在面试时是最简单也是最难的一件事。

握手也被称做握手礼，它既是最常见的肢体语言，也是一种非常重要的礼节。

面试时不可避免地要和对方握手，当接待人员向你介绍某位先生或女士时，面试就已经开始了。

如果对方要和你握手，你一定要很恭敬地与之握手，否则就是失礼。如果此时，又有一位较高级职员参加进来，而且也有要与你握手的意图或已伸出手来，你才能伸手相握。如果你抢先出手，得不到对方的回应，场面会很尴尬。

面试握手时，一定要注意：

不能坐着和对方握手，应该起身立正。目光要专注、热情、自然、面带微笑，目光落在对方的眼睛上，嘴里互道问候。握手时切忌三心二意，漫不经心，敷衍了事。但也不要握着就不放，或用太大的力气以表示诚意。

总之，认真总结和认识肢体语言的重要性是十分必要的，运用好你的肢体语言将会有助于你的交际活动获得成功。

（五）面部表情

面部表情在面试中的重要性已是无庸讳言。真诚的微笑是谁都愿意接受的礼物。

最简单的例子莫过于到商店买东西。一个面无表情，目光呆滞的服务员恐怕是谁都不愿接受的。俗话说得好："伸手不打笑脸人。"所以，尽情地展示你的笑容，把你的快乐带给他人，快乐也就必定会来找你。

在与人交谈时，还必须学会把你的目光集中在对方的身上，这是最起码的礼貌。

面试时，如果你的目光不能集中在主考官或提问者的身上，那么你的种种努力都可能付之东流。在回答对方提出的问题时，要勇敢地正视提问者的眼睛和眉毛部位，这是你心中充满自信的表现。如果不敢正视对方，会让人觉得你胆怯、害羞，缺乏开拓精神；更严重的是会让人觉得你不够诚实，或心中有鬼，所说的话有所隐瞒。

需要注意的是：

面试时不要让你的目光随意离开提问者，尤其在你回答问题时，你目光细微的变化，都逃不过提问者的眼睛，那会让人觉得你不够专心。当比提问者职位高的人出现在你的视野里时，你也必须控制住自己的目光，不能游移到那人身上去，否则会有"攀龙附凤"之嫌，让提问者感到不悦，这也是对提问者的不礼貌。

此外，一些属于自己的习惯动作，如挠耳朵、挠头、揉眼睛、玩手指、双手交叉在胸前等，平时这些动作愿怎么做都可以，但是在面试时，必须牢记：忘记它们，管好自己的手。因为它们会给招聘者留下不好的印象，最终影响你的应聘结果。

记住这些基本的礼貌规则，用你无声的得体的举止去征服你的招聘者，让他们接纳你，认识你，从而确信：你是最适合的人选！

四、到场注意事项

（一）时间

一般于面试前十分钟到达为宜。如果早到了，请不要在考场外走来走去，一副忐忑不安的样子，把自己搞得很紧张。

(二) 注意观察周边环境

有的招聘单位为考察求职者的主观能动性或者求职者的人品、性格，常故意设置一些障碍或情节，如撒几颗容易伤人脚的图钉在地上；或者让一位工作人员在上楼梯时，假装不慎把所抱的文件或资料撞落在地；或者干脆将一条凳子撞倒。手法各有不同，用心却是一样。

然而很多求职者或出于平常的习惯和一贯的为人风格而不屑一顾，或由于面试时过于专注，而没有注意到这些看似很寻常的问题，因而惨遭淘汰。

一位应聘者正匆匆忙忙向自己所在的面试考场走去，刚走上几级楼梯，迎面走来的一位女同志突然发出了惊讶的叫声，随之而来的是她抱着的一大叠文件散落一地，她慌忙去捡拾它们。路过者都匆匆而去，只有他顺势蹲了下去，帮助那位女同志把所有的文件都捡拾起来后才慌忙地向考场跑去。殊不知，刚刚点过他的名，他只好呆呆地站在外面等着最后的面试机会。望着一个又一个面试者踌躇满志地离去，他有些忐忑不安起来。最后终于又轮到他了，他走进考场刚坐下，主考官却站了起来，迎面向他伸出了热情的双手。原来正是他刚才的表现，顺利通过了面试。

试就此案例做一个简要分析，面试考核的是什么？

_____

_____

_____

_____

_____

_____

五、面试禁忌

根据招聘人员和人力资源经理的面试经验，不论中外都存在着以下各种求职者最常犯的面试错误和禁忌，特归纳于下，以示警醒。

对公司的历史、产品、文化和竞争背景不甚明了或一无所知。

在尚未讨论新工作的职责或职务之前，贸然询问薪酬福利或股票选择权。

没有重要原因就取消面试，或面试时迟到、早退。

在面试一开始时，夸示其他公司提供的优惠条件，企图激发薪资竞价大战。

慷慨陈词自己有多少特长、技能、成就，却举不出实际例子印证。

不善于打破沉默，使面试场面很尴尬。

不善于提问，错失展现自己的良机。

与面试官"套近乎"，有碍面试官作出公正的判断，让人反感。

缺乏积极态势，不正面解释或诚实地回答主考官的问题。

愤怒抨击前公司或前老板。

对个人职业发展计划模糊，只有目标，没有思路。

假扮完美，不能对自己作出客观的认识，这是不负责任的表现。

不重视个人卫生或穿着方面的礼仪。

在面试时接打手机。在餐厅面试时，吃相不佳。

在面谈时嚼口香糖，喝水啧啧出声，或是抽烟。

询问太多问题，使面试时间过于冗长。

以为自己一定会被录取。

第八章　推销礼仪

己欲立而立人，
己欲达而达人。

人员推销是利用人力对产品和服务进行推销的促销方式。在完全自愿的营销活动中，推销员站在对手面前，通过与消费者的直接接触，去鼓励和说服顾客进行购买。推销人员作为与顾客直接接触的企业或组织的代表，不仅在推销产品，同时也在推销着企业或组织的形象。古往今来，在各种商业活动中，在买者与卖者之间都要求遵守诚信、公平、童叟无欺的原则，双方在尚未达成购买协议之前，有一个劝买的过程，在这一过程中，起重要作用的是卖方的劝说能力。我们都知道"以子之矛攻子之盾"的故事，故事中的卖者夸大"矛与盾"的质量，违背了商业信誉，不能自圆其说，被围观者贻笑大方，就是错误劝买的典型例子。在商品质量有了保证的情况下，除了借助于广告，就要靠推销员的直面推销了。所以，推销员在现代市场营销和社会经济活动中占有相当重要的地位。

据统计，1981 年美国就有 640 多万人从事推销和与推销有关的工作。我们可以从许多成功的推销员身上，看到他们是如何在营销过程中借助于"礼仪"的力量，增加个人的魅力，争取消费公众对自己的好感与信任，达到推销的目的。曾担任过推销员的墨西哥总统毕森特·福克斯在总结自己成功的经验时，曾特别强调，他的成功得益于他那出色的推销才华。

福克斯总统曾是可口可乐公司的一名普通的推销员。他说，从推销自己到推销商品，再到推销一个国家，这中间没有太大的差别。能取得成功，除了天时、地利、个人的智慧之外，还需要恰当适度的运用礼仪。

第一节　推销的礼仪

一、真诚守信

信誉是在同消费者多次的成交过程中形成的一种信赖关系，是推销员靠诚意、靠礼仪、靠周到的服务和辛勤的劳动建立起来的。

在市场推销活动中，人们往往自然地将人划分为两大阵营，推销者与接受者，即卖者与买者。虽二者均为利益而来，但因为出发点不同，各自所站的角度不同，所以，两者在交易过程中，既在心理上排斥对方，又希望从对方那儿获得利益上的满足。那么，如何解除对方的怀疑，让对方相信你的诚意，接受你，便成为推销人员首先要解决的问题。

20 世纪 60 年代曾因创造推销世界纪录而荣登吉尼斯世界纪录大全的乔·吉拉德明曾明确指出，诚实是推销之本。只有以真诚的态度与顾客接触，才能使顾客对推销员产生信赖。

真诚是推销技巧的核心，而支撑真诚的则是产品的质量和商家的信誉。

（一）质量是信誉的前提

一个成功的推销员，必须以质量作为前提保证。只有过硬的产品质量，才能吸引、取悦消费者，建立信誉。

案例：

他是一个笨男孩，对数学一窍不通。老师多次暗示其父母，读书对他是没用的。高考那年，全班落选 3 个，其中就有他。对此父母没有责怪，因为他一直很努力，更何况他还是一个懂事的孩子。

父母让他跟一个师傅学裁缝，他学得很认真。师傅说，他将来会是一个好裁缝，因为在 10 个学员中，他钉的纽扣最结实。他确实是个不错的裁缝。不仅纽扣钉得牢靠，而且还是一个地地道道的实用主义者。他在裙腰的内侧加上小口袋，让穿裙子的人有地方放手机和零用钱；把 T 恤衫的领子去掉，把童装的口袋移到胸前。在学徒期间，他把老板滞销的服装改造之后卖光了。师傅说他是天才。

两年后，一个天才服装店诞生了，那个笨男孩既剪又卖。顾客起初是亲戚和邻居，由于他的纽扣钉得总是很结实，后来顾客发展到亲戚的邻居和邻居的亲戚。

一天，几个老人在广场上扭秧歌，扣子掉了，笨男孩自告奋勇，义务服务。后来老人的队伍扩大，发展成秧歌队，他成了秧歌队的义务工，免费钉纽扣，免费做秧歌服。老人感谢他，每次晨练，都挂一幅"天才秧歌队"的旗子。老人秧歌队成为广场上的一道风景，先是被围观，后是被电视台采访，再后来作为市里的形象大使到省城到首都参加文化节。

随着秧歌队的扬名，天才服装店也声名远扬。笨男孩开始雇人，设分店，开始成立公司。现在天才服装公司是一个资产超过三千万的私营企业，他的商标是一枚纽扣。

在推销中，能打开市场的是品牌，能托起品牌的则是质量。这位笨男孩用自己的行动证实了信誉的作用。结实的纽扣向对方传递的是信誉，而信誉给他带来的则是无限的商机。

（二）推销服务要恰当适度

在现代产品概念中，服务属附加产品。确切地说，服务是对产品设计、产品性能的一种调整和改进。有人概括说，80 年代卖产品，90 年代卖质量，那么时至今日，商家则在服务上开始了竞争。因此，做好服务是增加产品价值，提高产品竞争力的重要手段。

推销员与人接触，首先希望得到对方的信任，谦恭这一必要的礼仪便是一把钥匙。谦恭是善意与宽容的结合，是真诚与理解的外化。恰当适度的服务会让对方满足物质与精神上的要求，消除怀疑，信赖你。

一位中年女士在几排货架上来回地走着，好像要找一样东西，她显得有点着急。正准备往货架上搬运东西的一位小伙子看到这种情况后，放下手中的货物，走到这位女士面前，问："您想看点什么？"女士说："我想买一个'好媳妇牌'的拖把头，怎么找不到呢？"小伙子说："不用着急，这类商品在二道架上，请您跟我来。"

这位女士本来只想买一个拖把头，但她此时却改变了主意，买了很多东西。我们可以推想，如果需要她肯定还会再来。使她满意的正是营业员恰当适度的服务，在这种恰当适度的服务中，商家把真诚传递给对方，使顾客在消费中得到了满足。这是在商业推销中恰当用礼取得的最好结果。

你曾经有过因没买东西而过意不去的经历吗？为什么？

_____

_____

_____

_____

_____

_____

_____

（三）忌无礼纠缠

推销是目的，但是在推销过程中，切忌不分时间、地点、场合以及对方的心境，一味地纠缠。如果引起反感，甚至厌恶，不仅达不到目的，而且也失去了进一步接触的机会。

现在有一些推销人员，为了让顾客购买其商品，用手拉扯着顾客，使本来有意想看看商品的顾客放弃原来的想法。人与人之间，尤其是为了某种目的与人接触，更需要注意必要的礼节，当你还不能把握对方的心理活动时，你应该注意观察，谨慎地引导。而不能让人产生厌恶之感，失去进一步接触的可能。

某公司保险推销员向一位有一定经济实力的中年女士推销一个险种，本来这位女士露出想买的意思，但是推销员没有把握好时机，而是连续几天不断地去女士的家中，有时在午饭时间，有时甚至到了午休时间也坐着不走，大谈买保险的重要，还举例说明一个客户因为没有买保险，不久家遭不幸。这位女士忍耐不了他的纠缠，不仅放弃了买保险，还情绪激动地将其请出门。因此，要想让对方接受你，不是在时间上抢占就可以，而是要争取对方真正地接受。

心理学有一个例子：就是每一个人在看合影照片时都是先看自己。这就说明人们很在乎自己，想深入交谈时首先必须学会以对方为主。成功的推销人大多都知道适时适度的原则。

这个保险推销员犯了什么错误？假如你是他，你会怎样做？

（四）让利是推销的关键

推销是一项连续不断的工作，要想保持稳定发展的推销业绩，就要遵守发展原则。中外成功的商人，都追求在商战中立于不败之地，都希望在商业活动中不仅能推销商品，更能建立长久的联系。所以他们不把眼光局限于一次交易、一位顾客身上。因此，推销员不仅要考虑一时的经济利益，更要培养长期的合作伙伴关系。在市场竞争激烈的今天，只有学会让利，建立起良好的信誉，才能获得推销的成功。

旅居东南亚的一位商人，回国采购大蒜。他先到江苏调查了大蒜价格、质量，然后到山东大蒜生产基地，他看上了山东大蒜的质量，于是坐下来谈价格。经过几个轮回，他终于以很低的价格收购了一批大蒜。山东人以让利做成了这笔生意。令山东人极为感激的是，这位商人在签订合同的时候，突然主动提出将已经达成协议的价格让一点给卖方，并声明这是他在比较以后的合理价。同时表示以后每年将定购相同数量的大蒜。相互让利不仅让买卖双方愉悦成交，而且还使双方成了长期的商业伙伴。

让利有哪些技巧？请举例说明。

二、运用语言为推销服务

语言能力首先是表达能力。在推销活动中，需要说服对方，接受自己的产品或信息；需要论证或辩护，争得利益。这就要求推销人员提高语言表达能力，掌握语言使用的技巧。

（一）在推销时，应该学会诱导顾客自己品味销售主题

诱导即引导，推销员循循善诱往往能使顾客的想法与你接近，思想与你同步，使交易成功。

某先生为妻子买手表，看中了一块漂亮的女表，一看标价200元，先生说："这块表还可以，就是价格太贵了。"

推销员连忙说："这个价格非常合理，因为这只表精确到一个月只差几秒。"

买表的先生立即说："对我来说，精确与否并不重要，我妻子戴了一块20多元的表已经7年多了。"

听了这话，推销员马上说："您看，她已经戴了7年差表，应该让她戴上名贵表，高兴高兴。"营业员这番诱导语使买表的先生下定决心，没有讨价还价就买下了那块表。这是推销员机智诱导的作用。

最能使人信服的是自我醒悟的道理，而非他人的说教。

诱导语的特点是紧紧抓住顾客的心理，站在对方的立场上考虑问题，只有这样才能使对方放弃初衷，朝着你所希望的方向发展。恰当的诱导可以促销，又能使顾客满意，但不负责任的诱导往往会造成顾客经济上的损失和精神上的不快。

一位女士看上了一件漂亮的裙子，推销员马上说："你真有眼力，你穿上肯定会很漂亮。"女士将裙子拿在手中比了比，推销员又说："真好，好像是专门为你做的。"于是女士将裙子买了

下来。可是回到家中，穿上以后不仅瘦，而且款式也不太中意，当女士拿着裙子来退时，推销员则说不能退货。这种不负责任的诱导目前仍有发生，这是推销中的大忌。

推销时语言应诱导而非误导。

通过提问的方式给顾客一定程度上的自尊心的满足，激发顾客的购买行为也是一种成功的诱导。

"我认为……""我想你肯定会买的……"

"您是否认为……""您很内行……"

以上两组语言有什么不同？你更愿意接受那种表达方式？对

于消费者来说，更想以自己为主体。于是在语言上就应该学会多用诱导法表达。

"您讲的很有道理……"

"我完全同意您的看法……"

"您真会核算……"

"您真是内行……"

这是在消费者进入购买阶段时，推销员诱导顺利成交的表达方式。这样的表达结果会使顾客产生一种兴奋的心情，而这种心情会促使顾客下决心购买。

（二）注意语言的精确，增强语言的感染力

语言是心理活动的反应。

在推销活动中，推销员借助语言表达自己十分复杂的心情。而顾客在接受推销员的语言信息时，如果能从中感受到推销员的思想、情感、愿望和要求，并能引起互动，尤其是情感上的共鸣，顾客便会采取积极的购买行为。所以，推销员的语言修养就显的很重要。

1．多用肯定语

对顾客态度的肯定：

"您现在这样看问题是很自然的事，我原来也是这样看的。"

对服装的肯定：

"质地优良，做工考究，色泽华丽，款式新颖。"

对水果的肯定：

"果子大，皮薄、肉厚，香甜、可口。"

对价格的肯定：

"这个价值五十元。"

"这是最低报价。"

对售后服务的肯定：

"本公司推销的产品一律实行三包：包退，包换，保修。"

这种肯定的句子可以增加语言的感染力，强化说理的效果，促使顾客实施购买行为。

2．多用请求句式

"您看行吗？"

"请大家不要急。"

"请大家明天再来好不好？"

请求式的句子可以表现推销人员对顾客的尊敬，这种协商的态度顾客乐于接受。

3．多用敬语

"您好！"

"您刚下班。"

推销员应该对不同年龄、职业的消费者使用不同的尊称。如在推销中遇到顾客提出自己未曾准备的商品样式时，可用敬辞解释："对不起。"

4．少用刺激语

"你不买就走。"

"不买不要乱摸。"

"我看你的眼才瞎了呢！"

"比你先来的人多着呢，你等着吧。"

这种表达方式不仅容易激化矛盾，失去商机，同时也有损于形象。

5. 少用过于客套的语言

过于客套的语句会给人一种虚情假意的感觉，容易引起顾客的反感。

总之，推销人员应该加强语言修养，通过礼貌恰当的语言展示魅力，影响、感染消费者，引导消费者触发购买行为。

"现在有两种皮箱，一种是日本进口的，款式新，质量好，但是价钱较贵。一种是国产的，虽说用料差些，但是款式做工都不错，而且价格便宜得多。"

请分析这位推销员的语言特点。

_____

_____

_____

_____

_____

_____

_____

_____

三、仪表与神情

（一）第一印象

德诚于中而礼形于外。只有被接受，才可能有进一步的机会。推销员在与顾客交往时，第一印象十分重要。

第一印象在心理学上称为"最初印象"，是指人们初次对他人知觉形成的印象。对推销员来说，第一印象往往会决定交易的成败。因此，推销员要把握与顾客初次见面的短暂时机，创造一个良好的第一印象，同时不能忽略"第二印象"。有一位教师到拉萨开会，会议结束的晚宴上，这位教师吃到一种味道十分特别的菌子，他连连称道。坐在他身旁的一位年轻人是来自林芝农牧学院的教师，他听这位老师的感叹以后，就对他说："如果您喜欢，我可以给您带一些。"

这位老师回到内地以后很快将此事忘掉了。有一天，他收到了一个纸箱，当他看到是那位林芝农牧学院的年轻教师寄来的后，顿时回忆起那位年轻人的样子，本来已淡漠的印象一下加深了许多。当有一个项目需要合作时，他首选了这位年轻人。这就是第二印象的作用。这也是商业活动中我们所渴望的"印象效应"。

(二) 仪表与形象

为了更好地完成推销任务，推销人员应该注意自己的衣饰打扮，举止谈吐。穿着、站立、行走、言谈都要符合礼仪。衣服怪诞、打扮夸张可能会引起人们的注意，但不会是好感。

一位成功的商人面对着若干提问者，没有直接讲他怎样取得了成功，而是从衣袋里拿出了一张 20 元的人民币，问谁要请举手，人群中有许多举手者。他把纸币揉了揉，再问要的人请举手时，人群中举手者少了一些。他又将纸币揉得很皱，而且还丢在地上，并用脚踩了踩，仍然问要者举手时，人群中仍然有举手者，但不多了。于是他说："成功的秘诀就是不怕失败。像这张纸币一样，并不会因为一次一次的被揉搓而贬值。推销人员尤其不要怕被拒绝。"

著名的营销大师松下幸之助，早年家中十分贫困，他不得不退学去寻找工作，有一天，他看到一份招聘启事，他就按着上面的地址找到了招聘处，见到招聘者后，招聘者对他的样子不满意，于是对他说："我们需要有技术的人，你没有这方面的技术，不行。"松下问需要什么技术时，对方告诉他是电子技术，于是松下买了一些参考书，认真学习了一段时间。他又一次来到招聘者面前，招聘者本来是用此来搪塞他的，没有想到他会当真，所以又说："我们的公司很注意形象，不能要你这样穿着的人。"松下没有说什么，回到家中借钱买了一套西装，当他又站在招聘者的面前时，招聘者被他的执着感动了，破例录用了他。

（三）学会接近方法

接近方法，是指如何在见面时打招呼，如何说第一句话。

在日本，推销员的第一句话是"您来了"。据说这样的招呼语会给人一种宾至如归的感觉。

欧美国家的招呼语往往是"Mey I help you?"这样的招呼语显得热情诚恳。

我国的招呼语通常是"请问想买点什么?"不管用什么招呼语，其目的都是想留住顾客，接近顾客而不能吓跑顾客。

日本的中村卯一郎在《接待顾客的技巧》一书中说过这样一例：

在一条有名的食品街上，一位身穿出门和服的妇女走进一家食品店，刚一进店门，店主便凑上前来，"您买点心吧?"妇女没言语，默默地退出门。又进了另一家食品店，营业员见她进门没有立即打招呼，让她一个人细细地看着柜台内陈列的商品，等她开始注意一种罐装的饼干时，营业员才走到她面前说："这种包着很多紫菜的饼干外形漂亮，味道也挺香，大家都爱买这种。"妇女赞许地点了点头说："那我要这种。"

为什么同样是食品店，前一家没做成而后一家做成了? 请分析其差别。

_____

_____

_____

_____

_____

_____

_____

_____

_____

_____

　　接近顾客关键注意两点：一是注意接近时机，二是注意接近招呼语。

（四）表情丰富

　　人们往往依据彼此面部、体态、声调、手势等各方面显露出来的表情来判断个人的内心活动情况。因此，表情成了推销员表达感情的重要手段。

　　在推销中，有大量的组织与商品的信息是通过体态语言交流来实现的。体态语言有特定的含义，反映推销人员复杂的感情，是礼仪的重要方面。所以我们应该了解推销中常用的表情、仪表等体态语言，它有助于促进推销人员与消费者之间的交流。

　　1．目光

　　在推销中，推销员要用安详的目光和消费者相视，这是促使消费者集中注意力的好方法。

　　目光对视能表达出推销员对自己所代表的组织和产品的自信，这样充满自信的凝视消费者，有时能取得意想不到的效果。

2．微笑

推销时，推销人员要以发自内心的微笑来表达对消费者的一片真情与关心，这样容易感染消费者。正像俗话所说的"和气生财"，和气对推销人员来说，就是要适时地保持微笑。

3．动作

一定的动作在推销中可以弥补语言的不足，加强表达的说服作用，有时还会增加趣味性。比如一些卖西瓜的人喜欢用手敲瓜，拍打或弹打瓜体，以表示瓜的质量可靠。当然使用动作要简练，要有明确的意义。

4．语调

推销员在遇到需要说服的顾客时，应该采用"语调控制"以打动顾客。

"您还犹豫什么?"这时语调的重音应放在"犹豫"两字上。

"您好像还有什么顾虑，其实考虑多了，有时会失去机会。"注意在这样的问话中把握语调的抑扬顿挫，高低变化。

推销人员要根据不同的场合，讲究声音的速度、音量的变化、语音的重点。增加消费者对推销的印象。

5．表情

随着顾客心理状态的变化，推销员要学会及时调整自己的感情，神情活跃、自然微笑表示出应有的自信，但是不能流露出急于求成的焦虑。无论是否成交，推销人员要始终把握自己的感情，不急不躁，不喜不忧。

第二节　推销程序

一、推销前的准备

这一阶段的任务是为推销的顺利进行作必要的准备，要做的工作有以下几个方面：

（一）市场调研

范围包括：

1. 企业情况

即企业的经营战略、经营方式和条件，以及人员推销的分布情况。

2. 产品情况

产品的品种、品质、价格、式样等。

3. 顾客情况

顾客的需求动机和类型，顾客的一般情况。如果顾客是企业，要了解以谁为推销对象，推销对象是否有决定权或相当的影响力。

4. 竞争对手的情况

竞争对手产品的性能、特点、价格、市场份额和市场营销策略等。

(二) 制定推销计划

在了解相关情况后，要制定推销计划。计划包括：

1. 鉴定顾客

通过查找销售资料、顾客定单、顾客查询资料以及事先进行的销售访问情况等，将促销对象按重要程度分类，确定现在购买者和潜在购买者。

2. 拟定销售计划

对于推销有关的事宜，拟好计划，如向哪些人推销，产品作怎样的说明，如何突出优点及特征，推销时应注意哪些技巧等。

二、推销过程

推销过程实际是一个说服顾客的过程。也是对推销员能力的考验。

(一) 引起注意

在推销过程中，要让顾客注意推销员和产品的存在，而且产生继续谈下去的意愿，关键是获得顾客的信任，吸引顾客的注意，使之产生好感。

(二) 讲解和示范

给顾客留下良好的印象后，要及时将顾客的兴趣转移到商品上来，通过讲解，告诉顾客产品能够带来的好处，同时辅之以示范，让顾客亲自体验产品，从而激发他们的购买欲。

（三）解答问题

针对顾客对商品的提问，进行详细的解答，消除顾客的顾虑，力争促成交易。

（四）促成购买

推销员要把握时机，打消顾客的最后疑虑，通过要求顾客订货、选择样品或提供优惠条件等，促成交易的最终实现。一旦成交，还要落实包装、运送、安装、指导和维护等有关事宜，尽最大努力使顾客满意。

在推销中，推销员一定要注意这样一个普遍规律：推销从拒绝开始。第一次被拒绝后不要轻易放弃，要有足够的耐心。

日本对推销员的工作进行了比较调查，在推销空调器的场合，平均推销三四次才能促成交易。

三、售后服务

产品售出后，推销活动并未结束，推销员还要与顾客保持联系，以了解他们的满意程度，及时处理顾客意见。良好的售后服务，可以延伸产品的价值，提高顾客的满意度，从而增加再销售的可能性。

售后服务的内容包括：

（1）随时与顾客保持联系，解答问题。

（2）帮助顾客办理运输和有关商业信誉等有关事宜。

（3）耐心听取顾客对产品的意见，对顾客提出的退货要求尽量给予满足。

（4）在不能满足顾客提出的要求时，应耐心说明情况，不能怠慢顾客。

（5）做好销售记录，追踪产品售后情况，及时解决问题。

这一阶段对推销员最根本的要求是目的明确，方法得当，应变灵活。推销员不仅要加强礼仪修养，而且要善于把握时机，恰当适度地运用礼仪，让顾客满意，完成推销的任务。

附：推销员心理测试题

为了帮助推销人员了解自己的心态，布莱克和蒙顿教授合编了一份推销人员自测试题。每题分 A 至 E 五个陈述句。先将每个试题看一遍，将每题的五个试题加以排列，将你认为最合适你的陈述句给五分，其次的四分，依此类推；最后对不合适你的给一分。

第一题

A．我接受顾客的决定。

B．我十分重视维持与顾客的良好关系。

C．我善于寻求一种对客我双方均为可行的结果。

D．我在任何困难的情况下都要找出结果。

E．我希望在双方相互了解和统一的基础上获得结果。

第二题

A．能够接受顾客的全部意见和态度。并且避免提出反对意见。

B．乐于接受顾客的意见和态度，更善于表达自己的意见和态度。

C．当顾客的意见和态度与我的意见态度发生分歧时，我就采取折衷的办法。

D．我总是坚持自己的意见和态度。

E．我愿意听取别人的不同意见，我有自己的独立见解，但是当别人的意见更为完善时，我能改变原来的看法。

第三题

A．我认为多一事不如少一事。

B．我支持和鼓励别人做他们想做的事情。

C．我善于提出合理化建议，以利于事业的顺利进行。

D．我了解自己的真实追求，并且也要求别人接受我的追求。

E．我把全部精力倾注在我正从事的事业当中，并且也热情关注别人的事业。

第四题

A．当冲突发生的时候，我总是保持中立，尽量避免惹是生非。

B．我总是千方百计避免发生冲突，万一出现冲突，我也会设法消除。

C．当冲突发生的时候，我会尽力保持镇定，不抱成见，并且设法找出一个公平合理的解决办法。

D．当冲突发生时，我会设法击败对方，赢得胜利。

E．当冲突发生的时候，我会设法找出冲突的根源，并且有条不紊地寻求解决办法，解决冲突。

第五题

A．为了保持中立，我很少被人激怒。

B．为了避免个人情绪的干扰，我常常以温和和友好的态度对待别人。

C. 在情绪紧张时，我就不知所措，无法避免更进一步的压力。

D. 当情绪不对劲时，我会尽力保护自己，抗拒外来的压力。

E. 当情绪不佳时，我会设法将它隐藏起来。

第六题

A. 我的幽默常常让人感到莫名其妙。

B. 我的幽默感主要是为了维持良好的人际关系，希望用自己的幽默感来冲淡严肃的气氛。

C. 我希望我的幽默感具有一定的说服力，可以让别人接受我的意见。

D. 我的幽默感很难觉察。

E. 我的幽默感一针见血，别人很容易觉察到，即使在高压的情况下，我仍然能够保持自己的幽默感。

参 考 书 目

陈其泰、郭伟川、周少川编：《二十世纪中国礼学研究论集》，学苑出版社，1998 年北京第 1 版。

王润生、王磊著：《中国伦理生活的大趋向》，贵州人民出版社，1986 年 12 月第 1 版。

王炜民：《中国古代礼俗》，商务印书馆，1997 年 9 月北京第 1 版。

朱星：《古代文化基本知识》，天津人民出版社，1982 年 9 月第 1 版。

蔡尚思：《孔子思想体系》，上海人民出版社，1982 年 6 月第 1 版。

白寿彝主编：《中国通史纲要》，上海人民出版社，1980 年 11 月第 1 版。

徐永森著：《名人交际失误》，中国经济出版社，1994 年 4 月第 1 版。

张友琴、童敏、欧阳马田编著：《社会学概论》，科学出版社，2002 年 10 月版。

董天策著：《传播学导论》，四川人民出版社，1995 年 11 月第 1 版。

叶蜚声、徐通锵著：《语言学纲要》，北京大学出版社，1981 年 10 月第 1 版。

余志鸿编著：《符号：传播的游戏规则》，上海交通大学出版社，2003 年 1 月第 1 版。

康家珑编著：《语言的艺术》，海潮出版社，2003 年 1 月第 1

版。

杜江先等著：《交往心理与交往技巧》，安徽人民出版社，2001年3月第2版。

《好口才系列丛书》（插图本），新疆人民出版社，2002年3月第1版。

张道英主编：《公共关系学》，同济大学出版社，2000年1月版。

[德]哈拉尔德·布拉尔姆著，陈兆译：《色彩的魔力》，安徽人民出版社，2003年3月第1版。

[德]薇拉·弗·比尔肯比尔著，经轶译：《交往圣经》，安徽人民出版社，2003年3月第1版。

[美]泰勒·哈特曼著，魏易熙译：《色彩密码》，海南出版社，2001年2月第1版。

于西蔓著：《女性个人色彩诊断》，花城出版社，2002年9月版。

袁晖、张力娜著：《魅力四射》，中国城市出版社，2001年8月第2版。

阿尔伯特·哈伯德著：《鼓舞人心的剪贴本》，内蒙古出版社，2003年版。

茅于轼著：《中国人的道德前景》，暨南大学出版社，2003年版。

林亭煜著：《诚信》，中国纺织出版社，2003年版。

凡禹主编：《个性塑造与心智修养》，北京工业大学出版社，2002年版。

凡禹主编：《人际交往的艺术》，北京工业大学出版社，2002年版。

赵关印主编：《中华现代礼仪》，气象出版社，2002年版。

朱立安著：《国际礼仪》，南方日报出版社，2001年版。

陶国富、王祥兴主编：《大学生交往心理》，华东理工大学出版社，2003 年版。

鲍秀芬编著：《现代社交礼仪基础》，机械工业出版社，2003 年版。

[美] 威廉·索尔比：《风度何来》，中国发展出版社，2002 年版。

[美] 克拉克·G. 卡尼著，李宗骥、陈解放译：《开拓前程的技巧》，上海文艺出版社，1990 年版。

小雨、伊芳著：《面试应对技巧》，北京经济学院出版社，1993 年版。

舒柯著：《求职创业》，海洋出版社，1989 年版。

夏京春、郗仲平编著：《新编应用写作教程》，首都经济贸易大学出版社，2002 年版。

《公关世界》杂志。

《交际与口才》杂志。

后 记

冬春交替的时候，书稿终于脱手，在长舒一口气的同时，我心里涌动着一股暖流。这本书是集体心血和智慧的结晶，自始至终都有朋友们的鼓励和关心以及参编的各位老师的辛勤努力。我要深深地感谢他们，没有他们的支持和帮助，这本书无法在较短时间内完成。

作为高校教师，我们深深感叹中国文化的博大精深，尤其是礼仪文化的源远流长、精辟独到。然而每每看到目前高校学生和社会上一些不文明的行为时，又感慨万端。我非常希望我们的学生在走出校门时，不仅有渊博的知识、必要的礼仪修养，更要有文明的言行和举止。这样才不愧为新时代的大学生。基于此，我们编写了这本书。

全书撰写分工如下：尹雯：第一、二章；曹云雯：第三章；孙信茹：第四章；敬蓉：第五章；赵净秋：第六章；余玫：第七章；张力凤：第八章。

我要特别感谢我的导师张文勋先生。虽然本书还存在一些不足，但张先生仍给予了热情的鼓励，并在百忙之中抽出时间为本书写了序言，阐述了他对礼仪文化的深刻见解。

徐西华老师以他丰厚的文学修养，也为本书的写作提出了中肯的意见。在此表示衷心的感谢。

还要感谢李健荣教授、张宇丹教授、唐小娟教授以及汲生才同学，他们从不同的视角对本书给予了评价，无疑也给了我们很大的鼓舞。

我们还要十分感谢云南大学出版社的柴伟女士，她以自己宝贵的经验和对社会文明建设的关注，为本书的编写提出了许多有益的意见和建议，并为本书的策划、编著、出版付出了辛勤的劳动。

还要感谢冯峨编辑、伍奇编辑，为使本书早日出版，不惜挤占难得的休假时间，赶编书稿。

感谢马铭、吴侠两位美编，为本书作了精美的插图和优雅的封面设计，为本书增添了光彩。

当然，我们还要感谢很多朋友，在他们的支持下，本书才得以顺利地出版。

在写作过程中我们参考了相关的研究资料，也在此一并表示感谢。

本书在编写过程中可能有一些疏漏和不足，敬请专家和读者指正。

尹 雯

2004 年 1 月 19 日